Energiewirtschaft in Europa

Friederike Anna Dratwa • Malko Ebers
Anna Kristina Pohl • Björn Spiegel
Gunnar Strauch

Energiewirtschaft in Europa

Im Spannungsfeld zwischen Klimapolitik,
Wettbewerb und Versorgungssicherheit

Friederike Anna Dratwa
Universität Konstanz
– Europakolloquium –
Universitätsstraße 10
Fach D 76
78457 Konstanz
europakolloquium@gmail.com

Björn Spiegel
Universität Konstanz
– Europakolloquium –
Universitätsstraße 10
Fach D 76
78457 Konstanz
europakolloquium@gmail.com

Malko Ebers
Universität Konstanz
– Europakolloquium –
Universitätsstraße 10
Fach D 76
78457 Konstanz
europakolloquium@gmail.com

Gunnar Strauch
Universität Konstanz
– Europakolloquium –
Universitätsstraße 10
Fach D 76
78457 Konstanz
europakolloquium@gmail.com

Anna Kristina Pohl
Universität Konstanz
– Europakolloquium –
Universitätsstraße 10
Fach D 76
78457 Konstanz
europakolloquium@gmail.com

ISBN 978-3-642-02339-2   e-ISBN 978-3-642-02340-8
DOI 10.1007/978-3-642-02340-8
Springer Heidelberg Dordrecht London New York

Die Deutsche Nationalbibliothek verzeichnet diese Publikation in der Deutschen Nationalbibliografie; detaillierte bibliografische Daten sind im Internet über http://dnb.d-nb.de abrufbar.

© Springer-Verlag Berlin Heidelberg 2010
Dieses Werk ist urheberrechtlich geschützt. Die dadurch begründeten Rechte, insbesondere die der Übersetzung, des Nachdrucks, des Vortrags, der Entnahme von Abbildungen und Tabellen, der Funksendung, der Mikroverfilmung oder der Vervielfältigung auf anderen Wegen und der Speicherung in Datenverarbeitungsanlagen, bleiben, auch bei nur auszugsweiser Verwertung, vorbehalten. Eine Vervielfältigung dieses Werkes oder von Teilen dieses Werkes ist auch im Einzelfall nur in den Grenzen der gesetzlichen Bestimmungen des Urheberrechtsgesetzes der Bundesrepublik Deutschland vom 9. September 1965 in der jeweils geltenden Fassung zulässig. Sie ist grundsätzlich vergütungspflichtig. Zuwiderhandlungen unterliegen den Strafbestimmungen des Urheberrechtsgesetzes.
Die Wiedergabe von Gebrauchsnamen, Handelsnamen, Warenbezeichnungen usw. in diesem Werk berechtigt auch ohne besondere Kennzeichnung nicht zu der Annahme, dass solche Namen im Sinne der Warenzeichen- und Markenschutz-Gesetzgebung als frei zu betrachten wären und daher von jedermann benutzt werden dürften.

Einbandentwurf: WMXDesign GmbH, Heidelberg

Gedruckt auf säurefreiem Papier

Springer ist Teil der Fachverlagsgruppe Springer Science+Business Media (www.springer.com)

Vorwort

Der vorliegende Sammelband geht aus den Ideen und Impulsen des 5. Konstanzer Europakolloquiums „Energiewirtschaft in Europa – Im Spannungsfeld zwischen Klimapolitik, Wettbewerb und Versorgungssicherheit" hervor.

Der rege Austausch politischer, wirtschaftlicher und wissenschaftlicher Sichtweisen zeichnete dieses dreitägige Kolloquium aus, in dessen Rahmen die jeweils genannten drei Schwerpunkte aus dem Bereich der Energiewirtschaft akzentuiert wurden. Der so entstandene intensive Diskurs soll durch den Sammelband aufgegriffen, vertieft und einer breiteren Öffentlichkeit zugänglich gemacht werden.

Es konnten neben vielen Vortragenden des Kolloquiums auch neue Autoren für diese Herausforderung begeistert werden, so dass die vorliegenden Beiträge eine eigenständige Weiterführung des Europakolloquiums darstellen.

Die Frage der Energieversorgung wird verschiedentlich als eine der Querschnittsmaterien unserer Zeit bezeichnet. Um der Komplexität und den Verschränkungen des Themas so gerecht wie möglich zu werden, haben wir die folgenden Artikel so heterogen und divers wie möglich angelegt.

Wir bedanken uns vor allem bei der Universität Konstanz, stellvertretend für viele steht hier der Rektor der Universität, Herr Prof. Dr. Dr. h.c. Gerhart von Graevenitz, und bei der Stadt Konstanz, insbesondere Herrn Oberbürgermeister Horst Frank, die neben materieller Förderung auch ideell stets unser Vorhaben zu unterstützen wussten. Des Weiteren gilt unser Dank den Sponsoren, deren großzügiges finanzielles Engagement die Tagung sowie den Sammelband überhaupt erst ermöglicht haben. Dieser Dank gilt nicht zuletzt unserem Hauptsponsor, der Deutschen Bundesstiftung Umwelt, und den weiteren Sponsoren A.T. Kearney, der EnBW Energie Baden-Württemberg AG, EADS, der Deutschen Shell Holding GmbH, der Stiftung der Landesbank Baden-Württemberg, dem Staatsministerium Baden-Württemberg, der Tognum AG, der Universitätsgesellschaft Konstanz e.V., dem Verein der Ehemaligen der Universität Konstanz VEUK e.V., sowie den zuvor Genannten, der Stadt Konstanz und der Universität Konstanz.

Dieser Band wäre ohne die Hilfe zahlreicher Personen in allen Phasen des Projektes nicht in dieser Form entstanden. Die Betreffenden wissen um ihren jeweiligen Anteil und können sich unseres Dankes gewiss sein.

Konstanz, im Juli 2009　　　　　　　　　　　　　　　　　　　*Die Herausgeber*

Inhaltsverzeichnis

Björn Spiegel
Einleitung: Energiewirtschaft in Europa – Im Spannungsfeld
zwischen Klimapolitik, Wettbewerb und Versorgungssicherheit ... 1

Teil I   Ökonomie und Ökologie in Europa – (k)ein Gegensatz?

Prof. Dr. Peter Hennicke
Ohne eine Effizienzrevolution sind nachhaltige
Energiesysteme nicht realisierbar ... 7

RA Dr. Thorsten Gottwald und RRef Tatjana G'Giorgis
Europäisches Biogas als Eckpfeiler autarker
und ökologischer Energieversorgung ... 23

Dr. Colette Lewiner
How to respond to an increasing energy demand
without increasing the carbon dioxide emissions? ... 41

Bene Müller
Erneuerbare Energien und regionale Wertschöpfung ... 47

Teil II   Wettbewerb und Marktmacht im Energiesektor

Dr. Jörg Adolf
Globale Ölmärkte im Wettbewerb? – Die ‚wahren'
Herausforderungen der künftigen Energieversorgung ... 55

Ulrich von Koppenfels
Mehr Wettbewerb durch wirksame Entflechtung der Strom-
und Gasversorgungsnetze. Das dritte Liberalisierungspaket
zum Energiebinnenmarkt der Europäischen Union ... 77

Andreas Renner und Dr. habil. Jörg Jasper
Wettbewerb und Sicherheit in der Energieversorgung –
worauf es wirklich ankommt   91

*RA Stefan Lars- Thoren Heun- Rehn Mag. jur. LL.M. und
RRef. Friederike Anna Dratwa Mag. jur.*
In varietate concordia – Strategie und Ziele
der „neuen" EU-Energie und Klimapolitik   101

Teil III Der globale Wettbewerb um energetische Ressourcen

Dr. Joachim Pfeiffer MdB
Zwei-Wege-Strategie für Europas Energiesicherheit   131

Staatssekretär Heinrich Tiemann
Energieaußenpolitik im Rahmen der Europäischen Union   143

Dr. Werner Brinker
Versorgungssicherung aus der Perspektive eines Regionalversorgers   151

Prof. Dr. Gerald Schneider und Sascha Patrick Meßmer
Die Ölversorgung der EU im Angesicht internationaler Konflikte   169

Prof. Dr. Heinz Stigler und Univ.-Ass. Dr. Udo Bachhiesl
Künftige Herausforderungen für die Europäische Energiewirtschaft   183

Autorenverzeichnis   203

Stichwortverzeichnis   209

Einleitung: Energiewirtschaft in Europa – Im Spannungsfeld zwischen Klimapolitik, Wettbewerb und Versorgungssicherheit

Björn Spiegel

Eine sichere, kostengünstige und umweltverträgliche Energieversorgung ist weltweit die Grundvoraussetzung für die Funktionsfähigkeit und den wirtschaftlichen Erfolg aller Volkswirtschaften. Insbesondere die Mitgliedstaaten der Europäischen Union mit energieintensiver Industrie sind auf eine langfristig stabile Energieversorgung angewiesen. Gleichzeitig ist eine verlässliche Energieversorgung als ein Grundbedürfnis der Menschen in jeder Gesellschaft einzuordnen, das zur Sicherung des Wohlstandes unabdingbar ist.

Trotz der grundlegenden Veränderungen der wirtschaftlichen Rahmenbedingungen durch die globale Finanz- und Wirtschaftskrise und die daraus resultierenden Belastungen für Unternehmen weltweit, ist die Energiewirtschaft in Europa relativ solide aufgestellt. Dennoch sind die Herausforderungen an die Branche unverändert hoch: Energie muss auf Basis einer sicheren und stabilen Versorgung im internationalen Vergleich wettbewerbsfähig, für den Verbraucher bezahlbar und zusätzlich klimafreundlich sein. Entsprechend diesem Dreiklang von Wettbewerbsfähigkeit, Klimaschutz und Versorgungssicherheit muss sich die Strategie der europäischen Energiewirtschaft ausrichten, ohne dabei das Vertrauen der Kunden und der Gesellschaft außer Acht zu lassen.

Die weltweit steigende Energienachfrage, die Endlichkeit fossiler Brennstoffe, steigende Treibhausgasemissionen und unabsehbare Folgen des Klimawandels, sowie eine drastisch steigende energetische Importabhängigkeit, mangelnde Investitionen in die Energieinfrastruktur und ein unvollständiger Energiebinnenmarkt sind die zentralen Herausforderungen denen sich die Branche stellen muss. Zur Bewältigung dieser Aufgaben und der potentiellen Gefahren, ist ein gemeinsames Handeln aller beteiligten Akteure erforderlich. Um der Europäischen Union eine gemeinsame Stimme zu verleihen, müssen Wirtschaft, Politik und Wissenschaft auf allen Ebenen ihre Kräfte bündeln und eine konsistente und effiziente Energiestrategie entwickeln.

Diese europäische Strategie muss sich in allen Teilen der energiewirtschaftlichen Wertschöpfungskette widerspiegeln und darüber hinaus dynamisch ausgerichtet sein, respektive je nach Erforderlichkeit an die aktuellen Entwicklungen angepasst werden. Jedoch müssen aufgrund der Kostenintensivität und der langen Laufzeiten von Infrastrukturprojekten im Energiesektor die allgemeinen politischen Rahmenbedingungen auf langfristiger Basis angelegt werden.

Bei der Umsetzung einer nachhaltigen europäischen Energiestrategie kommt der Energieeffizienz eine Schlüsselrolle zu. Die umfassende Implementation in allen industriellen Prozessen und im täglichen Leben der Menschen schafft neben der einfachen Kosteneinsparung zusätzliche wirtschaftliche und politische Spielräume. Die Weiterentwicklung und Nutzung hocheffizienter Anlagen verschafft den Mitgliedstaaten der Europäischen Union nicht nur eine Reduktion der Treibhausgas-Emissionen und eine Minderung der Abhängigkeit von Drittstaaten, sondern ermöglicht zusätzliche Chancen für die europäische Exportwirtschaft und die Wettbewerbsfähigkeit der Industrie. Darüber hinaus müssen die Energieinfrastruktur und insbesondere die Energienetze den strukturellen Veränderungen der letzten Jahre angepasst werden. Der massive Ausbau der erneuerbaren Energien in Europa und die damit einhergehende fluktuierende Leistung sowie die Dezentralisierung auf der einen Seite und Zentralisierung auf der anderen Seite der Energieerzeugung erfordern intelligente und flexiblere Netze sowie neue und effizientere Formen der Speicherung von Energie.

Gleichzeitig müssen diese nach innen gerichteten Anstrengungen durch eine konsistente europäische Energieaußenpolitik flankiert werden. Dabei erfordert die Repolitisierung des Themas Energie und der Trend zur Renationalisierung der Energiepolitik in vielen Erzeugerstaaten sowie die damit einhergehende Verstaatlichung von Energiekonzernen und Bildung von staatlichen Monopolen eine gebündelte Antwort der Europäischen Union[1]. Insbesondere der Diversifizierung und Sicherung von Energieträgern, Energiequellen und Transportrouten kommt dabei eine wichtige Rolle zu.

Schließlich erfordert der Klimawandel verstärkte Anstrengungen im Bereich der Forschung und Entwicklung, um dessen Auswirkungen zu mindern und die weltweite Nutzung fossiler Energieträger mit klimapolitischen Zielen zu vereinbaren. Das Auslaufen des Kyoto-Protokolls im Jahr 2012 erfordert zudem konsequente gemeinsame Anstrengungen zur Durchsetzung eines Nachfolgeabkommens in Kopenhagen zum Ende dieses Jahres mit einer größtmöglichen internationalen Beteiligung. Dabei ist ein klares Signal der Industriestaaten ebenso wichtig wie die Einbeziehung der Länder, die nicht der OECD angehören, da diese nach dem Referenzszenario der IEA bereits ab dem Jahr 2020 für 62% des globalen CO_2-Ausstoßes verantwortlich sein werden[2].

Auf die regionalen und globalen Herausforderungen im Energiesektor antwortete die Europäische Kommission im Jahr 2006 mit Vorschlägen zu einer gemeinsamen europäischen Energiestrategie und gab damit den Anstoß zu einer ‚europäischen' Debatte. Das Grünbuch „Eine europäische Strategie für nachhaltige, wettbewerbsfähige und sichere Energie" stellt aufgrund einer fehlenden europäischen Verfassung mit einem eigenständigen Energiekapitel die Grundlage einer einheitlichen europäischen Energiepolitik dar, die regelmäßig überprüft

---

1 Vgl. Helm 2007: Introduction: The Return of Energy Policy, in: Dieter Helm (Ed.): The New Energy Paradigm, Oxford, Oxford University Press, 1–8.
2 Vgl. International Energy Agency 2008: World Energy Outlook 2008, Paris, 416–418.

werden soll[3]. Dabei wurden drei Hauptziele der europäischen Dimension der Energiepolitik ausgemacht: Nachhaltigkeit, Wettbewerbsfähigkeit und Versorgungssicherheit[4]. Dieses vielfach zitierte ‚magische Zieldreieck' wurde durch die erste Überprüfung der Energiestrategie als Fundament und Grundlage der europäischen Energiestrategie bekräftigt[5].

Zu den einzelnen Teilbereichen gibt es bereits zahlreiche vertiefende Literatur. Allerdings werden die, durch das Spannungsfeld verursachten, Zielkonflikte zwischen den Teilbereichen in der wissenschaftlichen Arbeit eher vernachlässigt. Wie die vorliegende Publikation unter anderem zeigt, sind diese Bereiche auf vielfache Weise miteinander verflochten und müssen gemeinsam und als interdependent betrachtet werden. Jede Aktion in einem dieser Bereiche, sei es politischer, wirtschaftlicher oder wissenschaftlicher Herkunft, hat ebenfalls Auswirkungen auf die anderen Gebiete.

Der vorliegende Sammelband beschäftigt sich daher eingehend mit den drei Hauptzielen der europäischen Energiepolitik und untersucht anhand von drei miteinander verbundenen Kapiteln die Problematiken der europäischen Energiewirtschaft im Spannungsfeld zwischen Klimaschutz, Wettbewerb und Versorgungssicherheit. Dabei zeigen die Autoren Interdependenzen und Wechselwirkungen zwischen den Teilbereichen und mögliche Lösungswege für die gegebenen Zielkonflikte zwischen den Gebieten auf.

Der erste Themenblock ‚Ökonomie und Ökologie in Europa – (k)ein Gegensatz?' beschäftigt sich maßgeblich mit den umweltpolitischen und wirtschaftlichen Herausforderungen des Klimawandels und den erforderlichen strukturellen Veränderungen. Der Fokus liegt dabei auf klimafreundlichen Technologien, Erneuerbare Energien und Energieeffizienz.

Der folgende Themenblock ‚Wettbewerb und Marktmacht im Energiesektor' konzentriert sich auf die Analyse des europäischen Energiemarktes. Dabei werden die politischen und wirtschaftlichen Sichtweisen und Argumente speziell im Bereich der Liberalisierung des Marktes gegenübergestellt.

Der abschließende dritte Themenblock zum Thema ‚Der globale Wettbewerb um energetische Ressourcen' fokussiert auf die Energie-Versorgungssicherheit der Europäischen Union. Dabei werden wiederum marktwirtschaftliche Perspektiven durch politische Perspektiven ergänzt.

---

3 KOM 2006: Grünbuch: Eine europäische Strategie für nachhaltige, wettbewerbsfähige und sichere Energie, 08.03.2006, KOM(2006) 105 endgültig, Brüssel.
4 Ebd., S. 20–21.
5 Vgl. KOM 2007: Eine Energiepolitik für Europa, 10.01.2007, KOM(2007) 1 endgültig, Brüssel.

Teil I

Ökonomie und Ökologie in Europa – (k)ein Gegensatz?

Teil 1

Ohne eine Effizienzrevolution sind nachhaltige Energiesysteme nicht realisierbar[1]

Prof. Dr. Peter Hennicke[2]

1 Die Zeit ist der knappste Faktor

Klimawandel, Ressourcenkonflikte und Risiken um die Atomenergie, das sind Schlagworte, die die Energiedebatte zunehmend bestimmen. Sie haben einen gemeinsamen Zusammenhang: Die jahrzehntelange bedenkenlose Verschwendung von Energie im reichen Norden stößt gleich mehrfach an Naturschranken. Nicht nur die Erde (die Endlichkeit der Energieressourcen), sondern auch der Himmel (die Aufnahmefähigkeit der Atmosphäre) ist die Grenze; eine Grenze, die die Menschheit durch den ungebremst wachsenden Verbrauch an fossilen und riskanten Energien immer weiter überschreitet – vor allem dann, wenn der reiche Norden nicht „abrüstet" und der Süden mit rasch wachsender Bevölkerung versucht, die maßlos verschwenderischen Produktions- und Konsummuster des Nordens zu kopieren. Die bedenkenlose Hochrüstung mit Energie in den reichen Ländern und deren ungebrochene Vorbildrolle für die Energie-hungrige Weltbevölkerungsmehrheit in den Entwicklungs- und Schwellenländern ist das Kernproblem. Abrüstung ist daher zwingend notwendig: Auch bei Energie geht es darum, präventiv Friedenspolitik zu betreiben, den Krieg gegen die Natur schnellstens zu beenden, bevor die Natur mit nicht mehr beherrschbarem Klimawandel zurückschlägt. Auch der immer heftigere Konkurrenzkampf um knappes Öl muss entschärft werden, ehe er in heiße und völlig nutzlose Kriege um angebliche Versorgungssicherheit umschlägt. Denn Ölkriege als Strategie zur Sicherung von Ölquellen und Tankerrouten sind genauso zum Scheitern verurteilt wie der Versuch, Demokratie in Supermachtmanier anderen Völkern militärisch aufzuoktroyieren.

Wir müssen weltweit viel entschiedener als bisher daran arbeiten, den Energie*zuwachs* in den Schwellenländer auf das ökonomisch-technisch Mögliche zu begrenzen und den verschwenderisch hohen Pro-Kopf-Energieverbrauch in den

---

1 Hierbei handelt es sich um eine gekürzte und überarbeitet Fassung meines Beitrags Hennicke, 2008.
2 Professor Hennicke war Direktor der Abteilung Energie am Wuppertal Institut für Klima, Umwelt und Energie, das er von Juni 2003 bis zum Eintritt in den Ruhestand im Januar 2008 als Präsident leitete.

Industrieländern *absolut* und schrittweise abzusenken – beides lässt sich zweifelsfrei mit mehr Lebensqualität verbinden. Die Zeit ist dabei der knappste Faktor. Die langfristige Zielmarke ist die „2000 Watt pro Kopf Gesellschaft": Das ist ein Drittel des heutigen OECD-Durchschnitts; dennoch kann durch Ausschöpfung aller technischen und verhaltensbedingten Handlungsmöglichkeiten ein weiter steigender Lebensstandard gesichert werden[3]. Würden die reichen Länder in dieser Hinsicht eine Vorbildrolle einnehmen, würde gleichzeitig demonstriert: Der Energiehunger der wachsenden Weltbevölkerung und ein angemessen steigender Lebensstandard im Süden können effizienter und schneller durch erneuerbare Energien befriedigt werden, der heute noch dominierende fossile und nukleare Entwicklungstyp hat als Vorbild ausgedient.

Ohne nationale *Vorreiterrollen,* bleibt dies jedoch eine schöne, aber unerreichbare Utopie. Das kann und muss sich ändern. In dieser Hinsicht könnten die Beschlüsse der EU vom Frühjahr 2007[4] und der deutschen Bundesregierung im Jahr 2007 richtungweisend sein.

2 „Einfach Hochskalieren?"

Die einzig konsequente, weil risikominimierende Strategie, lautet: *Effizienzrevolution und Solarenergiewirtschaft.* Es gibt keine wirksamere und vor allem keine risikofreiere Alternative als das machvolle Bündnis von Effizienz und Sonne. Das Problem ist nur: Die Frist ist nicht mehr lang, die uns verschärfte Ressourcenkonflikte und der drohende Klimawandel gewähren.

Stand wissenschaftlicher Forschung ist: Das Klimaproblem ist prinzipiell technisch lösbar – mit den Technologien, die wir schon kennen. *„Humanity can solve the carbon and climate problem in the first half of this century simply by scaling up what we already know"*[5]. Für die Reduktion von CO_2-Emissionen aus der Verbrennung fossiler Energieträger – Hauptursache des anthropogenen Klimawandels – kommen prinzipiell vier bekannte technologische Optionen in Betracht:

1. die Steigerung der Umwandlungs- und Nutzungseffizienz,
2. der Einsatz erneuerbarer Energien,
3. die Nutzung weniger klimawirksamer Energieträger (z.B. Erdgas als „Brückenenergie" zur Solarwirtschaft) und
4. die CO_2-Sequestrierung (CCS: Carbon Capture and Storage).

Stephen Pacala und Robert Socolow entwickeln aus diesen Optionen 15 Großstrategien („wedges"), die jeweils 1 Milliarde Tonnen CO_2 bis 2055 vermeiden helfen. Derartige zielorientierte Technologiestrategien sind zweifellos

---

3 Vgl. Jochem, 2004.
4 Gemeint ist die „3 x 20%"-Beschlussfassung für die EU27 vom 8./9. März 2007: Bis zum Jahr 2020 Anhebung des Anteils der erneuerbaren Energien auf 20%, Reduktion der CO_2-Emissionen um 20% (im Vergleich zu 1990) und Senkung des Energieverbrauchs gegenüber dem Trend um 20%. Vergl. Europäischer Rat, 2007.
5 Vgl. Pacala/Socolow, 2004.

hilfreich, weil sie bisher skeptische Manager und Politiker zum Handeln motivieren und die Klimadiplomatie durch zielorientierte Technologieprogramme in Schwung bringen könnten. Aber das Hauptproblem ist nicht die Technik, sondern das nur scheinbar „einfache Hochskalieren" („simply by scaling up"); zumal Pacala und Socolow das Potential risikoarmer technischer Optionen (z.B. die Energieeffizienz) keineswegs ausschöpfen und stattdessen eine erhebliche Risikoverlagerung (z.B. zur Kernenergie) als Option zulassen. Heute kann zwar kaum noch bestritten werden, dass der durch aktiven Klimaschutz staatlich forcierte Strukturwandel wirtschaftlich weit mehr Chancen als Risiken impliziert[6]. Dennoch ist Klimaschutzpolitik wegen der drastischen sektoralen, internationalen und intergenerationellen Verteilungseffekte keineswegs „einfach" umzusetzen. Es handelt sich vielmehr um revolutionäre Veränderungen im Denken und Handeln (z.B. eine langfristige Verantwortungsethik) und um neue Prioritätensetzung – vor allem von Politik und Wirtschaft, aber auch bei Konsummustern und Lebensstilen. Es sind damit grundlegende Fragen politischer, ökonomischer und sozialer Natur, die gelöst werden müssen, damit das scheinbar nur technisch bedingte „Scaling Up" möglich wird. Aber auch diese sozioökonomischen Fragen sind prinzipiell lösbar, wenn ihr Zusammenspiel verstanden und die Prioritäten in der Energie- und Verkehrspolitik richtig gesetzt werden.

Ein Blick in vorliegende Technologiestudien und Weltenergieszenarien zeigt, dass „Effizienz + Erneuerbare" in der Tat die einfachste und vom technischen Potential her prinzipiell ausreichende Formel für die Lösung des Klimaproblems darstellt. Die Analyse von Pacala und Socolow macht jedoch klar: Wenn das „scaling up" von Effizienz und Erneuerbaren weltweit nicht rechtzeitig und nicht umfassend genug praktiziert wird, dann braucht die Menschheit für den Klima- und Ressourcenschutz ein riskanteres Technologieportfolio. Zumindest einzelne Länder werden dann stärker auch auf umstrittene Techniken wie die Atomenergie oder auf CCS (Carbon Capture and Storage) zurückgreifen. Die Frage „Sind ausreichender Klimaschutz und Risikominimierung gemeinsam möglich?" spitzt sich also zu auf die Frage: „Wie viel Energieeffizienz und Erneuerbare sind bis zu welchem Zeitpunkt, in welchen Regionen und mit welchen ökonomischen und sozialen Implikationen tatsächlich realisierbar?" Das gilt global, aber auch hinsichtlich nationaler Beiträge und vor allem für die notwendige Vorreiterrolle von Industrieländern wie Deutschland.

Gerade für Deutschland bilden eine forcierte Steigerung der Energieeffizienz in allen Sektoren, eine breitere Markteinführung erneuerbarer Energien im Strom- und Wärmemarkt sowie eine nachhaltige Form der Nutzung von Biokraftstoffen Eckpunkte einer zukunftsfähigen Energiestrategie und Kern einer ökologischen Industriepolitik[7]. Zahlreiche Studien und Szenarienanalysen haben dies bestätigt, zuletzt das Leitszenario des Bundesumweltministeriums[8].

Die deutsche Energiepolitik hat in wechselnden politischen Koalitionen wichtige Voraussetzungen zur Realisierung geschaffen, allerdings mit großem

---

6 Vgl. HM Treasury, 2006.
7 Vgl. BMU, 2006.
8 Vgl. BMU, 2007.

Erfolg nur bei der Förderung der nachhaltigeren Stromerzeugung durch das Erneuerbare Energien Gesetz (EEG). Das könnte sich ändern, wenn die Politik nicht erneut der Mut verlässt: Die bisher couragierteste Ankündigung zum Klimaschutz wurde mit der Regierungserklärung von Minister Gabriel im April 2007 vorgelegt[9]. Würde dieser Maßnahmenkatalog konsequent umgesetzt, könnte Deutschland eine weltweite Vorreiterrolle beim Klima- und Ressourcenschutz und bei der ökologischen Industriepolitik einnehmen – keineswegs zum Schaden der deutschen Wirtschaft. Aber noch klafft zwischen Wissen, Ankündigung und Handeln bei Politik, Wirtschaft und Zivilgesellschaft eine erhebliche Kluft. Die gilt vor allem für die Steigerung der Energieeffizienz. Ihre jährliche Steigerungsrate müsste auf etwa 3 % verdoppelt werden, damit die selbst gesetzten Ziele einer forcierten Klima- und Ressourcenpolitik billiger, schneller und konsensfähiger lösbar werden. Vor allem diese Umsetzungslücke gilt es zu schließen.

3 Der Markt für Energiedienstleistungen? Ein klassischer Fall von Markt- und Politikversagen

Dabei muss die Aufmerksamkeit von der stark überbewerteten Angebotsseite auf die Nachfrageseite des „Energiedienstleistungsmarkts", d.h. auf die Potentiale, die Hemmnisse und den Instrumentenmix zur Erschließung der Energieeffizienz gerichtet werden. Diese Betrachtung beginnt mit der einfachen Frage: Wofür brauchen wir eigentlich Energie? Diese nur scheinbar triviale Frage wird weder konzeptionell befriedigend analysiert[10], noch sind Technologien und Märkte auf eine systematische Beantwortung ausgerichtet. Kilowattstunden und Tonnen Öl machen offenbar niemanden satt, erzeugen keinen Stahl und machen uns auch nicht mobil, erst Energie in Verbindung mit einem Energiewandler, einem Gebäude, einem Fahrzeug, einem Prozess oder mit Geräten stiften den Nutzen (die Energiedienstleistung), die wir aus dem Einsatz von Energie erwarten. Es handelt sich also immer um ein Paket aus der Zuführung und der technisch-organisatorischen Umwandlung von Energie. Und dieses Paket sollte – unter Einbeziehung externer Kosten – kostenoptimal bereit gestellt werden. In ein ungedämmtes Haus teure Energie einzuführen kann ruinös werden; selbst bei extrem steigenden Energiepreisen bleibt die Energierechnung in einem Passivhaus jedoch moderat.

---

9 Vgl. Regierungserklärung „Klimaagenda 2020. Klimapolitik der Bundesregierung nach den Beschlüssen des Europäischen Rates" von Bundesminister Gabriel vom 26.04.2007.
(http://www.bmu.de/reden/bundesumweltminister_sigmar_gabriel/doc/39239.php)
Leider sind die darauf aufbauenden und differenzierteren Beschlüsse der Kabinettsklausur von Meseberg (24.08.2007) und des Kabinetts vom 07.12.2007 z.B. bei der Energieeffizienz, dem Verkehr und dem CO_2-Minderungsziel weniger ambitioniert, dafür weisen sie aber eine höhere Verbindlichkeit auf.
10 Vgl. Hennicke, 1999.

Aus diesem Konzept der technisch-wirtschaftlichen Optimierung von Energiedienstleistungen folgt auch eine andere Konzeption wie der Wettbewerb funktionieren sollte. Effizienztechniken müssen gegen Endenergie auf einem „fairen Spielfeld" in Wettbewerb treten, denn in vielen Fällen ist das Einsparen von Energie (vor allem von Strom) für den Verbraucher wesentlich günstiger als Energie zu kaufen. Auch ergibt sich hieraus ein anderes Verständnis von Produktverantwortung für die Energieanbieter, die bisher vor allem am Energiegeschäft und damit letztlich auch am Klimawandel verdient haben und die in Zukunft das „Geschäft hinter dem Zähler" und der „Verlängerung die Wertschöpfungskette zum Verbraucher" aus ökonomischen wie auch aus ökologischen Gründen mehr beachten müssen.

Befasst man sich mit der Nachfrageseite des Endenergiemarkts, dann sind sich scheinbar alle darin einig, dass zumindest für die Verbraucher Energieeffizienz und Energiesparen großen Sinn machen. Dieser scheinbare Konsens zerbricht aber am traditionellen Energieverkäuferinteresse, wenn mit dem was technisch und auch wirtschaftlich für die Verbraucher möglich und sinnvoll ist, d.h. mit der drastischen Marktbegrenzung für den Absatz von Energien durch strategisches Energiesparen, wirklich Ernst gemacht wird. Dabei liegt die Ankündigung einer massiven Marktbegrenzung schon in der Beschlusslage des Bundestages zur Nachhaltigkeitsagenda begründet, nämlich die Energieeffizienz bis zum Jahr 2020 zu verdoppeln; dies bedeutet die Effizienzsteigerungsrate pro Jahr von bisher etwa 1,6 % auf mindestens 3 % anzuheben.

Man erinnere sich: Als diese Zahl vor einiger Zeit offensiv von der Politik kommuniziert wurde, gab es einen Aufschrei der Industrieverbände und das Schreckgespenst einer De-Industrialisierung Deutschlands wurde aus der Taufe gehoben. Sicher muss über Standorte und wettbewerbsfähige Energiepreise für einige energieintensive Industrien nachgedacht werden, aber im volkswirtschaftlichen Durchschnitt ist das Gegenteil von Wirtschaftsunverträglichkeit der Fall: Die forcierte Steigerung der Energieeffizienz ist beste Vorsorgepolitik gegenüber Ölpreisschocks und für die Hersteller von Effizienztechniken ein Garant für mehr Teilhabe am weltweit größten Leitmarkt der Zukunft[11]. Es ist damit auch der Kern einer ökologischen Industrie- und Dienstleistungspolitik und für die wohl derzeit erfolgreichste Steigerung von Wettbewerbsfähigkeit und der Schaffung bzw. Erhaltung von Jobs.

Wichtig ist: Eine Ressourceneffizienzrevolution ist nicht nur eine Frage überlegener Technik, sondern vor allen Dingen auch eine Frage des Abbaus von Hemmnissen, des veränderten Investitionskalküls und Konsumverhaltens sowie innovativer Rahmenbedingungen. Zur Erläuterung dieser These soll nachfolgend vor allem der Strommarkt betrachtet werden.

Grundsätzlich ist es meistens billiger bei ohnehin anstehender Geräteerneuerung durch Effizienztechniken (bezogen auf die jeweilige Energiedienstleistung) Strom zu vermeiden als ihn zu kaufen. Die Europäische Union geht davon aus, dass die Grenzkosten des Stromsparens durch Effizienztechniken etwa 2 bis 4 Cent/kWh betragen. Strom herzustellen kostet mindestens 5 Cent/kWh, aber

---

11 Vgl. BMU/UBA, 2007.

Strom bis zum Verbraucher zu transportieren und abzurechnen weit mehr, bei Haushalten mehr als das Vierfache. Werden also wirtschaftlich günstigeren Stromsparpotentiale nicht erschlossen, dann fließt zu viel volkswirtschaftliches Kapital in die unökonomische Verstärkung des Energieangebotes, solange man diese Fehlallokation nicht durch förderliche Rahmenbedingungen und Anreize für einen Energiedienstleistungsmarkt korrigiert.

Dafür ist es wichtig, sich darüber zu verständigen, dass und warum Marktversagen auf dem Markt für Energiedienstleistungen *nicht die Ausnahme sondern die Regel* ist. Als Beispiel mag hier die so genannte „Faktor 4"-Pumpe gelten[12]. Das ist ein unscheinbares, aber bei massenhaftem Einsatz höchst effizientes Stromvermeidungsgerät. In allen Gebäuden mit Zentralheizung und zentraler Warmwasserversorgung laufen Umwälzpumpen für den Heißwasserkreislauf. Dabei kann man um den Faktor 4 weniger Strom verbrauchen, wenn eine Effizienzpumpe benutzt und bedarfsgerecht geregelt wird. Die Pumpe hat weder den Charme noch den Sexappeal einer Fotovoltaik-Anlage auf dem Dach und die meisten Bürger wissen nicht einmal, dass eine solche Technik in ihrem Keller existiert. Würde man die Pumpe überall in Europa einsetzen, dann würden 30 TWh Strom vermieden – also etwa drei Kernkraftwerke nur durch eine einzelne Effizienztechnik! Die Anschaffung kostet zwar zu Beginn etwa doppelt so viel wie eine Standardpumpe, aber in wenigen Jahren hat sie sich bereits durch die eingesparten Stromkosten amortisiert.

Es handelt sich also um eine hochrentable Investition, die dennoch wegen ihrer Unbekanntheit, ihrer Unscheinbarkeit und ihres anfänglich höheren Preises am Markt kein Selbstläufer ist. Das ist nur ein Beispiel für eine große Palette von Effizienztechniken, die vor einer ähnlichen Problematik stehen (zu weiteren Hemmnissen siehe weiter unten).

Die Erwartung der meisten Unternehmen ist, dass sich Investitionen in Effizienztechniken in etwa 2–3 Jahren amortisieren. Wenn die Unternehmensleitung allen Abteilungen dieses Kriterium für Neuanschaffungen für Techniken mit Lebensdauern von häufig mehr als 10 Jahren vorgibt, dann sorgt sie dafür, dass unzählige hoch rentable Techniken nicht eingesetzt werden, deren Kapitalverzinsung mit über 20% deutlich höher liegt als typische Kapital- oder Geldanlagen. Dies ist nur deshalb möglich, weil in zahlreichen Unternehmen – ökonomisch irrational – ein Risikomaß (die Amortisationszeit) als scheinbares Kriterium für die Rentabilität von eingesetztem Kapital missverstanden wird.

Dies ist nur ein Schlaglicht zur Verdeutlichung, dass sich auch hochrentable Effizienzpotentiale nicht von allein am Markt durchsetzen: ein klassischer Fall von Marktversagen, für den auch die neoliberale Ökonomie fordert, dass mit veränderter staatlicher Rahmensetzung auf die Überwindung der Hemmnisse hingearbeitet wird.

Aus Erfahrungen anderer europäischer Länder folgt hieraus: Notwendig sind neue strategische Akteure und Rahmenbedingungen zur Organisierung von fairem Wettbewerb auf dem Markt für Energiedienstleistungen. Es ist für den Klima- und Ressourcenschutz kontraproduktiv, dass Hunderte von Mitarbeitern in Konzern-

---

12 Vgl. hierzu Barthel/Thomas et al., 2007.

zentralen sich professionell allein mit dem Vertrieb und der Verkaufsförderung von Energie befassen und keine annähernd vergleichbare Marktmacht und Institutionen auf der Nachfrageseite existieren, die Markttransparenz und wenn nötig auch Anreize für die Umsetzung wirtschaftlicher Effizienzpotentiale bereitstellen.

Noch effektiver für eine beschleunigte Durchsetzung der Effizienzrevolution wäre, wenn die Rahmenbedingungen so justiert werden, dass auch bisherige reine Energieanbieter ökonomisch abwägen, ob sie mit der Förderung von Energieeffizienz beim Verbraucher („NEGAWatt") ihr Kapital nicht genauso oder langfristig sogar besser verzinsen können als mit alleinigen Investitionen in Erzeugungskapazität („MEGAWatt"). Hierzu wäre bei der Anreizregulierung für die Netzentgelte eine Verordnung sinnvoll, die es – bei für die Kunden vorteilhaften Energiesparprogrammen – den Netzbetreibern erlaubt, das hierfür aufgewandte Kapital plus einer angemessenen Verzinsung bei den Netzentgelten einzukalkulieren.

Abbildung 1 zeigt das grundsätzliche Optimierungskalkül für kostenminimale Energiedienstleistungen. In der Regel steigen die Gesamtkosten, wenn immer mehr Energie bereitgestellt wird, vor allem bei Berücksichtigung der externen Kosten. Wenn dagegen für die gleiche Energiedienstleistung mehr Effizienztechnik eingesetzt wird, dann werden die Energiekosten sinken, so dass sich aus der Zuführung und dem Einsparen von Energie ein Minimum für die Bereitstellung von Energiedienstleistung ergibt.

Dieses Kalkül für kostenoptimale Energiedienstleistungen lässt sich prinzipiell für jedes Objekt (z.B. ein Gebäude), aber auch für jede Region oder Volkswirtschaft anwenden. In der Realität sind also Randbedingungen, Akteure und ein Hemmnisabbau erwünscht, die dazu beitragen, dass dieses Kalkül bei der Bereitstellung kostenoptimaler Energiedienstleistung (EDL) tatsächlich zum Zuge kommt.

Um den Markt für EDL zu organisieren, zu koordinieren, zu evaluieren und Anreize zu setzen sind mehr Akteure (z.B. Contracting Unternehmen) und neue Mechanismen bzw. Institutionen (z.B. ein nationaler und mehrere regionale Energieeffizienzfonds) zur Vorfinanzierung bzw. Ausschreibung von Programmen zur Erschließung der „eigentlich wirtschaftlichen Energiesparpotentiale" notwendig.

Solche förderlichen Rahmenbedingungen und Fonds gibt es in einer ganzen Reihe von europäischen Ländern sowie in vielen US Bundesstaaten[13].

---

13 Vgl. hierzu Thomas, 2006.

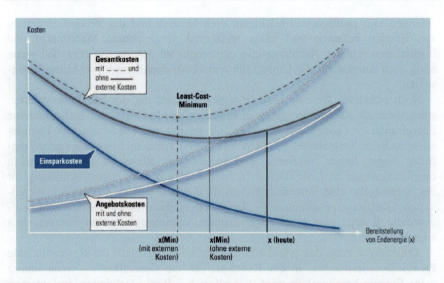

Abb. 1: Optimierungskriterium auf EDL-Märkten: Eine Minimalkostenkombination aus (preiswürdigem) Energieangebot und maximaler Umwandlungseffizienz ist das Ziel[14].

4 Neues Denken – neue Anreizstrukturen

Es geht also bei der Umsetzung einer Strategie für Klima- und Ressourcenschutz im Kern nicht um ein technisches Problem, sondern um den *Veränderungswillen und innovativere Veränderungsbedingungen:*

Wie Studien des Wuppertal Instituts gezeigt haben (s. u.) ist z. B. eine 15 %ige Senkung der Stromnachfrage bis 2020 prinzipiell wirtschaftlich erreichbar. Dafür müsste allerdings der vorhandene Policy-Mix im Bereich der Energieeffizienz noch erheblich weiter entwickelt werden. Die Politik müsste hinsichtlich ihrer pro aktiven Gestaltungs- und Vorsorgeaufgaben, z. B. bei neuen Forschungsschwerpunkten, aber auch durch innovative Anreiz- und Finanzierungssysteme einen deutlichen Paradigmenwechsel vollziehen. Die Frage der „Realisierbarkeit" eines nachhaltigen Energiepfades spitzt sich letztlich darauf zu, wie und zu welchen Kosten das erheblich über den Trend hinaus zu erschließende Energiesparpotenzial tatsächlich „am Markt" realisiert und strategisch mit dem Strukturwandel zu einem mehr dezentralem Angebot verbunden werden kann.

Als Pilotprojekt zur Unterstützung des notwendigen Strukturwandels werden das Wuppertal Institut in Kooperation mit kommunalen Versorgungsunternehmen, dem VKU und der ASEW ein Projekt zum *Bau eines „Effizienzkraftwerks"* durchführen. Ein „Effizienzkraftwerk" kombiniert gezielte Energieeinsparung durch Endenergieeffizienz sowie Lastmanagement mit neuer dezentraler Erzeugung (auf der Grundlage von Kraft-Wärme-Kopplung und/oder erneuerbaren Energien)

---

14 Quelle: Wuppertal Institut.

sowie – falls noch notwendig – mit dem Erwerb eines Teils an einem bestehenden und/oder neuen mittelgroßen bis großen Kraftwerk. Es soll damit eine Alternative zum Bau eines Großkraftwerks von z.B. 800 MW darstellen. Mit dem „Effizienzkraftwerk" soll in einem regionalen Leuchtturmprojekt beispielhaft gezeigt werden, dass mit einer kooperativ weiterentwickelten Energieeffizienz- und Dezentralitätsstrategie der Strukturwandel zu einer nachhaltigen Energiewirtschaft mit positiven Beschäftigungs- und Umwelteffekten vorsorgend und koordiniert gestaltet werden kann. Gemeinsame Aktivitäten z.b. eines Bundeslandes mit handlungsbereiten Partnerunternehmen aus der Energiewirtschaft, könnten dazu wichtige Beiträge leisten. Wichtig hinsichtlich der Attraktivität für die Energiewirtschaft erscheint dabei – neben dem Kundenbindungsaspekt – die oben erwähnte Möglichkeit der Finanzierung von Programmkosten über die Netzgebühren. In ähnlicher Zusammenarbeit der Akteure, auch mit den Kund(inn)en des Partnerunternehmens, können die Potenziale der KWK und der erneuerbaren Energien erschlossen werden.

Das technische Potenzial der effizienten Energieverwendung und -erzeugung ist unbestritten enorm. Bezogen auf die benötigte Energiedienstleistung (für warme und helle Räume, gekühlte Lebensmittel, Mobilität, Produktion) könnte der Energieverbrauch technisch um durchschnittlich 80 bis 85% verringert werden.

Eine szenarienbasierte Abschätzung des Beitrags der rationellen Energienutzung bei den nationalen Klimaschutzzielen zeigt: Zwei Drittel bis drei Viertel der für den Klimaschutz notwendigen CO_2-Minderung können und müssen in den nächsten Jahrzehnten auf den Märkten für Energieeffizienztechnologien erbracht werden. *Daraus folgt der energiepolitische Imperativ, die Markteinführung der Regenerativen systematischer als bisher mit einer forcierten Effizienzsteigerung zu verbinden.* Nur dadurch kann längerfristig der Ausbau erneuerbarer Energien eine entscheidende Bedeutung auch im Klimaschutz erlangen und umso früher zur tragenden Säule der Energieversorgung werden. Im Jahr 2050 tragen die erneuerbaren Energien einer solchen Strategie folgend mit etwa der Hälfte zum CO_2-Minderungsziel von 80% bei. Dies gelingt umso effektiver, je besser die volkswirtschaftlichen Zusatzkosten für die Markteinführung der erneuerbaren Energien durch die Kosteneinsparung in Folge umgesetzter Energieeffizienzsteigerung kompensiert werden. Eine einseitige Ausbaustrategie für die erneuerbaren Energien führt demgegenüber zu deutlich höheren Energiekosten, ist ökonomisch suboptimal und setzt mittelfristig die Akzeptanz für Sonne, Wind und Biomasse aufs Spiel.

Eine Gemeinschaftsstudie vom Wuppertal Institut und E.ON bestätigt, dass etwa 120 Millionen Tonnen CO_2 durch Stromsparen und Stromsubstitution (durch Erdgas) wirtschaftlich vermieden werden können. Gemeinsam wurden 69 gängige Techniken der effizienteren Stromnutzung oder der Substitution von Strom durch Erdgas auf ihre Potentiale und Kosten hin untersucht. Das Ergebnis ist, dass insgesamt 150 Millionen Tonnen CO_2 (d.h. etwa 17,5% der gesamten CO_2-Emissionen) durch diese Techniken vermieden werden können, davon etwa 120 Millionen mit Gewinn. „Gewinn" heißt dabei, dass die Mehrkosten beim ohnehin anstehenden Kauf neuer besonders energiesparender Geräte während ihrer

Lebensdauer durch die eingesparten Stromkosten teilweise sehr deutlich überkompensiert werden.

Die *Abbildung 2* stellt dieses erstaunliche Ergebnis in Form einer Treppenkurve detaillierter dar. Die Abszisse zeigt das Einsparpotential (in Kilowattstunden bzw. vermiedenen Tonnen CO_2) in Relation zu den jeweiligen spezifischen Kosten (auf der Ordinate) pro eingesparter Kilowattstunde bei gleicher Energiedienstleistung. So wurde z.B. unterstellt, dass ein durchschnittliches Kühlgerät bei ohnehin anstehendem Neukauf durch ein A^{++}-Kühlgerät ersetzt wird, das noch einmal etwa 40% weniger Strom verbraucht als ein Gerät der Kategorie A nach der EU Klassifikation.

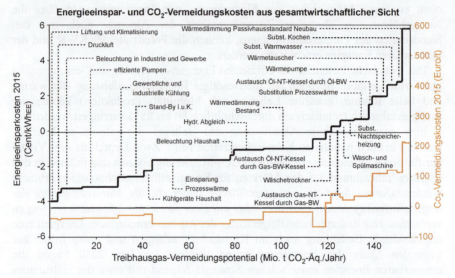

Abb. 2: Vermeidung von Treibhausgasen im Stromsektor geordnet nach spezifischen Einsparkosten (negative Einsparkosten entspricht einer volkswirtschaftlich rentablen Umsetzung) für Deutschland[15].

Vergleicht man, bezogen auf die gleiche Energiedienstleistung, die Zusatzkosten der Vermeidung von Strom mit dem Strompreis, so lässt sich der Zusammenhang der Treppenkurve auch wie folgt zusammenfassen: Strom effizienter zu nutzen ist für die Verbraucher in der Regel erheblich wirtschaftlicher als Strom zu kaufen! Stromsparen rechnet sich also für Verbraucher und Volkswirtschaft, aber auch EVU können, unter bestimmten Rahmenbedingungen, durch mehr Kundenbindung, Contracting, Demand Side Management (DSM) etc. profitieren. Längst sind auch Konzepte entwickelt worden wie z.B. die Grundidee eines Stromeinsparfonds, die die Anreize für die Energiewirtschaft signifikant weiter erhöhen könnten sich auf das Geschäftsfeld Energieeinsparung einzulassen und ihr Know How und ihre Kundenkontakte einzubringen. Positive Erfahrungen aus anderen

---

15 Quelle: Wuppertal Institut.

Ländern wie England oder Dänemark liegen zudem vor und könnten den Weg bereiten[16].

Energiesparen durch effiziente Energienutzung kann also für nahezu alle energiebedingten Probleme (Energiepreiserhöhungen, Versorgungssicherheit bei Heizenergie, Kraftstoffen und Strom, Klimaschutz) den schnellsten, größten und wirtschaftlichsten Lösungsbeitrag leisten. Diese Meinung teilen u.a. auch die Gutachter der im Oktober vorgestellten Studie des BDI „Nachhaltige Energiepolitik für den Standort Deutschland"[17].

Insgesamt ist es im Rahmen der normalen Erneuerungszyklen für Geräte, Fahrzeuge, Anlagen und Gebäude für Volkswirtschaft und Verbraucher lohnend, zusätzlich bis zu 2% Energie pro Jahr mehr im Vergleich zum bisherigen Trends (ca. 1,5% p.a.) einzusparen. Die gesamte volkswirtschaftliche Energierechnung Deutschlands könnte, bei gegenwärtigen Energiepreisen und bei vollständiger Umsetzung der Potenziale zur rationellen Energieerzeugung und -umwandlung, um mehr als 90 Milliarden Euro pro Jahr gesenkt werden. Gleichzeitig würden dadurch die Treibhausgasemissionen um rund 380 Millionen Tonnen CO_2-Äquivalente pro Jahr reduziert.

Das oben erwähnte von den Großforschungsinstitutionen in der Schweiz durchgeführte Projekt einer „2000 Watt pro Kopf Gesellschaft" kommt zu folgendem Zwischenergebnis: „Synthesising the findings of all technological areas (i.e. converting primary energies to final and useful energies, reducing the losses of useful energies, increasing material efficiency, recycling and material substitution) it can be safely concluded that the vision of the 2000 Watt per capita society is technically feasible within some five decades"[18]. Dies würde bis zum Jahr 2050 einer Steigerung der Primarenergieeffizienz um den Faktor 4–5 gleichkommen, d.h. eine jährliche Steigerung der Energieproduktivität um etwa 3,3% bedeuten. Diese auch für Deutschland in mehreren Szenarien für die Energie-Enquéte-Kommission, für das Umweltministerium und das UBA nachgewiesene technisch mögliche Effizienzsteigerung bedeutet mehr als eine Verdopplung der jährlichen Steigerungsrate im Vergleich zum letzten Jahrzehnt[19].

Durch eine Energieeffizienzstrategie entsteht eine Win-win-Situation, bei der viele profitieren: Innovationen, Arbeitsplätze und Wertschöpfung können wirtschaftlich mit dem Klimaschutz verbunden werden.

Es gibt, wie oben bereits beispielhaft erwähnt, viele strukturelle Gründe dafür, warum die Energiesysteme noch weitgehend angebotsgetrieben sind und warum die enormen Chancen der rationelleren Energienutzung zu wenig genutzt werden. Mangelnde energiepolitische Rahmensetzung, das vorherrschende Absatzinteresse der Energieanbieter und eine Vielzahl von strukturellen Hemmnissen sowie Marktunvollkommenheiten führen dazu, dass ein fairer Wettbewerb um Energieeffizienz und Energiedienstleistungen sich auf den stark vermachteten Endenergiemärkten nicht im marktwirtschaftlichen Selbstlauf herausbilden kann.

---

16 Vgl. Thomas, 2006.
17 Vgl. http://www.bdi-online.de/de/publikationen/7080.htm
18 Vgl. Jochem, 2004.
19 Vgl. Fischedick et al., 2005 sowie Hennicke, 2004 und Hennicke/Fischedick, 2006.

Die enorme Vielfalt der Effizienzanbieter und -techniken, mangelnde Marktübersicht und fehlende Informationsinstrumente (z.B. zur Kalkulation der Life-Cycle-Costs), Kapitalmangel bei KMUs und die Kameralistik bei öffentlichen Betrieben, die durchschnittlich geringe Bedeutung des Energiekostenanteils, Probleme bei der Visualisierung und des Marketings von Einspartechniken und -potentialen sowie Evaluierungs- und Messprobleme für Effizienzpotentiale machen staatliche Rahmensetzung und Intervention zur Voraussetzung eines funktionsfähigen Wettbewerbs zwischen Endenergie und Energieeffizienz. Mit einem Wort: Energieeffizienz hat keine Lobby. Nur der Staat kann zielgruppen- und technologiespezifisch mit der Setzung von Rahmenbedingungen dafür sorgen, dass Transaktionskosten reduziert werden, die Effizienzsteigerungen entgegen stehen, und sich ein europäischer Binnenmarkt für Energiedienstleistungen (EDL) entfalten kann. Nur der Staat kann einen Effizienzfonds als eine unabhängige schlanke Institution mit dem Mandat und Mitteln ausstatten, den Markt für Energiedienstleistungen zu organisieren sowie strategische Energiesparprogramme zu konzipieren, auszuschreiben, zu koordinieren und zu evaluieren (siehe unten); z.B. könnte die Dena mit diesem erweiterten Mandat ausgestattet und mit einem unabhängigen Status weiterentwickelt werden. In einem Netzwerk sollten dabei die regionalen Energieagenturen und auch lernende Netzwerke zwischen Unternehmen (wie z.B. in Baden-Württemberg) eingebunden werden. In der EU-Kommission und im EU-Parlament ist diese Einsicht inzwischen weiter entwickelt als in vielen Mitgliedstaaten, wie z.B. auch in Deutschland. Dies zeigt die besondere Fokussierung auf Energieeffizienz durch EU-Kommissar Piebalgs, die Verabschiedung der EU-Ökodesignrichtlinie, aber auch die EU-Endenergieeffizienzrichtlinie, die von deutscher Seite immer wieder gebremst wurde.

Vor allem müssen die dezentralen Angebote zur Information, Weiterbildung und Förderung jeweils bundesweit gebündelt und finanziert werden. Dazu hat das Wuppertal Institut im Auftrag der Hans-Böckler-Stiftung ein Konzept für einen EnergieSparFonds entwickelt[20]. Ein Beitrag von durchschnittlich etwa 0,1 Cent pro Kilowattstunde würde genügen, um die Energierechnungen von Industrie, Handel, Gewerbe und Haushalten deutlich zu senken. Der Betrag könnte auf verschiedenen Wegen aufgebracht werden: zum Beispiel aus der Energiesteuer auf Strom, Gas und Öl; anstelle einer Senkung der Netzgebühren um 0,1 Cent pro kWh – hier bringt die Verwendung für einen EnergieSparFonds das fünf- bis zehnfache an Kostenentlastung! – oder aus den Erlösen einer Versteigerung von Treibhausgas-Emissionsrechten ab 2008.

Das Wuppertal Institut schlägt – gestützt auf evaluierte Programme in anderen europäischen Ländern – ein Portfolio von zwölf konkreten Programmen für den EnergieSparFonds vor. Damit würden von der Industrie bis zu den Haushalten verschiedene Potenziale zur Strom- und Wärmeeinsparung genutzt. In den nächsten zehn Jahren würde damit eine Energieeinsparung von etwa 12 % gegenüber dem bisherigen Trend erreicht – das sind 75 Milliarden Kilowattstunden Strom und 102 Milliarden Kilowattstunden Wärmeenergieträger. Die Emissionen von Treibhausgasen könnten sich um 72 Millionen Tonnen pro Jahr reduzieren.

---

20 Vgl. Irrek/Thomas, 2006.

Für die Verbraucher(innen) wäre der Barwert der eingesparten Energiekosten mit rund 73,3 Milliarden Euro doppelt so hoch wie die Summe der hierfür von ihnen aufgewendeten Investitionen (rund 37 Milliarden Euro). Außerdem ergäbe sich ein Nettoarbeitsplatzeffekt von ungefähr einer Million Personenjahren bis 2030, mit einem Maximum von 75.000 Personenjahren im Jahr 2015.

Ein nationaler EnergieSparFonds kann viele Synergien zusammen mit regionalen Agenturen und Institutionen entfalten, die z. B in Hannover (ProKlima) und anderswo seit vielen Jahren erfolgreich für den Klima- und Ressourcenschutz arbeiten. Perspektivisch sollte eine Energieeffizienzstrategie auch als integrierter Teilbereich in das umfassendere Thema der Steigerung der Ressourcen- und Materialeffizienz eingebunden werden[21].

---

[21] Unter Leitung und Koordinierung durch das Wuppertal Institut beschäftigt sich ein Konsortium von 30 Partnern im Auftrag des Bundesumweltamtes und des Bundesumweltministeriums u. a. mit dieser Frage
(http://www.wupperinst.org/de/unsere_forschung/querthemen/materialeffizienz_und_ressourcenschonung/index.html).

Literatur

Barthel, Claus; Thomas, Stefan et al. (2007): Energy pumps – technology procurement for very energy efficient circulation pumps: first results of the current IEE-project. In: Attali, Sophie (Hrsg.): Saving energy – just do it! ECEEE 2007 Summer Study. Conference proceedings. 4–9 June 2007, La Colle sur Loup, France. Volume 3, panel 6, panel 7. Stockholm: European Council for an Energy Efficient Economy, 2007, pp. 1303–1309.

Bundesministerium für Umwelt, Naturschutz und Reaktorsicherheit BMU (Hrsg.), (2006): Ökologische Industriepolitik. Memorandum für einen „New Deal" von Wirtschaft, Umwelt und Beschäftigung. Berlin: BMU, 2006.

Bundesministerium für Umwelt, Naturschutz und Reaktorsicherheit BMU (Hrsg.), (2007): Leitstudie 2007. Ausbaustrategie Erneuerbare Energien. Aktualisierung und Neubewertung bis zu den Jahren 2020 und 2030 mit Ausblick bis 2050. Berlin: BMU Referat KI III 1, 2007.

Bundesministerium für Umwelt, Naturschutz und Reaktorsicherheit BMU; Umweltbundesamt UBA (Hrsg.) (2007): Umweltpolitische Innovations- und Wachstumsmärkte aus Sicht der Unternehmen. Forschungsprojekt im Auftrag des Umweltbundesamtes, durchgeführt von Roland Berger Strategy Consultants. Berlin/Dessau-Wörlitz: BMU/UBA, 2007.

Europäischer Rat (8./9. März 2007): Schlussfolgerungen des Vorsitzes. Nr. 7224/1/07 REV1.

Fischedick, Manfred et al. (2005): Ausbau erneuerbarer Energien im Stromsektor bis zum Jahr 2020. Untersuchung im Auftrag des BMU. Wuppertal: Wuppertal Institut für Klima, Umwelt, Energie, 2005.

Hennicke, Peter (1999): Wa(h)re Energiedienstleistung. Ein Wettbewerbskonzept für die Energieeffizienz- und Solarenergiewirtschaft, Berlin: Birkhäuser Verlag (Wuppertal Texte), 1999.

Hennicke, Peter (2004): Scenarios for a Robust Policy Mix. The Final Report of the German Study Commission on Sustainable Energy Supply. In: Energy Policy, Vol. 32 (2004), No. 15, pp. 1673–1678.

Hennicke, Peter; Fischedick, Manfred (2006): Towards Sustainable Energy Systems. The Related Role of Hydrogen. In: Energy Policy, Vol. 34 (2006), No. 11, pp. 1260–1270.

Hennicke, Peter (2008): „Abrüsten mit neuer Energie." Die deutsche Energie- und Klimaschutzpolitik am Scheideweg. In: Freiburger Universitätsblätter, Jg. 47 (2008), Nr. 180, S. 23–44.

HM Treasury (ed.) (2006): Stern Review on the Economics of Climate Change. London: HM Treasury, 30 October 2006.

Irrek, Wolfgang; Thomas, Stefan et al. (2006): Der EnergieSparFonds für Deutschland. Düsseldorf: Edition der Hans-Böckler-Stiftung 169, 2006.

Jochem, Eberhard (ed.) (2004): Steps Towards a Sustainable Development. A White Book for R&D of Energy-efficient Technologies. Zürich: Centre for Energy Policy and Economics CEPE, 2004.

Pacala, Stephen; Socolow, Robert (2004): Stabilization Wedges. Solving the Climate Problem for the Next 50 Years with Current Technologies. In: Science, Vol. 305 (2004), Issue 5686, pp. 968–972.

Thomas, Stefan (2006): Aktivitäten der Energiewirtschaft zur Förderung der Energieeffizienz auf der Nachfrageseite in liberalisierten Strom- und Gasmärkten europäischer Staaten. Kriteriengestützter Vergleich der politischen Rahmenbedingungen. Dissertation zur Erlangung des Grades eines Doktors der Philosophie (Dr. Phil.), Otto-Suhr-Institut für Politikwissenschaft, FB Politik- und Sozialwissenschaften der Freien Universität Berlin, 2006.

Europäisches Biogas als Eckpfeiler autarker und ökologischer Energieversorgung

RA Dr. Thorsten Gottwald[1] und RRef Tatjana G'Giorgis[2]

1 Bedeutung von Biogas

Für die Energiewirtschaft in Europa ist die Versorgung mit Gas entscheidend. Gas ist der sog. „Alleskönner" unter den Energieträgern, weil es zur Strom- und Wärmeproduktion – jeweils Grund- und Spitzenlast – sowie als Kraftstoff eingesetzt werden kann.

Der vorliegende Beitrag stellt die aktuellen juristischen Hindernisse und Fragen dar und entwickelt Lösungsansätze. Da Deutschland Vorreiter in der Nutzung von Biogas ist, können diese Lösungsansätze auch für andere europäische Länder praktikabel sein.

Versorgungssicherheit, Wettbewerb und Klimaschutz werden durch einheimisches Biogas besser verwirklicht als durch importiertes Erdgas:

Biogas wird dezentral in vielen einheimischen Anlagen nahe dem Endverbraucher hergestellt. Eine Störung an einem Standort kann niemals die Versorgungssicherheit derart beeinträchtigen wie eine Störung der großen Erdgaspipelines, die russisches oder norwegisches Erdgas nach Mitteleuropa transportieren.

Praktisch jedes Unternehmen und jeder Bürger kann – z.B. über eine Beteiligung als Gesellschafter – Anbieter von Biogas sein. Beim Erdgas beherrscht das Oligopol der Eigentümer von Lagerstätten uneingeschränkt den Markt.

Dem Klimaschutz dient Biogas, weil – im Gegensatz zu Erdgas – bei der Verbrennung von Biogas nur soviel CO_2 frei wird, wie vorher durch das Wachstum der Pflanzen gebunden wurde. Die Vergärung von Gülle verstärkt diesen Effekt, indem Methan zu Kohlendioxid verbrannt wird, welches andernfalls aufsteigt und in der Atmosphäre 23-mal klimaschädlicher wirkt als CO_2. Die Qualität der erforderlichen landwirtschaftlichen Flächen kann bei ökologischer Bewirtschaftung gesteigert werden, wenn die Gärreste wieder als Dünger auf die Flächen aufgebracht werden.

---

1 Rechtsanwalt, spezialisiert auf Erneuerbare Energien, Partner der Kanzlei LutherNierer Partnerschaft, dr.thorsten.gottwald@luthernierer.com.
2 Doktorandin, betreut durch Prof. Dr. Reinhard Singer, Humboldt-Universität zu Berlin, 10099 Berlin, tatjana.giorgis@luthernierer.com.

Eine erweiterte Fruchtfolge mit dem Anbau von Energiepflanzen entzerrt die Erntesituation. Für die Landwirte ergeben sich so neue Einkommenschancen.

1992 gab es etwa 139 Biogasanlagen und im Jahr 2004 etwa 2000. Im August 2008 existierten ca. 3800 Anlagen, die 1150 Megawatt elektrische Leistung erbringen können. Dies soll bis Ende 2009 auf 4200 Anlagen mit 1300 Megawatt elektrischer Leistung gesteigert werden[3].

Bisher wird Biogas meistens zur Energieerzeugung in ländlichen Gebieten verwendet. Dort können Blockheizkraftwerke (BHKW) mit Kraft-Wärme-Kopplung (KWK) aus Biogas Strom und Wärme erzeugen. (Statt Wärme kann auch Kälte hergestellt werden.) So kann die Primärenergie zu 80 bis 90% genutzt werden.

Der Strom wird in das Stromnetz eingespeist und im Regelfall nach dem Erneuerbare-Energien-Gesetz (EEG) vergütet.

Aufgrund der dünnen Besiedelung findet die Wärme jedoch vor Ort nicht genügend Abnehmer, zumindest nicht im Sommer.

Außerdem sind Biogasanlagen neben vielen Wärmeabnehmern wie Industriebetrieben, Krankenhäusern, Altenheimen, Hotels, Schwimmbädern oder Wohngebieten nicht genehmigungsfähig oder aufgrund langer Transportwege für die Substrate nicht sinnvoll zu betreiben.

Die energiewirtschaftlich optimale Lösung besteht darin, das Biogas auf Erdgasqualität aufzubereiten und in das Erdgasnetz einzuspeisen. Dann kann das Biogas an Standorten verbrannt werden, an denen Strom und vor allem die Wärme bestmöglich genutzt werden können.

Biomethan kann nach seiner Aufbereitung beliebig mit Erdgas vermischt werden.

Mit dem Erdgasnetz existiert bereits eine effiziente und weit reichende Verteil- und Nutzungsinfrastruktur mit Speicherfunktion, so dass Grund- und insbesondere Spitzenlast an jedem Punkt des Netzes bereitgestellt werden können.

So können die Schwankungen z.B. der Stromproduktion aus Windenergie ausgeglichen und Gastankstellen für Kraftfahrzeuge mit Biogas versorgt werden.

Die Kosten der Biogaseinspeisung setzen sich zusammen aus den Biomassekosten, den Kosten für Biogaserzeugung und -aufbereitung sowie der Einspeisung.

Zur Einspeisung in das Erdgasnetz muss der Methangehalt des Rohbiogases von ca. 55% auf bis zu über 90% gesteigert und das Rohbiogas u.a. von Kohlendioxid und Schwefelwasserstoff gereinigt werden. Das Biogas muss den technisch wesentlichen Beschaffenheitsmerkmalen des in dem jeweiligen Netz verwendeten Erdgases entsprechen. Dafür trägt der Gaserzeuger oder der betreffende Transportkunde gemäß §§ 16a, 15 EnWG die Verantwortung.

Derzeit existieren drei bedeutende Aufbereitungsverfahren: die Druckwasserwäsche, die Druckwechselabsorption und die chemische Wäsche.

Die Kosten für die Biogasaufbereitung liegen je nach Anlagengröße zwischen 1,2 bis 6,3 Cent/kWh. Bei einer Einspeisung kommen 0,3 bis 2,3 Cent/kWh hinzu[4].

---

3 Mitteilung Fachverband Biogas e. V. vom 16.01.2009, S.3.
4 Bundestags-Drucksache 16/4004, „Biogasproduktion in Deutschland", S.7.

Nachteilig an der Druckwasserwäsche ist der hohe Energieverbrauch von < 0,25 kWh/Nm³[5]. Der Wasserverbrauch beträgt durchschnittlich 0,5 bis 1 m³/d⁶. Die Methanverluste betragen 2%, teilweise sogar mehr, falls keine energetische Abgasnutzung stattfindet.

Bei der Druckwechselabsorption liegt der Energiebedarf ebenfalls bei rund 0,25 kWh/Nm³[7]. Der Methanschlupf liegt bei 2 bis 5%[8]. Die Druckwechselabsorption ist ein sog. trockener Prozess. Da weder Prozess- noch Frischwasser gebraucht wird, fällt auch kein Abwasser an. Somit entfällt eine Abwasserbehandlung[9].

Allerdings gab es bis Ende 2008 nur 13 Anlagen, die zusammen etwa 48 Millionen Kubikmeter Biogas ins Erdgasnetz eingespeist haben; 16 weitere Anlagen zu diesem Zweck sind im Bau oder in Planung[10].

Durch die Aufbereitung von Biogas (im Folgenden wird aufbereitetes Biogas als Biomethan bezeichnet) produzieren Biogasanlagen in Deutschland eine Energiemenge von über 1250 Megawatt. Und die Produktion steigt weiterhin.

In Aachen werden jährlich über 4,3 Millionen Kubikmeter Biomethan produziert und die Kölner Stadtbetriebe Rheinenergie vertreiben seit 2008 zehn Millionen Kilowattstunden Biogas an ihre Kunden[11]. Auch die Gasag möchte innerhalb der nächsten 12 Jahre 10% des Gasbedarfs in Berlin aus Biogas decken. Dazu sollen in Brandenburg 15 Biogas-Anlagen neu gebaut werden[12].

Die Vorteile durch die Biogaseinspeisung ins Erdgasnetz hinsichtlich Versorgungssicherheit, Wettbewerb und Klimaschutz können gesteigert werden, wenn Biomethan einfach und schnell vertrieben werden kann. Dazu sind vertrauenswürdige und leistungsfähige Handelsplattformen erforderlich.

Dieser Beitrag behandelt die zu klärenden Rechtsfragen und möchte Lösungsvorschläge machen.

---

5 Laut Base Technologies, Blockseminar-Präsentation der Fachhochschule München, Fakultät für Elektrotechnik und Informationstechnik, S. 35.
6 Richter, Ulf, EuroHeat & Power, „Aufbereitung von Biogas mit Druckwasserwäsche", S. 36, 38.
7 Laut Base Technologies, Blockseminar-Präsentation der Fachhochschule München, Fakultät für Elektrotechnik und Informationstechnik, S. 35.
8 Richter, Ulf, EuroHeat & Power, „Aufbereitung von Biogas mit Druckwasserwäsche", S. 36, 39.
9 Carbotech, 09.04.2008, „Biogaseinspeisung mittels Druckwechselabsorption", S. 19.
10 Mitteilung Fachverband Biogas e. V. vom 16.01.2009, S. 1.
11 Welt am Sonntag, 15.07.2008, „E.on setzt auf Gülle Energiekonzern startet Europas größte Biogas-Anlage in Bayern".
12 Berliner Morgenpost, 11.11.2007, „Gasag setzt auf Biogas".

2 Klimaschutzziele der Bundesregierung

Im August 2007 hat das Bundeskabinett in Meseberg ein umfangreiches Energie- und Klimaprogramm beschlossen:

Spätestens 2020 sollen 14% der Wärme aus Erneuerbaren Energien stammen. Deren Anteil im Strombereich soll von derzeit 13% auf 25 bis 30% und der Anteil von Kraft-Wärme-Kopplungsanlagen von derzeit 12% auf ca. 25% steigen.

Bestehende Hindernisse der Biogaseinspeisung sollen beseitigt werden.

10% des Erdgasverbrauchs soll durch Biogas erbracht werden, davon bis 2020 bereits 6%. Bis dahin müssen 6 Milliarden Normkubikmeter Biogas eingespeist werden. Dies erfordert einen Neubau von etwa 1200 bis 1800 mittelgroßen Biogasanlagen, das heißt Anlagen mit einer Leistung von 4 MWh, und großen Biogasanlagen, also Anlagen mit 6 MW Leistung[13].

Folglich müssen jährlich etwa 120 Anlagen neu gebaut und hierfür Investitionen für Anlagentechnik in Höhe von 10 bis 12 Milliarden Euro getätigt werden. Da diese Anlagen nur mit entsprechenden Biogaspflanzen betrieben werden können, bedarf es einer Anbaufläche von 1,2 Millionen Hektar[14].

Weitere Ziele sind der verstärkte Einsatz von Biogas in der Kraft-Wärme-Kopplung und als Kraftstoff[15].

3 Europäische Richtlinien

Grundlage des Energie- und Klimaprogramms der Bundesregierung sind europarechtliche Vorgaben.

Mit der Richtlinie 2001/77/EG zur Förderung der Stromerzeugung aus erneuerbaren Energiequellen im Elektrizitätsbinnenmarkt[16] begann eine Serie von Klimaschutzmaßnahmen. Nach der Richtlinie 2003/55/EG des europäischen Parlaments[17] müssen die Mitgliedstaaten Biogas, Gas aus Biomasse und anderen Gasarten einen diskriminierungsfreien Zugang zum Gasnetz gewähren, wenn Qualitätsanforderungen eingehalten werden.

Die Richtlinie 2003/30/EG[18] fördert die Verwendung von Biokraftstoffen oder anderen erneuerbaren Kraftstoffen durch allgemeine Grundsätze, die für das in Verkehr bringen und den Vertrieb von Biokraftstoffen einen Mindestprozentsatz vorsehen. Der Aktionsplan „Biomasse" der Europäischen Kommission im Jahr 2005 hat diese Richtlinie erweitert[19].

---

13 http://www.biogaspartner.de/, Newsletter Juni 2008 [10.04.2009].
14 http://www.biogaspartner.de/, Newsletter Juni 2008 [10.04.2009].
15 Bericht zur Umsetzung der in der Kabinettsklausur am 23./24.08.2007 in Meseberg beschlossenen Eckpunkte für ein Integriertes Energie- und Klimaprogramm (IEKP).
16 Amtsblatt der EG, 27.09.2001, L 283/33 ff.
17 Amtsblatt der EG, 15.07.2003, L 176.
18 Amtsblatt der EU, 08.05.2003, L123/42 ff.
19 Amtsblatt der EU, 28.02.2006, C 49.

2006 arbeitete die Europäische Kommission eine EU-Strategie für Biokraftstoffe[20] aus, während der Europäische Rat ein Rahmenprogramm für Wettbewerbsfähigkeit und Innovation, insbesondere das Programm „Intelligente Energie-Europa"[21] beschloss.

Seit 2007 läuft der Aktionsplan des Europäischen Rates „Eine Energiepolitik für Europa"[22]. Ziel ist die Stärkung des Erdgas- und Elektrizitätsbinnenmarktes, die Schaffung von Versorgungssicherheit, sowie die Regelung einer gemeinsamen Energieaußenpolitik.

Am 23.01.2008 hat die Europäische Kommission einen Vorschlag für eine Richtlinie zur Förderung der Nutzung von Energie aus erneuerbaren Quellen vorgestellt[23]. Diese soll 2010 in Kraft treten.

4 Inländische Rechtsgrundlagen

Auf Grund der Klimaschutzziele der Bundesregierung und der europarechtlichen Vorgaben wurden in den letzten beiden Jahren diverse Gesetze novelliert oder neu geschaffen. Das Erneuerbare-Energien-Gesetz, die Gasnetzentgeltverordnung, die Gasnetzzugangsverordnung sowie die Anreizregulierungsverordnung wurden überarbeitet.

Die Gesetzesnovellen tragen dazu bei, rechtliche Hindernisse der Biogasnutzung zu beseitigen und einen Handel mit Biogas zu erleichtern.

4.1 Gasnetzzugangs- und Gasnetzentgeltverordnung

In die Gasnetzzugangsverordnung (GasNZV) wurde der neue Teil 11a eingefügt, der „Sonderregelung[en] für die Einspeisung von Biogas in das Erdgasnetz" enthält.

Neben einer Netzanschlusspflicht gemäß § 41c GasNZV und dem Vorrangigkeitsprinzip in § 41d GasNZV wurden ein erweiterter Bilanzausgleich, Qualitätsanforderungen und eine Pflicht der Bundesnetzagentur zum Erstellen eines jährlichen Berichts ab Mai 2011 geregelt.

Die Gasnetzentgeltverordnung (GasNEV) regelt die Umlage der Mehrkosten der Netzbetreiber (§ 20b GasNEV), sowie ein pauschaliertes Entgelt für Transportkunden von Biogas (§ 20a Satz 3 GasNEV) in Höhe von 0,7 Cent/KWh.

4.2 Erneuerbare-Energien-Gesetz

Das novellierte Erneuerbare-Energien-Gesetz (EEG) ist am 01.01.2009 in Kraft getreten.

---

20 Amtsblatt der EU, 18.03.2006, C 67.
21 Amtsblatt der EU, 14.03.2008, C 68/08.
22 Mitteilung der Europäischen Kommission, 10.01.2007, KOM (2007) 1 endgültig
23 Vorschlag der Europäischen Kommission KOM (2007) 19 end., 2008/0016 (COD).

Insbesondere wurden die Vergütungsregelungen verändert. So erhalten Anlagen im Leistungsbereich bis 150 kWh nun 11,67 ct/kWh, unter Berücksichtigung der Degression von 1% pro Jahr.

Das Ausschließlichkeitsprinzip für den Bonus für nachwachsende Rohstoffe (Nawaro-Bonus) wurde aufgeweicht. Nunmehr kann auch aus nicht nachwachsenden Nebenprodukten Biogas erzeugt werden, Anlage 2 I Nr. 1 a, V EEG 2009. Für diesen Anteil wird dann kein Bonus gezahlt, er geht aber auch nicht – wie bisher – endgültig verloren. Dies fördert eine effektive Nutzung der vorhandenen Materialien, insbesondere der Bioabfälle. Der Nawaro-Bonus wurde für Biogasanlagen mit einer Leistung bis zu 500 kW von 6 Cent auf 7 Cent/kWh erhöht.

Der Technologie-Bonus von grundsätzlich 2 Cent/kWh wird entweder für den Tatbestand der Gasaufbereitung gezahlt oder für innovative Anlagentechnik. Er erfasst nun auch die Vergärung von Bioabfällen. Diese müssen der Bioabfallverordnung unterfallen. Dadurch wird die energetische Nutzung von Bioabfällen durch Vergärung und anschließende Kompostierung gefördert.

Der Bonus für Kraft-Wärme-Kopplung (KWK-Bonus) wird nun für Anlagen mit einer Leistung bis zu 20 MW mit einer einheitlichen Vergütungshöhe von 3 Cent/kWh gezahlt. Seine Voraussetzungen wurden dahingehend verschärft, dass ein Nachweis für die Ersetzung fossiler Energieträger in einer bestimmten Höhe geführt werden muss. Dazu wurden der Anlage 3 des EEG Positiv- und Negativlisten beigefügt.

4.3 Erneuerbare-Energien-Wärme-Gesetz

Das Erneuerbare-Energien-Wärme-Gesetz ist am 01.01.2009 in Kraft getreten und will Gebäudeeigentümer dazu anleiten, die Wärmeversorgung ihrer Immobilien teilweise mit Erneuerbaren Energien zu verwirklichen. Biomethan eignet sich besonders gut zur Wärmeerzeugung. Gebäudeeigentümer können somit mittels einer Mischung aus Erdgas und Biomethan ihrer Nutzungspflicht aus dem Energie-Wärme-Gesetz nachkommen.

4.4 Energiesteuergesetz

Das Energiesteuergesetz ersetzt seit Juli 2006 das Mineralölsteuergesetz.

Bei Erdgastankstellen entsteht die Steuer gemäß § 38 Abs. 1 Energiesteuergesetz mit Entnahme des Erdgases aus dem Leitungsnetz für den Gaslieferanten.

Nach § 28 Nr. 1 Energiesteuergesetz werden gasförmige Energieerzeugnisse von der Steuer befreit, wenn die Energieerzeugnisse aus dem biologisch abbaubaren Anteil von Erzeugnissen der Land- und Forstwirtschaft oder von Abfällen gewonnen werden.

Nach § 2 Abs. 3 S. 1 sollen sie u. a. dem Antrieb von Gasturbinen und Verbrennungsmotoren dienen.

Aufbereitetes Biogas wird gemäß § 50 Abs. 1 Nr. 4, Abs. 2 bis zum 31.12.2015 steuerentlastet.

Weiterhin werden bestimmte Unternehmen nach Antragstellung von Steuern entlastet. Voraussetzung ist nach § 54 Abs. 1 Energiesteuergesetz, dass Erdgas,

Flüssiggase und gasförmige Kohlenwasserstoffe nachweislich nach § 2 Abs. 3 Satz 1 versteuert worden sind und von einem Unternehmen des Produzierenden Gewerbes oder von einem Unternehmen der Land- und Forstwirtschaft zu betrieblichen Zwecken verheizt oder in begünstigten Anlagen nach § 3 verwendet worden sind.

Nach § 56 Abs. 1 Energiesteuergesetz kann der Öffentliche Personennahverkehr Steuerentlastungen beantragen, sofern das Biomethan in zur allgemein zugänglichen Beförderung von Personen oder in Kraftfahrzeugen im genehmigten Linienverkehr verwendet worden sind und wenn in der Mehrzahl der Beförderungsfälle eines Verkehrsmittels die gesamte Reiseweite 50 Kilometer oder die gesamte Reisezeit eine Stunde nicht übersteigt.

5 Wichtige Verträge

Für die Biogaseinspeisung bedarf es eines Netzanschluss-, eines Einspeise- sowie Ausspeisevertrages und eines besonderen Bilanzausgleichsvertrages.

Der Einspeisevertrag verpflichtet zur Einspeisung von Gas an einem Einspeisepunkt in ein (Teil-) Netz durch einen Transportkunden. Hingegen muss der Netzbetreiber das Gas am Einspeisepunkt übernehmen und die entsprechende Transportdienstleistung erbringen.

Durch den Ausspeisevertrag wird die Ausspeisung des Gases an einem Ausspeisepunkt eines (Teil-) Netzes durch einen Transportkunden geregelt. Am virtuellen Handelspunkt im Netz des marktaufspannenden Netzbetreibers muss durch den Transportkunden das Gas bereitgestellt werden, welches am vereinbarten Ausspeisepunkt eines nachgelagerten Netzes übernommen wird. Dabei ist der Netzbetreiber verpflichtet, am Ausspeisepunkt die Kapazität und die jeweilige Transportdienstleistung zu erbringen.

Für Biogas gilt eine spezielle Regelung des Bilanzausgleichs. Für den Bilanzausgleich wird ein eigenständiger Vertrag geschlossen, der aber in weiten Teilen auf die allgemeinen Netzzugangsbedingungen verweisen kann.

Der Handel und Transport von Gas erfolgt, wie im Strombereich, über Bilanzkreise, § 31 Abs. 1 GasNZV. Der einfache Bilanzkreisvertrag regelt die Abwicklung des Transportes von Gas, den Ausgleich und die Abrechnung von Differenzen zwischen den diesem Bilanzkreis zugeordneten ein- und ausgespeisten Gasmengen, sowie die Übertragung von Gasmengen zwischen Bilanzkreisen über einen virtuellen Ein- und Ausspeisepunkt, § 32 Abs. 1 GasNZV.

Der Ausgleich eines Bilanzkreises, also Mehr- oder Mindermengen, erfolgt über den Bilanzkreisverantwortlichen. Dabei ist der Bilanzkreisverantwortliche verpflichtet, für die Übertragung von Gasmengen über den virtuellen Ein- und Ausspeisepunkt ein Entgelt zu zahlen.

Diesem Vertrag wird eine Anlage zum erweiterten Bilanzausgleich für Biogas angehängt. Gegenstand dieser Vereinbarung ist der Biogaseinspeisern gewährte besondere Ausgleich und die Abrechnung von Differenzen zwischen den diesem Bilanzkreis zugeordneten ein- und ausgespeisten Gasmengen. Der Bundesverband der Energie und Wasserwirtschaft hat dazu einen Leitfaden entwickelt. Die Verträge sind in der Regel daran ausgerichtet.

Nach § 41e Abs. 3 GasNZV kann der Bilanzausgleich innerhalb von 12 Monaten mit einem Flexibilitätsrahmen von 25% bezogen auf die eingespeiste Jahresmenge erfolgen. Jedoch können der Bilanzkreisverantwortliche und der Bilanzkreisnetzbetreiber einen ersten Bilanzierungszeitraum von weniger als 12 Monaten vereinbaren (Rumpfbilanzierungszeitraum), § 41e Abs. 3 GasNZV.

Problematisch ist, ob dieser Flexibilitätsrahmen in einem Bereich von 75% bis 125% liegt oder aber, ob dieser Rahmen nach oben und unten jeweils nur 12,5% betragen soll, er demnach in einem Bereich von 87,5 bis 112,5% liegt.

Nach dem Wortlaut darf sich der Flexibilitätsrahmen nicht nur um Schwankungen im Bereich von 12,5% handeln, sondern muss sich auf einen Bereich von 75 bis 125% beziehen. Der Rahmen wurde gerade auf 25% festgelegt, weil es Schwankungen in dieser Höhe geben kann.

Durch diesen Flexibilitätsrahmen wird ein virtueller Speicher geschaffen. Biogas kann eingespeist werden, ohne dass sofort eine Abnahme erfolgen muss.

Bei Widersprüchen zwischen dem regulären Bilanzkreisvertrag und dem speziellen Vertrag für Biogas haben die Bestimmungen für den erweiterten Bilanzkreisausgleich Vorrang. Dies folgt aus dem Normzweck des § 41e GasNZV. Die Biogasförderung könnte andernfalls unterlaufen werden.

Der Vertrag sollte die Nachweispflicht enthalten, dass es sich bei dem eingespeisten Gas um Biogas handelt.

Festgelegt werden muss die für die Produktion einsetzbare Biomasse sowie technische Regeln zur Produktion, Aufbereitung und Einspeisung. Erforderlich sind Kontrollen durch einen unabhängigen Sachverständigen.

Weiterhin sollten Informationspflichten über die voraussichtliche Ein- und Ausspeisemenge i.S.v. § 41e Abs. 4 GasNZV, sowie deren zeitliche Verteilung für den Bilanzierungszeitraum geregelt werden. Diese Angaben sind jedoch nicht bindend.

Des Weiteren ist die Saldierung im Vertrag zu erläutern. Grundsätzlich hat der Bilanzkreisverantwortliche sicherzustellen, dass die kumulierten Ein- und Ausspeisemengen am Ende des Bilanzierungszeitraums ausgeglichen sind. Verbleibt jedoch nach Ablauf des Bilanzierungszeitraumes ein Saldo zwischen den Ein- und Ausspeisungen, gleicht der Bilanzkreisnetzbetreiber diesen aus.

Der Saldo wird fortlaufend kumuliert. Dieser darf zu keinem Zeitpunkt außerhalb einer Toleranz von +/– 25% der eingespeisten Jahresmengen liegen.

Der Bilanzkreisverantwortliche zahlt an den Bilanzkreisnetzbetreiber für den erweiterten Bilanzausgleich das Entgelt gemäß § 41e Abs. 8 GasNZV für die Nutzung des tatsächlich in Anspruch genommenen Flexibilitätsrahmens. Dieser bemisst sich nach der höchsten Abweichung der kumulierten Ein- und Ausspeisungen. Die Abrechnung erfolgt am Ende des jeweiligen Bilanzierungszeitraumes. Es kann entsprechend § 41e Abs. 6 GasNZV geregelt werden, dass ein Übertrag eines positiven Saldos innerhalb des bestehenden Flexibilitätsrahmens auf den nächsten Bilanzierungszeitraum möglich sein soll.

6 Mikrogasnetze für Biogas

6.1 Neubau von Mikrogasnetzen

Die teure und energieaufwändige Aufbereitung von Rohbiogas auf Erdgasqualität kann entfallen, wenn ein Mikrogasnetz vollständig mit Rohbiogas betrieben wird. Damit kann Rohbiogas mit eigenen Qualitätskriterien direkt zum Endkunden geliefert werden.

So wurde zum Beispiel in Niedersachsen mit Hilfe des Abwasserverbands Braunschweig eine Pipeline für Biogas gebaut. Das Biogas wird in ein Kraftwerk in der Nähe eines Ballungsgebiets geliefert[24]. Die Landwirte in der Nähe einer solchen Pipeline können ihr Biogas in das Biogasnetz einspeisen und erhalten eine zusätzliche Einnahmequelle[25].

Fraglich ist, ob solche Mikrogasnetze öffentliche Gasnetze sind.

Der Anspruch auf den Güllebonus nach Anlage 2 EEG entfällt, wenn Gas aus dem Gasnetz entnommen wird. Dies ist nicht an eine bestimmte Größe des Netzes gebunden. Ein anderer Maßstab muss jedoch bei Mikrobiogasnetzen angewendet werden. Aus einem reinen Rohbiogasnetz kann kein Erdgas mit dem Biogas ausgetauscht werden.

Folglich bezieht sich der § 27 Abs. 2 EEG allein auf das öffentliche (Erd-) Gasnetz.

Im Einzelfall bleibt zu prüfen, ob ein eigenständiges Rohbiogasnetz wirtschaftlicher ist als die Einspeisung von Wärme in ein Fernwärmenetz.

Dies hängt im Wesentlichen von den technischen Komponenten, möglichen Trassen, Qualitätsanforderungen des Biogases, Verfügbarkeit und Anforderungen an die Endverbrauchergeräte sowie von regionalen Gegebenheiten ab. Jedenfalls kostet ein Meter Mikrogasleitung etwa 40 bis 80 Euro. Dagegen kostet eine Nahwärmeleitung für Wasser nur die Hälfte[26].

6.2 Abtrennung eines Teils des Erdgasverteilnetzes und Umwandlung in ein Biogasnetz

Statt eines komplett neuen Biogasnetzes könnte ein Strang des vorhandenen Erdgasnetzes in ein Biogasnetz umgewandelt werden.

Da eine solche Umwandlung nicht spezialgesetzlich normiert ist, gilt allgemeines Zivilrecht, wonach die Zustimmung des Eigentümers der Leitungsanlage erforderlich ist. Zudem müssen zusätzliche öffentlichrechtliche Genehmigungen eingeholt werden. Die Genehmigungen zum Erdgasnetz sind nicht auf ein Rohbiogasnetz anwendbar. *Erst mit einer dauerhaft hohen Biogasproduktion wird eine solche Umwandlung sinnvoll.*

---

24 http://www.innovatives.niedersachsen.de [10.04.2009].
25 http://www.innovatives.niedersachsen.de [10.04.2009].
26 Landwirtschaftskammer Niedersachsen, „Abwärmenutzung von Biogasanlagen", S. 33.

7 Handel mit Biogas

Um das Potential von Biogas voll ausschöpfen zu können, bedarf es eines leistungsfähigen und rechtssicheren Handelsplatzes. Die Vernetzung mit Zulieferern, Kunden und Transporteuren bietet den Unternehmen erhebliche Kostenvorteile. Preise könnten europaweit abgeglichen werden, außerdem würden Vertriebsprozesse beschleunigt.

Zu berücksichtigen sind die verschiedenen Interessen des Energiehändlers, des Produzenten und des Abnehmers.

Entscheidend sind Versorgungssicherheit, Absatzzuverlässigkeit und Flexibilität. Hingegen möchte der Endverbraucher unkompliziert möglichst günstiges und umweltschonendes Gas beziehen. Dazu ist ein einfaches Vertragsmodell notwendig, denn nur dieses erleichtert den Einstieg in den Biogasmarkt. Um ein gewisses Maß an Flexibilität für den Energieerzeuger zu schaffen, müssen in ausreichendem Maße Gasmengen gehandelt werden, aus denen standardisierte Produkte entwickelt werden können.

7.1 Marktformen

Virtuelle Handelsplätze bieten ein hohes Maß an Transparenz und Liquidität. Sie führen viele Käufer, Verkäufer und eine große Zahl von Produkten zusammen.

Virtuelle Handelsformen können in vier verschiedene Varianten ausgestaltet sein.

Das sogenannte „Schwarze Brett" und die standardisierten Kataloge eignen sich insbesondere für viele und sehr unterschiedliche Produktangebote. Der Käufer erhält schnell einen umfassenden Überblick und kann mit einem einzigen Kaufvorgang seinen ganzen Bedarf decken.

Die dritte Alternative, die Auktion, bietet sich vor allem bei wenig gehandelten Produkten an.

Als vierte Variante kommt die Börse in Betracht. Diese handelt mit standardisierten Produkten, die sich lediglich über den Preis unterscheiden. Die Börse erhöht die Preistransparenz. Abhängigkeiten von einem Versorger können vermieden und ein kurzfristiger Bedarf gedeckt werden. Außerdem führt sie zu einer Optimierung der Kosten für den Einkauf und den Vertrieb.

7.2 Bereits vorhandene Handelsplattform

7.2.1 Virtueller Handelsmarkt

Die bereits bestehende Handelsplattform der Firma bmp Greengas GmbH ist eine der ersten virtuellen Marktplätze für Biogas.

Die Erzeuger können Biogas an die Plattform verkaufen und werden somit von ihrem Vermarktungsrisiko befreit. Dadurch entsteht eine gewisse Absatz- und Umsatzsicherheit, über welche die Erzeuger disponieren können. Weiterhin werden Beratungsleistungen bezüglich des Netzzugangs und -anschlusses angeboten[27].

Abnehmer sind vor allem Stadtwerke, die zuverlässig Biogas beziehen können.

Die Handelsplattform führt mehrere Biomethanmengen zusammen, so dass es zu einer Risikominimierung kommt und einen strukturierten Verkauf ermöglicht.

Für den Kunden wird ein Liefervertrag erstellt, der auf seine Bedürfnisse zugeschnitten wird.

Mit dem Netzbetreiber wird ein Biogas-Bilanzkreisvertrag i. S. v. § 41e Gas NZV geschlossen. Dies geschieht einheitlich für alle Netzbetreiber, so dass Verwaltungskosten minimiert werden.

Der Liefervertrag mit dem Abnehmer wird in der Regel über mehrere Jahre vereinbart, um somit langfristige, stabile Preise zu erreichen. Durch die Bündelung der erzeugten Mengen an Biogas kann die vertraglich abgesprochene Liefermenge garantiert werden.

Während mit dem Einspeisenetzbetreiber ein Einspeisevertrag geschlossen wird, schließt der Systembetreiber mit dem Anschlussnehmer einen Einkaufsvertrag.

Der Einspeisenetzbetreiber und der Anschlussnutzer vereinbaren zusätzlich einen Kostentragungsvertrag und ein Netzanschlussvertrag.

Die RWE Transportnetz Gas GmbH hat ebenfalls einen virtuellen Handelsplatz geschaffen. Ihr Netzzugangssystem RWE EESy dient dabei als Handelsplattform zur Vermarktung Ihres Biogases an verschiedene Kundengruppen.

Durch die Größe des Unternehmens sollen höhere Absatzchancen gewährleistet werden, da das gesamte Marktgebiet mit den angeschlossenen Biogas-Kunden dem Vertragspartner offensteht[28].

7.2.2 Börse

Ein anderes System ist die Börse. Die EEX, die zunächst als reine Strombörse in Frankfurt begonnen hat und sich später mit der Strombörse in Leipzig vereinigte, handelt nun auch CO_2-Zertifikate und Gas[29].

Ähnlich wie bei der Wertpapierbörse wird der Strom oder das Gas zeitlich eingeteilt und sodann als Produkt gehandelt. Neben dem Auktionsmarkt (Spotmarkt), der Gebote für Einzelstunden und Blockgebote handelt, gibt es den Terminmarkt, auf dem standardisierte Produkte, sogenannte Futures gehandelt werden. Durch die Kombination dieser Märkte ist eine weitgehende Risikoabsicherung möglich.

Die Preise entwickeln sich je nach Angebot und Nachfrage. Steigt die Nachfrage und führt dies zu einer Verknappung der Produkte, steigt der Preis.

---

27 Zeitung für kommunale Wirtschaft, Klaus Huber, „Handelsplattform für Biogas", S. 20.
28 http://www.rwetransportnetzgas.com, [10.04.2009].
29 http://www.eex.com/de/ [10.04.2009]; erstmals seit Juli 2007, vgl. FAZ, 29.10.2007, „Gasbörse Leipzig belebt den Handel – Stadtwerke können Abhängigkeiten von wenigen Lieferanten verringern".

7.3 Potentielle Biogas-Handelsformen

7.3.1 Handel durch Versteigerung

Bereits 2005 ist die erste europäische Handelsplattform „BioXChange" für energetisch nutzbare Biomasse auf den Markt gegangen[30]. Möglicherweise kann dieses Konzept ähnlich auf einen Handel mit Bioenergie angewendet werden.

Über die Internetplattform werden alle wichtigen Daten in einem Katalog aufgenommen. Der Verkäufer bietet sein Produkt mit genauer Bezeichnung, Menge und Herkunftsland an. Außerdem wird die Angebotsdauer festgelegt. Die Preise sind nur für angemeldete Mitglieder sichtbar. Ein Bieter kann sich auf das Angebot hin melden und Kontakt zum Verkäufer aufnehmen. Für die Nutzung des Marktes wird ein Entgelt entrichtet.

Bei der Plattform für Biomasse laufen die Angebote über mehrere Monate. Fraglich ist, ob dies auf Biogas übertragen werden kann. Es müsste für lange Zeit „aufbewahrt" werden, um es im Zeitpunkt des „Zuschlags" liefern zu können. Dazu muss ein Netz bestehen, in dass das Biogas eingespeist werden kann. Dieses Netz müsste vom Systembetreiber kontrolliert werden.

Über die Handelsplattform könnten Dauerlieferungsverträge geschlossen werden. Dann aber müsste der Lieferant konstant diese Energie aufbringen. Oft kommt es bei Biogas zu Schwankungen. Gerade deshalb wurde ein Flexibilitätsrahmen gemäß § 41e Abs. 3 GasNZV eingeführt.

Auch die Haftung bedarf einer Regelung. Im Falle von „BioXchange" enthält sich der Anbieter jeglicher Haftung. Er macht den Klienten für seine Angaben verantwortlich. Eine Haftung wird auf das Zwei-Parteien-Verhältnis beschränkt.

Der Markt ist in Form der standardisierten Kataloge ausgestaltet. Dies ist für Biogas ungeeignet. Zwar vermittelt die Plattform Angebote des Verkäufers an den Käufer. Sie dient jedoch nicht der höheren Flexibilität, Risikominimierung oder Planungssicherheit. Um jedoch den Biogashandel auf dem Gasmarkt zu etablieren, sind diese Kriterien erforderlich.

7.3.2 Börse für Biogas

7.3.2.1 Funktionsweise

Börsen haben den Vorteil einer hohen Liquidität. Die einheitliche Struktur der Produktangebote begünstigt einen einfacheren und kostengünstigen Handel. Es sind Vergleichswerte vorhanden, so dass auch die Verhandlungskosten gesenkt werden können. Letztendlich führt dies zu einer effektiven Nutzung der vorhandenen Kapazitäten.

Gasprodukte unterscheiden sich in der Regel durch die zeitliche Länge ihrer Lieferung. Bei der Strombörse EEX kann Gas auf dem Spotmarkt für den nächsten oder übernächsten Tag oder auf dem Terminmarkt für den nächsten Monat oder länger gehandelt werden. Ein Vertragsabschluss bis zu sechs Jahren ist möglich. Dadurch wird ein zeitaufwendiges Aushandeln mit einzelnen Handelspartnern vermieden.

---

30 http://www.bioxchange.com [10.04.2009].

Ein solches System könnte auf Biogas unter Berücksichtigung seiner Besonderheiten angewandt werden.

Biogas muss Qualitätsstandards einhalten, um es in das normale Erdgasnetz einspeisen zu können. Dies könnte als standardmäßige Zulassungsvoraussetzung zu einem „Biogas-Börsensystem" ausgestaltet werden. Der Gasabnehmer hätte den Vorteil, dass der Verwaltungsaufwand für die Qualitätsprüfung entfallen würde.

Bei Schaffung eines eigenen Biogasnetzes könnten diese Anforderungen entfallen, da Biogas nicht mehr zu Erdgasqualität aufbereitet werden müsste.

Als Zulassungsvoraussetzung muss der Herkunftsnachweis geführt werden, um somit die Voraussetzungen des EEG zu erfüllen.

Ein funktionsfähiges eigenes Biogas-Börsensystem könnte Biogas langfristig marktfähig machen.

7.3.2.2 Produkttypen

Für Biogas kommen zwei Produkttypen in Betracht, nach denen sich der Handel richten sollte.

Nach dem Vorbild der Strombörse EEX könnte reines Biogas zeitlich eingeteilt werden. Der Handel kann einmalig zur Deckung eines kurzfristigen Bedarfs von einem zum nächsten Tag erfolgen oder über mehrere Monate verkauft werden. Es wird einmalig ausgehandelt, zu welchem Tarif das Biogas ver- oder gekauft wird und dieser Tarif gilt für den ausgehandelten Zeitraum.

Außerdem könnten Biogasprodukte nach Qualität eingeteilt werden. Wird Biogas in das reguläre Gasnetz eingespeist, so muss es die Vorgaben der DVGW (Deutsche Vereinigung des Gas- und Wasserfaches e.V.) einhalten, die G 262/ G260 und G685. Wird ein eigenes (Mikro-)Biogasnetz entwickelt, würden diese Vorgaben möglicherweise entfallen. Damit würden nennenswerte Betriebskosten sinken.

Der Qualitätsmaßstab kann sich beispielsweise an den Boni orientieren. Die Qualität der Produkte ließe sich somit anhand der Vergütungsstufen ersehen. Dabei könnte die Zahlung des Nawaro-Bonus mit entsprechendem Herkunftsnachweis als Kriterium dienen, wie auch die Zahlung des Technologie-Bonus i.H.v. ein Cent/kWh oder zwei Cent/kWh. Solche Qualitätskriterien ermöglichen es, auf Kundenwünsche individuell einzugehen.

7.3.2.3 Verantwortlichkeiten

Bei einem solchen System sind Regelungen über Verantwortlichkeiten zur Einhaltung aller wesentlichen Beschaffenheitsmerkmale, zum Verzug und zum Schadensersatz zu treffen.

Bei Verzug einer Lieferung des Produkts kommt eine Haftung des Netzbetreibers in Betracht, in dessen Regelzone eingespeist wird. Der Abnehmer könnte sich direkt an ihn wenden, so dass er seinen Lieferanspruch auf einfachem Wege geltend machen kann. Falls der Anlagenbetreiber nicht die verkaufte Menge Gas einspeisen kann, so kann ihn der Netzbetreiber in Regress nehmen.

Fraglich ist, ob von solch einem Anspruch gegebenenfalls auch Schadensersatz gemäß § 376 HGB i.V.m. §§ 280ff. BGB umfasst sein soll. Damit würde jedoch ein hohes Haftungsrisiko geschaffen. Eine solche Regelung könnte Anlagenbetreiber davon abhalten, die Börsenplattform in Anspruch zu nehmen. Deshalb ist es sinnvoll, den Regressanspruch auf die Kosten zu beschränken, die dem Netzbetreiber auf Grund des Lieferausfalls und der Liefergarantie an den Abnehmer entstanden sind. Wirtschaftliche Risiken sind so durch den Anlagenbetreiber besser kalkulierbar.

Falls die Qualität von Biogas als Zulassungsvoraussetzung festgesetzt wird, würde der Betreiber der Plattform für diese einstehen müssen. Damit geht er ein erhöhtes Haftungsrisiko ein. Entweder wird dieses Risiko durch einen vertraglich abgesicherten Regressanspruch gegen den Anlagenbetreiber abgemildert oder er verlangt von diesem einen erhöhten Entgeltbetrag, der im Einspeisevertrag festgesetzt wird, um sich das Haftungsrisiko bezahlen zu lassen.

7.3.2.4 Bilanzkreisvertrag

Im Rahmen des Gashandels sind die Bilanzkreise zu beachten. Dafür ist ein Bilanzkreisvertrag nach dem oben erläuterten Prinzip zu schließen.

Zur Teilnahme am Wettbewerb im jeweiligen Marktgebiet ist die Führung oder Zuordnung zu einem Bilanzkreis zwingend notwendig, wenn in das reguläre Erdgasnetz eingespeist wird. Ein Bilanzkreisvertrag ist somit auch Voraussetzung, um am Börsenhandel mitzuwirken.

Würde ein eigenes Biogasnetz geschaffen, so könnte diese Einteilung in Bilanzkreise wegfallen. Es handelt sich bei Biogas um einen relativ kleinen Markt, welcher der Einteilung in Bilanzkreise nicht bedarf.

Der Herkunftsnachweis des Biogases sollte bereits als Zugangsvoraussetzung zur Handelsplattform ausgestaltet werden. Einer Regelung im Bilanzkreisvertrag bedarf es daher nicht mehr.

Die Informationspflichten über die voraussichtliche Ein- und Ausspeisemenge nach § 41e Abs. 4 GasNZV sowie deren zeitliche Verteilung im Bilanzierungszeitraum sind gesondert zu regeln. Dies fördert die Kalkulierbarkeit auf Seiten der Abnehmer.

7.3.2.5 Risiken und Regulierungsmöglichkeiten

Problematisch beim Gas- wie auch beim Strommarkt sind die Unsicherheiten über Systemkapazität und -sicherheit, sowie die Interessenkonflikte zwischen den Kunden und den Systembetreibern. Diese sind zum Zwecke eines funktionierenden Handelsplatzes auszugleichen. Technische Risiken bestehen für bereits vereinbarte Verkäufe durch den Ausfall von Erzeugungskapazitäten. Das Mengenrisiko zeigt sich überwiegend, wenn es zu Kapazitätsengpässen im Leitungsnetz kommt, welche die Lieferung des Gases verhindern. Das bedeutendste aller Risiken ist jedoch das Preisrisiko. Grundsätzlich sinkt die Kapazität und der Preis steigt, wenn eine Anlage ausfällt. Bei einem kleinen Markt und durch „energiefremde" Spekulanten wächst dieses Risiko. Deshalb ist ein Risikomanagement notwendig. Das Preisrisiko kann durch den Handel mit derivaten Produkten gesenkt werden. Optionen sind hierfür gut geeignet. Sie verringern das Risiko, teures Gas zukaufen zu müssen, wenn beispielsweise die eigene Produktion nicht mehr ausreicht, jedoch eine vertragliche Mengenbindung besteht. Durch den

Handel auf dem Terminmarkt wird eine bestimmte Menge Gas für einen bestimmten Zeitraum mit einem festgelegten Preis erworben. Das Preisrisiko wälzt der Käufer somit auf den Verkäufer ab. Dies lässt sich der Verkäufer bezahlen, indem der Wert der Option steigt.

Die Börse birgt zwar Risiken, jedoch überwiegen die Vorteile, wenn rechtssichere Rahmenbedingungen bestehen.

Dem Risiko des Absatzes von Überkapazitäten aus der Eigenproduktion steht die Möglichkeit der Beschaffungsoptimierung gegenüber. Das Preisrisiko auf Grund des zeitlichen Auseinanderfallens von An- und Verkauf steht der Erzielung von Handelsgewinnen gegenüber. Solche Vorteile bieten Anreize, die Risiken einzugehen und sich an der Börse zu beteiligen.

An Börsen und Handelssystemen mit Marktplatzfunktion muss der Anleger jedoch auch geschützt werden. Ziel ist es, mit geringstem organisatorischem Aufwand eine dem Investorenschutz genügende Regulierung zu schaffen. Dazu gehört insbesondere die Verhinderung von Preismanipulationen. Wie bereits an internationalen und nationalen Strombörsen vorgekommen, können die Preise gesteigert werden, indem falsche Kaufs- und Verkaufsdaten eingegeben werden. Daher ist ein gewisses Maß an Regulierung notwendig.

Beispielsweise könnte das Börsengesetz Anwendung finden. Allerdings müsste dann eine Börse im Rechtssinne vorliegen. Börsen bedürfen der Genehmigung und unterliegen einer umfassenden Rechts- und Marktaufsicht.

Als Schutz vor Spekulanten, die lediglich Handelsgewinne anstreben, ohne selbst im Energiesektor als Anlagenbetreiber oder anderweitig tätig zu sein, können auch die Zulassungsvoraussetzungen der Handelsplattform dienen. So könnte ein Nachweis eingeführt werden, der bestätigt, dass der Plattformnutzer bereits auf dem Energiemarkt tätig ist. Dies bewirkt einen Standard, welche den Marktteilnehmern die Sicherheit gewährleistet, ein überschaubares „Börsenrisiko" zu tragen.

Statt solcher Zugangserschwernisse könnte ein Aufkaufen der Biogaskapazitäten durch Spekulanten auch durch Mengenbeschränkungen verhindert werden. Dies schließt einen Missbrauch zwar nicht völlig aus, da Strohmänner und -gesellschaften eingesetzt werden könnten. Allerdings würde es den Missbrauch zumindest erschweren.

7.4 Markthemmnisse

7.4.1 Hemmnisse bei Anschluss und Einspeisung ins Erdgasnetze

Biogas kann in die bereits vorhandenen Erdgasnetze eingespeist werden. In der Regel ist ein Erdgasnetz in der Nähe gelegen, denn das Gasnetz in Deutschland ist gut ausgebaut.

Dazu müssen die Anforderungen der DVGW erfüllt sein, und zwar des Arbeitsblattes G 262 „Nutzung von Gasen aus regenerativen Quellen in der öffentlichen Gasversorgung" und des Arbeitsblattes G 260.

Insbesondere bestehen diese in den zum Erdgas gleichwertigen Brennwerten und Wobbeindex am Einspeisepunkt. Das aufbereitete Biogas muss verdichtet werden, um einen annähernd gleichen Netzdruck im Netz zu erhalten. Weiterhin muss das Biogas entsprechend der G 280-1 die gleichen Geruchsstoffe enthalten wie herkömmliches Erdgas.

Neben diesen Qualitätseigenschaften darf das Biomethan auch keine Elemente beinhalten, welche Transport, Speicherung oder Vermarktung behindern.

Vor allem wird der Markt durch unklare rechtliche Bedingungen gehemmt. Insbesondere Vermarktung, Transport und die Zertifizierung des Biogases bedürfen klarer Strukturen. Problematisch ist der Herkunftsnachweis von Biomethan, der gerade für EEG-Strom maßgeblich ist, denn daran wird die EEG-Vergütung geknüpft.

Neben dem Herkunftsnachweis bestehen Hindernisse wie mangelnde Versorgungssicherheit, der Ausgleich saisonaler Schwankungen und kurze Reaktionszeiten.

Weiterhin kann nicht genau prognostiziert werden, wie sich die Preise für Biogas entwickeln. Der Preis für Biogas im Vertrieb ist neben den rechtlichen Rahmenbedingungen und technischen Einsatzmöglichkeiten vorwiegend von den Herstellungskosten abhängig. Nur mit einem absehbaren Preis kann ein voll strukturiertes Angebot am Markt aufgestellt werden.

7.4.2 Überhöhte Durchleitungsentgelte

Der offene Biogas-Markt wird vor allem durch überhöhte Durchleitungskosten behindert. Die Netzbetreiber verlangen höhere Durchleitungsentgelte, als sie ihren eigenen Schwestergesellschaften für die Durchleitung berechnen.

In jedem der acht Marktgebiete müssen neue, überhöhte Netzentgelte gezahlt werden. Dadurch kann beispielsweise eine Durchleitung des Biogases von Schleswig-Holstein nach Bayern nicht kostendeckend durchgeführt werden. Die Durchleistungsgebühren hemmen den bundesweiten Handel mit Biogas.

Fraglich ist, wie diese Hürden beseitigt werden können.

Die Entgelte für die Nutzung von Gasfernleitungen bestimmen sich nach der Gasnetzentgeltverordnung. Grundsätzlich werden die Entgelte nach Maßgabe der §§ 4 ff. GasNEV ermittelt. Jedoch kann bei Fernleitungen von diesen Regelungen nach § 3 Abs. 2 und § 3 Abs. 1 S. 3 GasNEV abgewichen werden. Dann muss dies der Regulierungsbehörde angezeigt werden, § 3 Abs. 3 GasNEV.

Nach § 15 Abs. 1 GasNEV sind die Netzkosten verursachungsgerecht in Beträge aufzuteilen, die durch Ein- und Ausspeiseentgelte zu decken sind. Für Verteilernetze gilt dies ebenso nach § 18 Abs. 5 GasNEV. Nach § 15 Abs. 2 GasNEV sollen die Entgelte diskriminierungsfrei gebildet werden.

Die Kooperation zwischen Bundesnetzagentur und Bundeskartellamt auf dem Strom- und Gasmarkt ermöglicht die Kontrolle der Entgelte.

Mit in Kraft treten des Energie-Wirtschaftsgesetz (EnWG) am 13.07.2005 hat die Bundesnetzagentur die Kompetenzen zur Regulierung der Gasversorgung erhalten.

Eine wesentliche Aufgabe der Bundesnetzagentur ist die Gewährleistung eines diskriminierungsfreien Netzzugangs sowie die Kontrolle der von den Energieversorgungsunternehmen erhobenen Netznutzungsentgelte.

Jedoch werden die Durchleitungskosten nicht für alle Marktteilnehmer gleich hoch angesetzt. Die Gasnetzbetreiber privilegieren mit ihnen verbundene Unternehmen und diskriminieren deren Konkurrenten. Dies könnte einen Missbrauch i. S. v. § 30 Abs. 1 Nr. 3 EnWG bedeuten. Grundsätzlich kann die Regulierungsbehörde nach § 30 Abs. 2 EnWG diese Unternehmen verpflichten, solch einen Missbrauch zu unterlassen. Einen entsprechenden Antrag können Personen stellen, deren Interessen durch das Verhalten des Unternehmens erheblich berührt werden, § 31 Abs. 1 EnWG.

Möglicherweise können wirkungsvolle Maßnahmen der Bundesnetzagentur zu hohe Durchleitungsgebühren unterbinden. Dazu sollten weitere Standardisierungen geschaffen werden, um einen schnellen Überblick über Durchleitungskosten und -bedingungen zu erhalten.

Deshalb ist es sinnvoll, die bestehenden Regelungen zunächst voll auszuschöpfen. Die Bundesnetzagentur muss bestehende Gesetze effektiver umsetzen.

Die Kompetenzen beinhalten bereits Befugnisse zur Ermittlung und Beweiserhebung nach § 68 Abs. 1 EnWG, Auskunftspflichten gem. § 69 EnWG, gegebenenfalls sogar das Recht zur Durchsuchung nach Anordnung durch ein Amtsgericht nach § 69 Abs. 4 EnWG. Weiterhin werden der Bundesnetzagentur nach § 3 Abs. 3 GasNEV bestimmte Nutzungsentgelte schriftlich angezeigt. Demnach sind die bestehenden Kompetenzen recht umfangreich. Lediglich die Umsetzung der Gesetze ist ungenügend.

Die Organisation zwischen den Behörden zur Umsetzung der Regelungen muss zweckmäßiger gestaltet werden. Nach § 64a EnWG unterstützen die Landesregulierungsbehörden die Bundesnetzagentur. Das Problem der Durchleitungskosten ist jedoch, dass diese landesübergreifend abgerechnet werden. Folglich könnte eine bessere Zusammenarbeit und ggf. eine Kompetenzerweiterung der Landesbehörden die Bundesnetzagentur entlasten und zu einer effektiven Kontrolle beitragen.

8 Schlussfolgerungen

Einheimisches Biogas verwirklicht Versorgungssicherheit, Wettbewerb und Klimaschutz besser als importiertes Erdgas. Die Vorteile werden in Zukunft noch deutlicher werden, weil die Biogasbranche noch am Anfang ihrer technischen Entwicklung steht und erhebliche Effizienzsteigerungen zu erwarten sind.

Auf der anderen Seite werden die Preise für Erdöl oder Erdgas steigen und die politischen Risiken der Importabhängigkeit werden jeden Tag größer und sichtbarer.

Wichtige grundlegende Regelungen für das Verhältnis zwischen Biogas-Einspeisern und Netzbetreibern sind getroffen. Vermarktung, Transport und Herkunftsnachweise müssen weiter optimiert werden, um einen stabilen Handel zu gewährleisten. Es ist ein Ausgleich zwischen Sicherheit und Flexibilität der Handelsplattformen zu schaffen, so dass der Markt anpassungsfähig wird und die Risiken begrenzt bleiben.

Der Biogas-Bilanzkreisvertrag enthält dabei bereits wesentliche Erleichterungen für den Bilanzausgleich und Kostenwälzungen. Einspeisevergütung und Kompatibilitätsanforderungen des DVGW-Regelwerks bilden dazu vorteilhafte Ergänzungen.

Wenn sich in der Praxis herausstellt, dass die Befugnisse der Bundesnetzagentur nicht ausreichen, um eine diskriminierungsfreie Durchleitung von Biogas für alle Marktteilnehmer zu gewährleisten, dann sollten ihre Kompetenzen erweitert und der gesetzliche Rahmen verschärft werden. Dies ist jedoch nur wirksam, wenn die Bundesnetzagentur tatsächlich konsequent kontrolliert.

Die Bundesnetzagentur hat in dieser Hinsicht in den letzten Jahren Fortschritte gemacht. Ihre Maßnahmen gehen jedoch nicht weit genug. Eine Regulierungsbehörde, die lediglich im Nachhinein stichprobenartig interveniert, kann ihren Aufgaben nicht gerecht werden. Die aktive Förderung des Wettbewerbs bedarf einer konsequenten Kontrolle, die nicht nur auf Antrag verfolgt wird. Grundsätzlich hat die Bundesnetzagentur die Kompetenzen dafür, da sie regierungsunabhängig agiert und sich gegen die Oligopolstrukturen durchsetzen könnte.

Entscheidend sind diskriminierungsfreie Marktbedingungen für alle Marktteilnehmer. Dies kann vor allem durch eine effektive Kontrolle der Marktgebiete und durch faire Durchleitungskosten erreicht werden. Dadurch werden günstige Voraussetzungen für weitere Preissenkungen geschaffen.

Um die Ausbauziele der Bundesregierung zu erreichen und das volle Potential von einheimischem Biogas für Versorgungssicherheit, Wettbewerb und Klimaschutz auszuschöpfen, sind weitere Anstrengungen und Verbesserungen des rechtlichen Rahmens notwendig.

Die bisherigen Novellierungen sind ein erster Schritt in die richtige Richtung.

How to respond to an increasing energy demand without increasing the carbon dioxide emissions?

Dr. Colette Lewiner[1]

To try to answer this crucial question, let's first look at some fundamental trends.

Energy demand growth will redraw the map in 2030

From 2005 to 2030, the worldwide energy demand is forecasted to grow on an average by 1.2% per year[2]. While one conceive a high growth rate for non OECD[3] countries (1.7%) it is more surprising to see a 0.6% growth in OECD countries in which many governments have objectives to reduce their energy demand[4].

With this demand growth and difficulties to find and exploit new big oil and gas fields, the reserves life time of these hydrocarbons is limited. At current consumption it is estimated that the worldwide oil reserves will last around 44 years (excluding heavy and non conventional oils) and 67 years for gas. Oil reserves are very concentrated in the Middle East while gas is slightly better spread worldwide. As a consequence:

- We should limit hydrocarbon consumption to usages where they are irreplaceable (e.g. Chemicals).
- Energy supplies of countries that are too dependant on oil and gas imports could be threatened in case of geopolitical tension. This is why, many countries (including the US) have launched plans to increase their energy independence.

Coal is much more abundant (reserves are estimated at 146 years) and well spread worldwide. In the future, it will certainly increase its share in the electricity generation. However coal fired plants are big carbon dioxide (CO_2) emitters; thus clean coal technologies and carbon sequestration and storage (that is not yet at an industrial stage) should imperatively be implemented.

---

1 Since May 2000 Dr. Colette Lewiner is "Executive Vice President and Global Leader of the Sector Energy, Utilities and Chemicals" at Cap Gemini.
2 IEA (International Energy Agency) and Total studies.
3 OECD: Organisation for Economic Cooperation and Development.
4 The European Union has a 20% Energy demand reduction target by 2020.

In order to comply with this energy growth and replacement of aging infrastructure, huge investments are needed. At 2% global GDP[5] growth, the world would need about $22 000 billion cumulative investments in energy (oil, gas and electricity) infrastructure between 2006 and 2030[6] half of them in developing countries.

Building these infrastructures on time is already a huge challenge. However it is made more complex because of the need to curb CO_2 emissions in order to limit our planet's temperature increase. So it is not just any investment that is required but the right kind of investment: in energy efficiency improvement, renewables, carbon capture and storage and nuclear.

Are we on the right track?

On the investment side, despite big efforts in countries such as China, in many regions, investments are lagging behind the demand growth, thus threatening the security of energies supplies and increasing the "black-outs" probability.

On the CO_2 emission limitation side, the EU is a front runner with the Emission Trading System (a "cap and trade" system for CO_2 emissions) being implemented since 2006. Moreover the EU heads of state have agreed in 2007 on a 20% CO_2 emissions reduction objective by 2020. However, Europe is not on the right trajectory to meet these objectives as in 2007, its emissions continued to increase by a small amount (0.68%) indeed but still an increase!

It is worse on a worldwide perspective[7] as by 2030, CO_2 emissions should increase by 46%.

We are in a critical situation but there are some reasons for hope

- Individuals are more and more sensitive to sustained development questions and are starting to change their behaviours.
- High oil prices combined with decrease of gasoline subsidies in developing countries are curbing the energy demand.
- Company executives are ranking sustained development issues as their top priorities and should start taking actions[8].
- Suppliers are starting to market innovative devices that limit energy consumption and thus CO_2 emissions (such as Light Emitting Diodes that consume a fraction of the electricity used by equivalent incandescent lights).
- Smaller cars and electrical cars are more and more praised.
- Some Utilities are launching Demand Response programs incentivizing their clients to reduce their consumption. These programs, that are enabled by new

---

5   GDP: Gross Domestic Product.
6   International Energy Agency Nov 2007 report.
7   Ibid.
8   http://www.us.capgemini.com/PlattsStudy/

devices as smart meters, can save significant amounts of energy and CO_2 emissions[9].
- In addition to Europe, other regions (Australia and some North American States) have adopted a "cap and trade" system for CO_2 emissions.
- In the United States, the new president Barack Obama could change the country policy and adopt a cap for Green Hous Gas Emissions.

However these positive signs are not enough and tougher measures should be taken in *developed countries* in order to conserve energy and to decrease our CO_2 emission. Governments need to implement long term policies using financial incentives but also taxation. In Europe, three countries, Spain, Germany and Denmark, have initiated long term programs subsidising wind power generation. As a consequence the share of wind power in energy generation has increased and a healthy wind mill industry was created[10].

Also, more funds need to be allocated to fundamental and applied energy research such as solar energy, CO_2 capture and storage, second bio-fuel generation, 4th nuclear plants generation, etc.

Adapted measures, including energy efficiency improvements, need to be designed for *developing countries*, keeping in mind that their energy consumption and CO_2 emissions per capita are still very low and they want, rightfully, to reach better standards of living.

Nuclear energy is part of the solution

The IEA has established an "alternative scenario" of energy trends in which all the policies under consideration to cut energy use and boost alternative sources are implemented. In order to save CO_2 emissions, enhanced carbon free electricity generation technologies would be boosted. Compared to the reference scenario,

- Renewables would be 26 % higher.
- Nuclear power generation that is, with hydro power, the only large CO_2 free schedulable source of electricity, would increase by 42 %.

Moreover and contrary to renewable energies, nuclear energy is competitive now (see Table1).

---

9 Capgemini "Demand Response" Point of View shows that these programs if implemented actively could achieves 25 to 50% of the EU's 2020 targets concerning energy savings and CO_2 emission reductions.
http://www.capgemini.com/resources/thought_leadership/by_industry/energy/
10 Capgemini "Clean Tech" Point of View looks at the feasibility of achieving Europe's renewable energies' ambitions.
http://www.capgemini.com/resources/thought_leadership/by_industry/energy/

Table 1: Electricity generating cost (US$ c/kWh) projections for 2010 on 5% discount rate, 40 years life time, 85% availability, no CO_2 price factored in for fossil fuel generation (source OECD/IEA NEA 2005)

	Nuclear	Coal	Gas
Finland	2.76	3.64	–
France	2.54	3.33	3.92
Germany	2.86	3.52	4.90
Switzerland	2.88	–	4.36
Netherlands	3.58	–	6.04
Czech Rep.	2.30	2.94	4.97
Slovakia	3.13	4.78	5.59
Romania	3.06	4.55	–
Japan	4.80	4.95	5.21
Korea	2.34	2.16	4.65
USA	3.01	2.71	4.67
Canada	2.60	3.11	4.00

This global energy outlook explains why having been out in the cold for many years, nuclear energy is again being embraced as an important future energy source.

New nuclear plants investments plans

There are 439 reactors in operations, 34 in construction and around 320 nuclear projects planned in all the regions of our planet.

The IAEA[11] expects global nuclear power capacity in 2030 to range from a low-case scenario of 473 GWe, 27 percent higher than today's 372 GWe, to a high-case scenario of 748 GWe.

---

11 IAEA (International Atomic Energy Agency) 2008 edition of 'Energy, Electricity and Nuclear Power Estimates for the Period to 2030'.

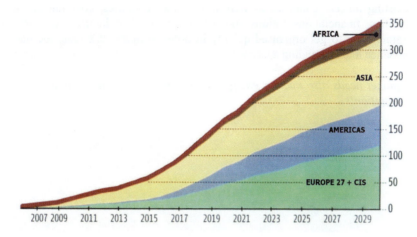

Figure 1: 2007-2030 new nuclear reactors worldwide projects in a high case scenario (in GWe)

As shown in figure 1, there is an appetite for nuclear power in "old" nuclear countries as well as in new ones, in developed countries as well as in the developing world, with experienced nuclear authorities and in countries were they don't yet exist, with savvy nuclear operators and non experienced ones.

There are pre-requisite for this nuclear energy "renaissance" to be a success

Nuclear plants construction are bearing, as other large scale industrial projects, multidimensional risks related notably to technical, contractual and environmental issues, regulatory complexity, skilled human resource availability and local communities opposition. All these factors can lead to construction delays and cost overruns that have to be beard by the various shareholders including the end customers.

In addition to these risks, nuclear industry has especially stringent requirements to overcome. These are linked to:

- *non proliferation issues,*
- *safety management all over the facility life time* (design, construction, operation, radioactive waste treatment and decommissioning),
- *exceptionally long time horizon* (lead construction time and plants operations life time combined are well in excess of half a century) for exceptionally *large investment* (4 to 5 billion Euros for a 1600 MWe plant),
- *industrial ramp up problems* linked to this sudden and big revival,
- lack of *skilled human resources and the necessity to make this industry attractive again for academics and students,*
- *public acceptance* which is a specially sensitive and difficult point.

In existing nuclear countries as well as in "new" countries, governments, local authorities, financial institutions and mainly the nuclear industry vendors and operators have to get organised quickly in order to make, *this time,* the nuclear renaissance a long standing success.

Our planet needs also nuclear energy; a sustained successful renaissance is thus an obligation!

Erneuerbare Energien und regionale Wertschöpfung

Bene Müller[68]

So sehr die offensichtlichen ökologischen Vorteile der erneuerbaren Energien im öffentlichen Bewußtsein präsent sind, sowenig wird über die mit ihrem Einsatz verbundenen massiven regionalwirtschaftlichen Vorteile gesprochen. Dabei ist der Einsatz heimischer erneuerbarer Energien ein Schlüsselelement regionaler Wirtschaftsförderung.

Der Landkreis Konstanz eignet sich für eine energiewirtschaftliche Betrachtung geradezu idealtypisch, weil sich auf seiner Fläche keinerlei fossile Energievorkommen wie Gas, Öl oder Kohle und auch keine Großkraftwerke zur Stromerzeugung befinden. Dies heißt im Umkehrschluss, dass nahezu die gesamte kommerziell genutzte Energiemenge von außerhalb der Kreisgrenzen „importiert" wird. In umgekehrter Richtung zum Energiefluss fließt ein Finanzstrom aus der Region ab, es geht zwangsläufig Kaufkraft verloren. Legt man die Zahlen des Statistischen Bundesamtes zugrunde, so hat der Durchschnittsbürger jährliche Energiekosten von 2.650 Euro zu tragen. In dieser Summe sind nicht nur die privaten Kosten für Wärme, Strom und Mobilität, sondern auch die in allen Gütern und Dienstleistungen enthaltenen Energiekosten vereint. (So enthält beispielsweise der Preis für ein leckeres Abendessen auch einen Anteil an Energiekosten, denn das Steak ist gebraten, das Bier gekühlt, das Restaurant beheizt und beleuchtet, usw.) Die 265.000 Einwohner des Landkreises Konstanz geben demnach jährlich rund 700 Millionen Euro für Energie aus – ein gewaltiger Betrag. Angesichts einer „Importquote" von rund 90% darf die Annahme als sehr moderat gelten, dass auch nur die Hälfte dieses Betrages abfließt. Der Landkreis Konstanz verliert somit durch die Art und Weise seiner Energiebeschaffung jährlich mindestens 350 Millionen Euro! Kein Wirtschaftsförderprogramm ist in der Lage, derartige Beträge zu mobilisieren. Der Umbau einer Energiewirtschaft hin zu erneuerbaren und damit heimischen Energien stellt somit ein Schlüsselelement regionaler Wirtschaftsförderung dar!

Dabei ist die Verringerung des Abflusses an Energiekosten nur die eine Seite der Medaille. Die andere ist eine massive Belebung von Handwerk und Mittelstand, welche durch Planung, Bau, Betrieb und Wartung vieler Tausend

---

68 Vorstand solarcomplex AG, Ekkehardstrasse 10, 78224 Singen.

dezentraler Energieerzeugungsanlagen auf Basis erneuerbarer Energien generiert wird. Sicher, die Schaffung vieler Arbeitsplätze bei kleinen Handwerksbetrieben ist medial nicht so wirksam wie die Vernichtung Hunderter Arbeitsplätze bei der Schließung eines einzigen Standortes bei einem Großbetrieb. Auch wenn die Effekte unterhalb der Wahrnehmungsgrenze der Mediengesellschaft liegen, so ist logisch und einsichtig: Eine Energiewende hat wesentlich mehr Gewinner als Verlierer, sie erzeugt vieltausendfache Beschäftigung und Wertschöpfung vor Ort.

Im Rahmen einer Diplomarbeit wurden „Regionale Wertschöpfungs- und Beschäftigungseffekte durch den Ausbau erneuerbarer Energien am Beispiel des Landkreis Konstanz" von Markus Drixler, einem Student der HTWG Konstanz untersucht. Bezugszeitraum war das Geschäftsjahr 2006. Insgesamt wurden 68 im Bereich regenerative Energien tätige Firmen ermittelt. Von diesen konnten 46 Betriebe real befragt werden, was eine gute Rücklaufquote von 67 % darstellt. Der im Jahre 2006 erwirtschaftete Gesamtumsatz im Bereich erneuerbare Energien betrug rund 218 Millionen Euro. Insgesamt waren im Jahr 2006 unmittelbar 392 Menschen im Bereich erneuerbare Energien im Landkreis Konstanz beschäftigt. Bereits für das untersuchte Jahr 2006 konnte also nachgewiesen werden, dass der Bereich der erneuerbaren Energien im Landkreis Konstanz eine beachtliche regionalwirtschaftliche Dimension besitzt. Mit 79 % der Unternehmen wird der untersuchte Bereich strukturell von kleinen Handwerksbetrieben mit bis zu 20 Mitarbeitern dominiert. Insgesamt 84 % aller Unternehmen gaben an, dass sich der Anteil der regenerativen Energien am Gesamtumsatz über die letzten Jahre hinweg erhöht hat und sogar 91 % sind zuversichtlich, dass dieser Anteil in Zukunft zunehmen wird. Vor dem Hintergrund einer rasant steigenden Bedeutung der erneuerbaren Energien ist diese Einschätzung mehr als plausibel. Dabei wurden nur die Effekte bis zur Inbetriebnahme der Energieanlagen untersucht, nicht diejenigen während des Betriebs selbst. Da die angebotsseitigen Potentiale an heimischen erneuerbaren Energien im Landkreis Konstanz bei weitem noch nicht ausgeschöpft sind, ergibt sich perspektivisch eine enorme Chance für Beschäftigung und Wertschöpfung. Binnen weniger Jahre erscheint ein Potential von rund 1.000 Arbeitsplätzen und rund 500 Millionen jährlichem Umsatz als realistische Größenordnung, wohlgemerkt für einen einzigen Landkreis. Deutschland besteht aus rund 400 Landkreisen.

Der Aspekt der Kaufkraftbindung kann auch auf lokaler Ebene am Beispiel einer kleinen für den ländlichen Raum durchaus typischen Gemeinde auf den Punkt gebracht werden. Der Ort Mauenheim (Teilort von Immendingen, Landkreis Tuttlingen) wurde das erste baden-württembergische Bioenergiedorf. Durch die sinnvolle Verknüpfung einer Biogasanlage und einer Holzhackschnitzelheizung, der Errichtung eines über 4 km langen Nahwärmenetzes durch alle öffentlichen Straßen sowie den Bau mehrerer Solarkraftwerke ist der Ort sowohl strom- als auch wärmeseitig komplett aus heimischen erneuerbaren Energien versorgt. Bisher haben die Bürger von Mauenheim jedes Jahr rund 300.000 Liter Heizöl bezogen, das macht beim derzeitigen Preis von rund 90 Cent je Liter eine jährliche Gesamtrechnung von über 250.000 Euro. Da Mauenheim (man ist geneigt zu sagen: wie alle anderen baden-württembergischen Gemeinden) kein eigenes Heizöl besitzt, geht dieser Betrag jedes Jahr in vollem Umfang verloren, er fließt aus dem Ort ab.

Unter Annahme einer moderaten fossilen Preissteigerung summiert sich der Kaufkraftverlust in 20 Jahren auf 10 bis 20 Millionen Euro. 10 bis 20 Millionen Euro Kaufkraftverlust in einem Ort mit gut 400 Einwohnern! Durch die weitgehende Versorgung mit Bioenergien aus der unmittelbaren Nachbarschaft bleibt das Geld vor Ort, es kommt den Anbietern von Holzhackschnitzeln, den Betreibern der Biogasanlage sowie den Betreibern des Nahwärmenetzes zugute. Im Idealfall sind die Eigentümer und Betreiber die Bürger selbst. Das Bioenergiedorf Mauenheim ist Vorreiter und Nutznießer einer Entwicklung, die historisch zwar aufgeschoben, aber nicht umgangen werden kann: Der Umbau einer zentral organisierten fossil-atomaren Energieversorgung hin zu einer dezentralen auf Basis heimischer erneuerbarer Energien.

Stadtwerke als prädestinierte Akteure der Energiewende

Entweder die Stadtwerke nutzen jetzt zeitnah ihre hervorragenden Ausgangsbedingungen zum Einstieg in eine dezentrale Strom- und Wärmebereitstellung aus heimischen erneuerbaren Energien vor Ort, oder aber es müssen neue Stadtwerke gegründet werden. Wir brauchen leistungsfähige Umsetzungsstrukturen einer Energiewende vor Ort, ein längeres Warten können wir uns nicht leisten, weder mit Blick auf die unmittelbaren ökonomischen Effekte noch mit Blick auf die langfristigen Kosten des Klimwandels.

Dass der Umbau der Energieversorgung keinen weiteren Aufschub duldet, ergibt sich aus der absehbaren Verknappung und weiteren Verteuerung der fossilen Energien mit Erreichen des Oil-Peak etwa 2010 sowie aus der Notwendigkeit eines engagierten Klimaschutzes, um die ungebremste Fortsetzung des bisher noch verkraftbaren Klimawandels hin zu dramatischen Dimensionen zu verhindern. Der zu Beginn des 21. Jahrhunderts erreichte Höhepunkt der fossilen Epoche stellt gleichzeitig auch den Scheitel- und Wendepunkt hin zu einem postfossilen Zeitalter dar.

Gerade im historischen Kontext muss aber nüchtern die Frage gestellt werden, wer die realen Akteure zur Umsetzung der Energiewende sein können. Obwohl die großen Energie-Multis zaghaft beginnen, sich um die am Horizont aufscheinenden neuen Aktivitäts- und Geschäftsfelder zu kümmern, ist aus ihren Bilanzen leicht zu erkennen, dass es sich bisher um wirtschaftlich marginale Aktivitäten mit hohem PR-Wert handelt und nicht um eine handfeste Neuausrichtung.

Da die Umstellung von fossilen zu erneuerbaren Energien auch eine von zentralistischen Großstrukturen hin zu dezentralen Strukturen im kleinen und mittleren Leistungsbereich erfordert, kommt den Stadtwerken vor Ort eine zentrale Rolle zu, sie haben einen „Heimvorteil". Zumindest diejenigen Stadtwerke, welche sich ohne Sperr- oder gar Mehrheitsbeteiligungen „der Großen" noch vollständig im kommunalen Besitz befinden, haben außer mentalen Barrieren keine Einschränkungen, wenn es um die Neuausrichtung ihrer Geschäfte geht.

Als Ergebnis eines kontinuierlichen Funktionsverlusts über Jahrzehnte hinweg sind die meisten Stadtwerke zu reinen Händlern „verkommen". In einer Art „Sandwich-Position" eingeklemmt zwischen den steigenden Preisen der Vorlieferanten und dem wachsenden Unmut und Wechselwillen der Kunden ist die ehemals komfortable Stellung der Energiehändler nun eng geworden. Eine schrittweise Umorientierung, weg vom Handel, hin zur eigenen Erzeugung von Strom und Wärme vor Ort – idealerweise in Kraft-Wärme-Kopplung - kann neue Handlungsspielräume und Einnahmequellen verschaffen.

Viele Entscheidungsträger in Stadtwerken und deren Aufsichtsgremien haben dabei eine handfeste mentale Barriere zu überwinden, den eigenen Irrglauben an die technische und wirtschaftliche Überlegenheit der fossil-atomaren Energien. Warum um Himmels willen soll es aber nicht möglich sein, auch im Geschäftsfeld der erneuerbaren Energien einen Gewinn zu erwirtschaften und einen Deckungsbeitrag an die kommunalen Eigentümer abzuführen? Vor dem Hintergrund der rasant veränderten energiepolitischen und energiewirtschaftlichen Rahmenbedingungen bietet sich eine ganze Palette an Möglichkeiten an, welche mit Phantasie und Unternehmergeist ausgelotet werden können:

- Stadtwerke können anstelle von Gas auch direkt Wärme aus Holzpellets, Holzhackschnitzeln und Solarkollektoren als Energiedienstleistung beim Kunden anbieten, Stichwort Wärmelieferungs-Contracting.
- Sie können in Ihrer Gemeinde Dachflächen für bürgerfinanzierte Solarkraftwerke vermitteln, diese Anlagen mit standardisierten Konzepten errichten lassen und Pakete für Versicherung, Fernüberwachung und Reparatur dieser Anlagen anbieten.
- Die Erzeugung von Strom und Wärme direkt beim Kunden kann mindestens genauso rentabel sein wie die Durchleitung vom Vorlieferanten, auf Basis fossiler wie auch regenerativer Energien.
- Da das EEG nicht auf die Förderung bestimmter Unternehmen abstellt, sondern auf die Förderung bestimmter Technologien, kann auch jedes Stadtwerk in Anlagen zur Erzeugung regenerativ erzeugten Stroms investieren und die daraus resultierende Rendite zum Unternehmensergebnis beisteuern.
- Stadtwerke können Betreiber von Heizkraftwerken auf Basis Geothermie oder Biomasse sein, sie können Wasserkraftwerke reaktivieren und Windparks oder Biogasanlagen betreiben.
- Am heutigen Manko der meisten bestehenden Biogasanlagen, der Verschwendung von Wärme in der Größenordnung von vielen Millionen Litern Heizöl, können Stadtwerke gemeinsam mit den Betreibern der Anlagen arbeiten, indem sie die Abwärme über Wärmenetze zu potentiellen Kunden bringen und dort verkaufen oder indem sie statt der Wärme das Biogas über Mikrogasnetze transportieren und an anderer Stelle verstromen.
- Der Bau von Nahwärme- oder Gasnetzen ist zwar eine aufwendige und zunächst teure Infrastrukturmaßnahme, dafür aber für ein Wirtschaftsgut mit einer sehr langen Nutzungsdauer von vielen Jahrzehnten. Von den Multis lernen heißt „Netze bauen".

Eine Vielzahl von technisch ausgereiften und wirtschaftlich attraktiven Konzepten wartet geradezu darauf, von den Stadtwerken vor Ort mit konkretem Leben erfüllt zu werden.

Mit Ihrer geografischen Nähe zum Kunden und dem damit verbundenen Vertrauensbonus, mit dem zumindest teilweise vorhandenen Apparat zur technischen Betriebsführung und Abrechnung sind wesentliche Voraussetzungen gegeben.

Allerdings steht den guten Potentialen vielerorts eine ausgeprägte Verharrung in alten Denk- und Handlungsmustern, eine Mut- und Phantasielosigkeit gegenüber, die den Standortvorteil zunichtemacht. Es muss daher auch ernsthaft über die Gründung von Stadtwerken des postfossilen Zeitalters nachgedacht werden, welche als Umsetzungsplattformen der Energiewende vor Ort fungieren. Als Gesellschafter derartiger Neugründungen kommen alle potentiellen Gewinner einer Energiewende-Strategie in Betracht, seien das Landwirte und Waldbesitzer, Handwerksbetriebe, Fachplaner, Energieberater, nachhaltig orientierte Geldanleger usw.

Sieht man das Wirtschaftsleben – wie das biologische Leben auch – als ein ewiges Kommen und Gehen, Entstehen und Vergehen, rückt die Neugründung von Stadtwerken neuen Typus aus dem utopischen Raum der Möglichkeiten in den Bereich des Realen, ja Notwendigen. Die Vorreiter werden dabei – wie so oft – auch die Nutznießer sein.

Nach den unvermeidlichen Schwierigkeiten am Anfang der Lernkurve können die regenerativen Stadtwerke nicht nur eine attraktive wirtschaftliche Eigenentwicklung nehmen, sondern zusätzlich wahre Kraftzentren der regional wirtschaftlichen Wertschöpfung werden: Verringerung des Abfluss an fossilen Energiekosten, dadurch Kaufkraftbindung und vieltausendfache Beschäftigungseffekte durch die vor Ort notwendigen Investitionen.

solarcomplex steht als Prototyp erst am Anfang eines Weges hin zum „neuen Stadtwerk des postfossilen Zeitalters" und hat bis 2008 bereits rund 37 Millionen Euro in verschiedene Anlagen zur Nutzung der heimischen erneuerbaren Energien investiert. Ein Betrag der ausnahmslos durch die Bilanzen von Handwerksbetrieben in der Region geflossen ist und eine Vorahnung gibt, wie groß die regionalwirtschaftlichen Effekte sein werden, wenn das Entwicklungstempo der Energiewende weiter zunimmt. Die Stadtwerke vor Ort haben dabei hervorragende Ausgangsbedingungen zum Einstieg in eine dezentrale Strom- und Wärmebereitstellung aus heimischen erneuerbaren Energien. Wenn Sie diese nicht nutzen, müssen neue Stadtwerke gegründet werden. Wir brauchen leistungsfähige Umsetzungsstrukturen einer Energiewende vor Ort.

Teil II

Wettbewerb und Marktmacht im Energiesektor

Globale Ölmärkte im Wettbewerb? – Die ‚wahren' Herausforderungen der künftigen Energieversorgung[1]

Dr. Jörg Adolf[2]

Das erste Jahrzehnt des 21. Jahrhunderts kann als Renaissance der Rohstoffe bezeichnet werden. Die Verteuerung der Rohstoffe auf breiter Front setzte einer langen Phase fallender Rohstoffpreise ein Ende[3]. In der Tat: „This most recent boom has been the most marked of the past century in its magnitude, duration, and the number of commodity groups whose prices have increased."[4]

Die Rohstoffpreis-Hausse erreichte ihren Höhepunkt im Sommer 2008. Am spürbarsten war der Preisanstieg beim Öl. Von weniger als 10 US-Dollar pro Barrel der Rohöl-Sorte Brent stieg der Preis innerhalb von weniger als 10 Jahren auf 147,50 US-Dollar pro Barrel. In nur wenigen Monaten sind die Rohölpreise wieder deutlich gefallen – jähes Ende eines großen, aber dennoch gewöhnlichen Rohstoffzyklus oder nur eine Atempause innerhalb eines langfristigen Super-Zyklus[5]?

Rohstoff-Preise sind von großer Bedeutung für Wirtschaft und Verbraucher. Über die Importrechnung beeinflussen sie die gesamtwirtschaftliche Entwicklung, als Ausgabe belasten sie das verfügbare Einkommen der Haushalte. Energie-Rohstoffe, insbesondere aber Öl, haben den größten Anteil an Rohstoffimporten und gestiegenen Einfuhrrechnungen der Industrieländer: Allein der deutsche

---

1 Dieser Beitrag basiert auf dem gleichnamigen Vortrag auf dem 5. Konstanzer Europa-Kolloquium ‚Energiewirtschaft in Europa: Im Spannungsfeld zwischen Klimapolitik, Wettbewerb und Versorgungssicherheit', Konstanz, den 6. bis 8. Juni 2008.
  Die folgenden Ausführungen enthalten vorausschauende Aussagen, die nur unter den genannten, zur Zeit der Niederschrift vorliegenden Bedingungen gelten. Die ökonomische Analyse insbesondere zu Teil 1 geht über Positionen des Unternehmens Shell hinaus. Der Beitrag gibt daher lediglich die persönliche Auffassung des Autors wieder.
2 Issues Manager, Deutsche Shell, Hamburg.
3 Vgl. Klaus Matthies, Rohstoffpreise 2008, HWWI Policy Report Nr. 8, Hamburg 2008, S. 5 und 13 f.
4 Vgl. World Bank, Global Economic Perspectives 2009. Commodities at the Crossroads, Washington 2008, S. 3.
5 Vgl. Javier Blas, So long, super-cycle, in: Financial Times, Wednesday, December 10th 2008, S. 9.

Außenhandelssaldo für Rohöl und Mineralölprodukte ist in den vergangenen Jahren auf über 40 Milliarden Euro gestiegen[6]. Auch wenn die volkswirtschaftliche Belastung des Bruttoinlandsproduktes mit rund 2% damit noch weniger als halb so hoch wie zu Beginn der zweiten Ölpreiskrise Anfang der 1980er Jahre war, so hat sie sich doch innerhalb weniger Jahre verdoppelt. Zudem sind die Ausgaben der privaten Haushalte für Kraftstoffe und Heizöl (einschließlich Mineralölsteuer) seit Mitte der 1990er Jahre um rund ein Drittel gestiegen und beliefen sich zuletzt auf fast 5% der privaten Konsumausgaben[7].

Aufgrund ihrer volkswirtschaftlichen Relevanz, aber auch wegen ihrer zum Teil ausgeprägten Schwankungen werden Energie-, insbesondere aber die Ölpreise in den Verbraucherländern aufmerksam verfolgt. Mit der Renaissance des Energiethemas stellt sich auch die Frage nach *‚Wettbewerb und Marktmacht im Energiesektor'* aufs Neue[8]. Dahinter steht letztendlich die Vorstellung, dass eine wettbewerblich aufgestellte Energieversorgung langfristig die beste Gewähr für eine wirtschaftliche, sichere und auch nachhaltige Energieversorgung bietet.

Im Energiesektor, das heißt im Rahmen der globalen wie nationalen Energieversorgung kommt unter allen Energieträgern Öl besondere Bedeutung zu. Erdöl bestreitet heute ca. 39% des globalen Primärenergieverbrauchs. Das ist weniger als noch Mitte der 1970er Jahre – im Jahre 1973 lag der Anteil des Erdöls bei 53%[9]. Dennoch ist Öl nach wie vor der mit Abstand wichtigste Energieträger – und der globale Leitenergieträger. Öl ist jedoch nicht nur quantitativ ein wichtiger Energieträger. Der Energieträger Öl hat auch hervorragende qualitative Eigenschaften, die ihn nur schwer ersetzbar und außerordentlich begehrt machen. Und Öl ist schließlich aufgrund seiner wechselhaften und spannungsvollen Historie auch der wohl schillerndste und umstrittenste Energieträger[10]. Dass die Wahrnehmung der Markt- und Wettbewerbsverhältnisse nicht den realen Markt- und Wettbewerbsverhältnissen auf den Ölmärkten entspricht, ist ein Grund mehr, die tatsächlichen Marktverhältnisse auf den Ölmärkten in *Teil 1* detaillierter zu untersuchen.

Die Frage nach Wettbewerb und Marktmacht im Energiesektor, auf den Ölmärkten ist wichtig. Gleichwohl gibt es jenseits der Frage nach der Art und Weise der Bereitstellung eines einzelnen Energieträgers noch viel grundsätzlichere strategische Herausforderungen – nämlich kann Energieversorgung künftig überhaupt sicher, bezahlbar und gleichzeitig immer nachhaltiger gewährleistet werden. Die so genannte ‚Energy Challenge' bzw. die ‚wahren' Herausforderungen der künftigen Energieversorgung und mögliche Lösungsstrategien werden in *Teil 2* diskutiert.

---

6 Vgl. Mineralölwirtschaftsverband, Jahresbericht/Mineralölzahlen 2007, Hamburg 2008, S. 51.
7 Vgl. Statistisches Bundesamt, Energieverbrauch der privaten Haushalte. Wohnen, Mobilität, Konsum und Umwelt, Wiesbaden 2008, S. 7 und 13.
8 So auch der Titel von Themenblock II des 5. Konstanzer Europa-Kolloquiums
9 Vgl. International Energy Agency, Key World Energy Statistics, Paris 2008, S. 7.
10 Vgl. insbesondere Daniel Yergin, The Prize: The Epic Quest for Oil, Money, and Power, New York 1992.

1 Globale Ölmärkte im Wettbewerb?

Zur Bearbeitung der ersten Fragestellung ‚*Sind die globalen Ölmärkte im Wettbewerb?*' ist zunächst ein geeignetes ökonomisches Analyseinstrumentarium zu identifizieren, mit dem Wettbewerb und Marktmacht betrachtet werden können. Zweitens existieren ‚*die globalen Ölmärkte*' ebenso wenig wie ‚*der Energiesektor*'. Vielmehr gibt es unterschiedliche Wertschöpfungsstufen sowie Energie-Bedürfnisse und -Anwendungen. Daher muss auch für eine mesoökonomische Betrachtung das Untersuchungsobjekt ‚globale Ölmärkte' hinreichend differenziert definiert werden. Erst dann können Markt- und Wettbewerbsverhältnisse analysiert werden.

1.1 SCP-Kriterien und Ölmärkte

Zur Beurteilung, ob Wettbewerb oder Marktmacht in einem bestimmten Markt vorliegt, stehen verschiedene Indikatoren und Ansätze aus Mikrotheorie und Industrieökonomik zur Verfügung. Für eine strukturierte Analyse von Industriesektoren bietet sich hier insbesondere das Structure-Conduct-Performance-Paradigma (SCP) an. Ziel des SCP-Ansatzes ist es, Aussagen über die aktuelle Wettbewerbssituation und Markt-Performance eines Industriezweiges zu treffen, aber auch Anhaltspunkte für dessen künftige Entwicklung zu gewinnen; dazu wird eine Branche auf die drei Kategorien Marktstruktur, Marktverhalten und Marktergebnis und mögliche Zusammenhänge untereinander hin untersucht[11].

Wichtigste Kenngröße der Marktstruktur ist die Größenverteilung der im Markt tätigen Unternehmen; ein einfaches Konzentrationsmaß ist die Konzentrationsrate der größten Anbieter. Auch wenn es keine einheitliche kritische Konzentrationsschwelle für alle Märkte gibt, so gilt doch: Ein hoher Konzentrationsgrad kann zur Gefährdung des Wettbewerbs beitragen. Das Marktverhalten lässt sich im Wesentlichen durch vorherrschende Preis- und Vermarktungsstrategien in der jeweiligen Branche charakterisieren. Je häufiger und intensiver den Marktteilnehmern zur Verfügung stehende Aktionsparameter eingesetzt werden, desto intensiver ist der Wettbewerb. Kernanliegen der industrieökonomischen Betrachtung ist jedoch das Marktergebnis. Dabei stellt sich zum einen die wichtige und grundsätzliche Frage: Ist Verfügbarkeit gegeben und gibt es eine ausreichende, sichere und wirtschaftliche Versorgung mit Öl? Im Besonderen geht es jedoch um die (In-)Effizienz des jeweiligen Ölangebotes bzw. seiner Erstellung; hierfür werden in der Regel Preis-Kosten-Relationen und Gewinne als Indikatoren für (In-)Effizienz, Marktmacht und Wettbewerb herangezogen.

Bevor jedoch die Marktstruktur beurteilt werden kann, stellt sich die Aufgabe, den ‚relevanten Markt' zu bestimmen. Ein relevanter Markt wird in der Regel anhand sachlicher und geografischer Kriterien abgegrenzt[12]. Im Vordergrund steht

---

11 Vgl. zum Beispiel Roger Clarke, Industrial Economics, Oxford 1985, S. 2–4; Paul R. Ferguson, Industrial Economics: Issues and Perspectives, Basingstoke 1988, S. 7–22.
12 Vgl. zum Beispiel Ingo Schmidt, Wettbewerbs- und Kartellrecht, 8. Aufl., 2005, S. 49–56; EU-Kommission, Bekanntmachung über die Definition des relevanten

dabei eine möglichst genaue Abgrenzung desjenigen Gebietes, auf dem Unternehmen im Wettbewerb miteinander stehen; Produktwettbewerb setzt voraus, dass angebotene Produkte austauschbar sind bzw. als austauschbar angesehen werden. Da es ‚den' Ölmarkt als solchen nicht gibt, erfordert die Abgrenzung von relevanten Ölmärkten eine differenzierte Betrachtung. Grundsätzlich unterscheidet man zwischen Upstream und Downstream. Upstream umfasst die Exploration und Förderung des Primärenergieträgers Erdöl. Downstream sind die Verarbeitung von Rohöl zu Mineralöl als auch Distribution und Vermarktung von Mineralölprodukten (Sekundärenergieträger). Im Folgenden werden daher die Märkte für Erdöl, für Rohölverarbeitung sowie für Distribution und Vermarktung von Mineralölprodukten jeweils getrennt anhand der drei SCP-Kategorien untersucht.

1.2 Upstream – globale Märkte für Erdöl

Erdöl ist ein flüssiges, natürlich vorkommendes Kohlenwasserstoff-Gemisch[13]. Es kann, je nach Herkunft (Provenienz), unterschiedliche Qualität besitzen; je nach Dichtegrad unterscheidet man zwischen leichten, mittleren und schweren Rohölen. Gleichwohl gibt es nur eine geringe Zahl weltweiter Leitsorten. Die wichtigsten Referenzsorten sind Brent, Dubai, West Texas Intermediate (WTI) und das OPEC Reference Basket; diese so genannten Benchmarks bestimmen das Pricing und damit den weltweiten Handel mit Erdöl[14]. Die unterschiedlichen Erdölqualitäten sind auf der nächsten Wertschöpfungsstufe, in der Verarbeitung, zumindest in weiten Teilen austauschbar. Zudem ist Erdöl ein flüssiger, nicht-leitungsgebundener Energieträger, der sowohl per Schiff als auch per Pipeline transportiert werden kann. Entsprechend besitzt Erdöl eine weltweit flexible und unter allen Energieträgern die am Besten ausgebaute Transportinfrastruktur.

Während heute etwa die Hälfte des Erdöls zwischen den Weltregionen gehandelt und transportiert wird, sind es beim weitgehend leitungsgebundenen Erdgas oder beim festen Energieträger Kohle jeweils nur etwa ein Siebtel der Jahresproduktion. Bis 2030 wird ein weiterer Anstieg des interregionalen Rohölhandels auf ca. 60 % erwartet[15]. Während die Märkte für Erdgas und Kohle weitgehend regionale Märkte sind, kann beim Erdöl eigentlich nur noch von einem, vom globalen Rohölmarkt gesprochen werden – der relevante Markt für Erdöl ist der Weltmarkt. Wie sieht nun aber die Struktur dieses globalen Rohölmarktes aus? Wie ist insbesondere das weltweite Erdölangebot verteilt?

Die globale Erdölproduktion belief sich im Jahre 2007 auf knapp vier Milliarden Tonnen Rohöl; sie wird aus Erdölfeldern rund um den Globus von Tausenden von

---

Marktes im Sinne des Wettbewerbsrechts der Gemeinschaft, in: Amtsblatt C 372 vom 9. Dezember 1997.

13 Für eine Definition der Begriffe Rohöl (Crude Oil) und Mineralöl (Petroleum Products) vgl. New York Merkantile Exchange, Glossary of Terms, New York 2001, unter: http://www.nymex.com.

14 Vgl. Ohne Verfasser, A quick guide to some common expressions, in: OPEC Bulletin Vol. XXXIX, No. 7, September 2008, S. 26–29.

15 Vgl. International Energy Agency, World Energy Outlook 2007. China and India, Paris 2007, S. 73–115.

Unternehmen hergestellt. Für einen Industriezweig, der inzwischen mehr als 150 Jahre alt ist, aber auch für eine Rohstoffbranche, weist die weltweite Rohölproduktion eine allenfalls mittlere Konzentration auf. So bestreiten die fünf größten Anbieter gemeinsam lediglich einen Anteil von rund einem Drittel, die zehn größten Unternehmen etwa die Hälfte der globalen Erdölproduktion (siehe Abb. 1).

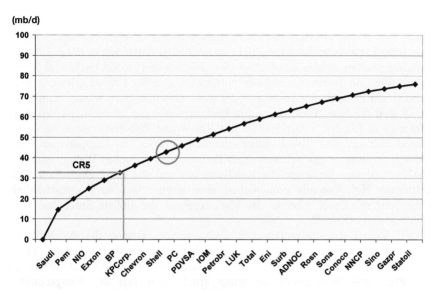

Abb 1: Globale Erdölproduktion (Konzentrationskurve)[16]

Allerdings weist das globale Erdölangebot einige Besonderheiten auf: Erdöl wird heute mehr denn je als strategische Ressource angesehen; von daher kommt der nationalen Aufteilung von Erdölproduktion und -vorkommen eine wichtige Bedeutung zu. Zum einen vereinen die beiden größten Produzentenländer bereits ein Viertel des globalen Angebotes auf sich, die fünf größten über zwei Fünftel. Zum anderen sind Angebot und Nachfrage geografisch ungleich verteilt. Während die fünf größten Verbraucherländer kaum ein Siebtel der Weltproduktion bestreiten, erreicht das Produzentenkartell OPEC deutlich über zwei Fünftel. Der Anteil und somit der tatsächliche Einfluss der OPEC auf den internationalen Handel mit Rohöl liegt jedoch höher – im Jahre 2007 bestritten die 13 OPEC-Mitglieder 54,3% der weltweiten Rohölexporte[17]. Damit kann der globale Rohölmarkt prinzipiell durch die Marktform des Teilmonopols mit kompetitivem Marktsegment beschrieben werden[18].

---

16 Quelle: Petroleum Economist 2007.
17 Vgl. OPEC, Annual Statistical Bulletin 2007, Wien 2007, Tab. 26, S. 34.
18 Vgl. Alfred Eugen Ott, Grundzüge der Preistheorie, Göttingen 1968, S. 187–189; Susanne Wied-Nebbeling, Markt- und Preistheorie, Berlin u.a.O. 1997, 2. Auflage, S. 63-70.

Die Marktstruktur prägt auch auf dem Rohölmarkt das Marktverhalten. So versucht der Teilmonopolist OPEC mit dem Instrument der Förderquotierung das Rohölangebot und damit den Rohölpreis zu beeinflussen. Allerdings erweist sich eine erfolgreiche Quotierungspolitik in der Praxis als schwierig, eine Feinsteuerung der Angebotsmenge als nahezu unmöglich[19]. Zudem leistet das kompetitive Marktsegment einen wesentlichen Teil zum globalen Rohölangebot. Damit wird der Rohölpreis letztendlich durch das Aufeinandertreffen von Rohölangebot und Rohölnachfrage bestimmt.

Ein großer Teil des internationalen Rohölhandels erfolgt zwar nach wie vor über feste Liefervereinbarungen. Für den aktuellen Ausgleich von Angebot und Nachfrage haben sich in den letzten zwei Jahrzehnten jedoch große und liquide Spotmärkte und Warenterminbörsen entwickelt. Der für Europa relevante Spotmarkt ist der Rotterdamer Spotmarkt; die weltweit wichtigsten Warenterminbörsen für Öl sind die New York Mercantile Exchange und die International Petroleum Exchange in London[20]. Der Handel mit Rohöl und Rohölkontrakten ist weitestgehend standardisiert sowie außerordentlich liquide bei transparenter Preisbildung; es herrscht ein weltweit enger Preisverbund zwischen Weltregionen und Rohölsorten. Das umfangreiche Rohölangebot und die hohe Organisation des weltweiten Rohölhandels ermöglichen eine sichere und auch wirtschaftliche Versorgung mit Erdöl. Aber ist das Marktergebnis, die globale Erdölversorgung, auch zugleich effizient?

Drei Viertel der konventionellen Erdölreserven, welche die Basis für die Erdölproduktion darstellen, befinden sich in den OPEC-Staaten[21]. Hier dominieren jedoch fast ausschließlich staatliche Unternehmen, womit die Allokationsfunktion von Preis und Wettbewerb für einen erheblichen Teil der Weltproduktion eingeschränkt wird. Gleichzeitig weisen die OPEC-Vorkommen die geringsten Förderkosten auf. Insofern deutet die aktuelle Preis-Kosten-Spanne der OPEC-Anbieter auf ausgeprägte Marktmacht und Allokationsineffizienz hin. Tatsächlich gilt aber auch hier: Das letzte Barrel bestimmt den Preis, der aktuelle Marktpreis wird vom Grenzanbieter bestimmt – und das sind entweder aufwändigere unkonventionelle Erdöle oder mögliche Substitute wie Biokraftstoffe[22].

Da die OPEC in den letzten Jahren nahe an der Kapazitätsgrenze produziert hat, müssen die hohen Rohölpreise des laufenden Jahrzehnts folglich eher als Ausdruck von fundamentalen Angebots- und Nachfragefaktoren als das Ergebnis einer gezielten OPEC-Mengenpolitik interpretiert werden. Marktmacht im Oil Upstream sind und bleiben enge Grenzen gesetzt: auf der einen Seite reagiert die

---

19 Vgl. Jörg Adolf, Lenkungsmöglichkeiten und Marktmacht des OPEC-Kartells, in: Wirtschaftsdienst, Jg. 82, 2002, S. 102–106.
20 Vgl. Mineralölwirtschaftsverband, Preisbildung am Rohölmarkt, Hamburg 2004, S. 21–53.
21 Vgl. American Petroleum Institute, The Truth about Oil and Gasoline: An API Primer, Washington 2008, S. 31.
22 Zur Frage wer und wie Rohstoff-Preise bestimmt werden vgl. zum Beispiel Don't blame the Speculators, in: The Economist, July 5th, 2008, S. 17f.; Carolyn Braun, Marcus Pfeil, Die letzte Tonne bestimmt den Preis, in: Die Zeit, 23. Oktober 2008, Nr. 44, S. 38.

Ölnachfrage langfristig elastischer auf Preiserhöhungen; auf der anderen sorgt ein breites Ölangebot – aus einem breiten ‚kompetitiven Rand' und unkonventionellen Vorkommen sowie die latente Drohung eines verstärkten Eintritts von alternativen Energieträgern für Wettbewerbsdruck.

1.3 Raffinerien im globalen Wettbewerb

Erdöl wird in Raffinerien zu Mineralölprodukten verarbeitet; dabei wird ein Einproduktstrom (Rohöl) in einen Mehrproduktstrom (Mineralölprodukte) umgewandelt. Grundsätzlich können Raffinerien ihr Outputspektrum variieren – allerdings jeweils in Abhängigkeit von ihrer Anlagenkonfiguration und nur innerhalb bestimmter technischer und ökonomischer Grenzen. Die Raffinerieerzeugnisse reichen von Sekundärenergieträgern wie Kraft- und Brennstoffen bis hin zu stofflichen Vorprodukten, zum Beispiel für die Schmierstoff- und Chemie-Industrie.

Auch wenn die einzelnen Produktgruppen zum Teil sehr unterschiedlich sind, herrscht innerhalb der wichtigsten Produktgruppen eine hohe regionale, wenn nicht gar weltweite Homogenität. So gibt es etwa für Kraftstoffe einheitliche regionale Qualitätsnormen für die gesamte Europäische Union; für Schiffsbrennstoffe (Bunkeröle) und Flugkraftstoffe existieren sogar globale Standards. Einheitliche Produktstandards ermöglichen internationalen Handel. Und dort, wo die Standards voneinander abweichen, ist es oftmals möglich, raffinierte Basisprodukte zu handeln und die benötigte Endspezifikation vor Ort einzustellen.

Die relevanten Märkte für Mineralölprodukte sind Weltmärkte – das gilt zumindest für alle wichtigen Produktgruppen, insbesondere aber für die Kraft- und Brennstoffe. Im Jahre 2006 wurde rund ein Viertel oder eine von rund vier Milliarden Tonnen des globalen Raffinerieoutputs weltweit gehandelt, und das obgleich durch den internationalen Rohölhandel bereits ein umfangreicher interregionaler Ausgleich zwischen Angebots- und Nachfragemengen stattfindet.[23]

Für die Verarbeitung von Rohöl stehen weltweit heute 658 Raffinerien mit einer Verarbeitungskapazität von 85,2 Millionen Barrel pro Tag zur Verfügung[24]. Der größte Teil der Raffinerien steht in den Industrieländern mit weitgehend deregulierten, liberalisierten Mineralölmärkten. Die OECD-Länder bestreiten heute immer noch über die Hälfte der globalen Mineralölproduktion; allerdings verschieben sich die Gewichte zunehmend in Richtung Erdölproduzenten und Schwellenländer[25]. Die fünf größten Raffinerieunternehmen vereinen dabei gerade einmal gut 20 Millionen Barrel pro Tag oder weniger als ein Viertel der Verarbeitungskapazitäten auf sich[26].

Doch nicht nur die Struktur der globalisierten Produktmärkte ist wettbewerblich; darüber hinaus liegen gute institutionelle Bedingungen für kompetitives

---

23 Vgl. International Energy Agency, Key World Energy Statistics, a.a.O., S. 19f.
24 Vgl. David Nakamura, Special Report: Global Refining Capacity Increases slightly in 2007, in: Oil & Gas Journal, Vol. 105, Issue 48, December 24th, 2007, Fig. 1.
25 Vgl. International Energy Agency, Key World Energy Statistics, a.a.O., S. 21f.; East to Crack the West's Grip on Refining, in: Financial Times, November 14th, 2008, S. 20.
26 Vgl. David Nakamura, a.a.O. 2007, Tab. 1.

Marktverhalten vor: Mineralölprodukte werden nämlich ebenso wie Rohöl intensiv an den großen Warenterminbörsen in New York und London sowie – für Nordwesteuropa – am Rotterdamer Spotmarkt gehandelt.

Die umfassende Versorgung mit einer breiten Palette von Mineralölprodukten durch das globale Raffineriesystem war – regionale Engpässe wie diejenigen durch den Hurrikan Katrina im Jahre 2005 einmal ausgenommen – stets gegeben. Die weiteren Performanceindikatoren wie Kosten, Preise, Margen und Qualitäten werden durch die Kapazitätsauslastung einerseits, die Konfiguration der weltweiten Raffinerieanlagen andererseits bestimmt. Hier hat ein deutlicher Anstieg der globalen Mineralölnachfrage zu einer hohen Kapazitätsauslastung und damit zu einer guten wirtschaftlichen Lage der Mineralölverarbeitung in den vergangenen Jahren geführt. Strukturelle Verschiebungen der Mineralölnachfrage – wie beispielsweise der hohe Dieselbedarf in Europa – haben zudem zu Verknappungen und zu höheren Preisen bei einzelnen Produktgruppen geführt.

Die Produktpreise und Raffineriemargen der letzten Jahre müssen jedoch zum einen vor dem Hintergrund zweier magerer Jahrzehnte gesehen werden; zum anderen ist eine spürbare Erweiterung von Raffineriekapazitäten kurzfristig nicht möglich, sondern benötigt Zeit und Kapital. Die Perspektive auf einen weiteren Zubau von Raffineriekapazitäten unterstreicht noch einmal die Wettbewerbsintensität des Raffineriesektors[27]. Der rasche Einbruch der Raffineriemargen im Gefolge der globalen Finanzmarktkrise macht gleichwohl auch die schwierigen Rahmenbedingungen des Raffineriegeschäfts noch einmal deutlich: Benzin, ein hochwertiges Produkt, war zum Teil günstiger als Rohöl; lange geplante Investitionsvorhaben für neue Raffineriekapazitäten müssen erneut auf den Prüfstand gestellt werden[28].

1.4 Wettbewerb im Endkunden-Geschäft

Die letzte Wertschöpfungsstufe ist die Distribution und Vermarktung von Mineralölprodukten bis hin zum Endkunden. Dabei lassen sich die Produktmärkte in räumlicher und sachlicher Hinsicht unterscheiden.

Zunächst können die globalen Mineralölmärkte handels- und versorgungstechnisch in verschiedene Welt-Regionen eingeteilt werden: So gehört der deutsche Mineralölmarkt zum Versorgungsraum Nordwesteuropa und ist mit gut 100 Millionen Tonnen Jahresabsatz der größte regionale Mineralölmarkt in Europa. Mit ihren 14 Raffinerien ist die deutsche Mineralölindustrie tief in die internationale Arbeitsteilung integriert; denn rund ein Viertel der nationalen Raffinerieerzeugung werden jeweils importiert und exportiert[29]. Die Integration in den weltweiten Produktaustausch erfolgt jedoch nicht allein durch die Produzenten.

---

27 Vgl. Martin Quinlan, Profits off the Boil, in: Petroleum Economist, September 2008, Vol. 75, No. 9, S. 16–21.
28 Vgl. East to Crack the West's Grip on Refining, a.a.O.
29 Vgl. Mineralölwirtschaftsverband, Jahresbericht/Mineralölzahlen 2007, a.a.O., S. 46, 51, 57.

Immerhin 43% der Mineralölproduktimporte erfolgen über unabhängige Importeure[30].

Auf der anderen Seite kann der Vertrieb nach sachlichen Kriterien differenziert werden. Es gibt Produktströme, die fast ausschließlich in den Großhandel gehen oder die als Zwischenprodukt eingesetzt werden. Und es gibt Produktgruppen, die ab Raffinerie konsumfertig, direkt in den Endkunden-Vertrieb gehen. Die größte Produktgruppe sind Kraft- und Brennstoffe mit einem Anteil von drei Vierteln am Inlandsabsatz. Der mit Abstand größte Teilmarkt sind wiederum Kraftstoffe für Verbrennungsmotoren mit etwa der Hälfte der Absatzvolumina. Da die Versorgung mit Kraftstoffen von fundamentaler Bedeutung für Mobilität und damit für die Entwicklung von Wirtschaft und Gesellschaft ist, soll im Folgenden der Kraftstoffsektor genauer betrachtet werden.

Insgesamt existieren in Deutschland etwa 1.500 Tankstellenunternehmen und knapp 15.000 Tankstellen. Die fünf größten Anbieter vereinen zwar etwa die Hälfte aller Tankstellen bzw. fast drei Viertel der Tankstellenabsätze auf sich[31]. Da jedoch weder der nationale Kraftstoffmarkt noch die einzelne Tankstelle der relevante Markt sind, kann hieraus allein nicht pauschal auf Marktmacht geschlossen werden. Für eine solche strukturgestützte Schlussfolgerung wären vielmehr die geografisch relevanten Märkte abzugrenzen. Zudem müssten dafür zusätzlich Verhaltensparameter und Performance-Indikatoren herangezogen werden. Allerdings können letztere auch ohne umfassende Strukturanalyse Antworten auf die Frage nach Marktmacht und Wettbewerb im Tankstellenbereich geben.

In der Verhaltenskategorie lässt sich ein intensiver Preiswettbewerb beobachten. Häufige Preis-Initiativen gehen einher mit Innovationswettbewerb bei Kraftstoffqualitäten und Substitutionswettbewerb mit alternativen Kraftstoffen. Dabei ist der Preiswettbewerb in den letzten Jahren mit schrumpfendem Kraftstoffabsatz immer intensiver geworden[32]. Und biogene Kraftstoffe haben inzwischen einen Marktanteil von 7,6% am Kraftstoffabsatz erobert[33].

Die Kategorie Marktverhalten wirkt sich letztendlich auch auf das Marktergebnis aus. Nach Abzug von Steuern und Wareneinstandskosten bleibt den Tankstellenunternehmen in der Regel nur noch ein Deckungsbeitrag von 7 bis 10 Cent pro Liter, aus dem auch noch Vertriebs- und Verwaltungskosten sowie die Bevorratungsabgabe beglichen werden müssen[34]. Beim Vergleich der Netto-Tankstellenpreise (ohne Steuern) zeigt sich regelmäßig, dass Deutschland zu den

---

30 Vgl. Mittelständische Mineralöl- und Energiewirtschaft, Jahresbericht 2007, Berlin 2008, S. 6.
31 Vgl. Kaum Tankstellenschließungen in Deutschland – EID-Umfrage zum 1. Juli 2008, in: EID Energie Informationsdienst, Nr. 32 vom 4. August 2008, S. 1–8. Die Tankstellen-Zahlen und Kraftstoff-Marktanteile werden vom EID erhoben bzw. geschätzt.
32 Vgl. Mineralölwirtschaftsverband, Preisbildung an Tankstellen, Hamburg 2006, S. 37–41.
33 Vgl. Bundesumweltministerium, Erneuerbare Energien, Entwicklung Erneuerbarer Energien in Deutschland im Jahr 2007, Bonn/Berlin, 12. März 2008, S. 3.
34 Vgl. Mineralölwirtschaftsverband, Preisbildung an Tankstellen, a.a.O., S. 21 und 35.

preisgünstigsten Ländern in der EU gehört[35]. Schließlich hat das effiziente Tankstellennetz in den vergangenen Jahrzehnten auch wesentlich zu einer sicheren, flächendeckenden Versorgung der 55 Millionen deutschen Kraftfahrzeuge mit Verbrennungsmotor beigetragen.

1.5 Zwischen-Fazit globale Ölmärkte

Zusammenfassend kann die Frage nach Marktmacht und Wettbewerb auf den globalen Ölmärkten anhand der drei SCP-Kriterien Marktstruktur, Markt-Verhalten und Marktperformance wie folgt beantwortet werden:

Tabelle 1: Synopse SCP-Analyse auf den Ölmärkten

	Marktstruktur	Marktverhalten	Marktergebnis
Erdöl-produktion	Teilmonopol mit großem kompetitiven Marktsegment	Quoten-Politik (OPEC) / Preis = Grenzkosten kompetitives Segment	hohe Verfügbarkeit / Wettbewerbspreise im kompetitiven Segment
Rohöl-verarbeitung (Raffinerien)	geringe Markt-Konzentration	kompetitive Produkten-Märkte	hohe Verfügbarkeit / Wettbewerbspreise
Kraftstoff-vermarktung (Tankstellen)	welcher relevante Markt?	intensiver Preis-, Qualitäts- und Innovations-wettbewerb	hohe Verfügbarkeit / Wettbewerbspreise

Bei der Marktstruktur verfehlen alle drei Subsektoren – wie die allermeisten realen Märkte auch – das neoklassische Ideal polypolistischer Konkurrenz. Ausgeprägte Economies of Scale und hohe Kapitalinvestitionen in den Produktionsbereichen spielen hier eine wichtige Rolle. Raffinerien kommen einer kompetitiven Marktstruktur noch am nächsten. Im Upstreambereich herrscht ein Teilmonopol mit einem kompetitiven Marktsegment. Die Marktstruktur des Tankstellensektors kann ohne ein regionalisiertes Bedarfsmarktkonzept strukturell nicht angemessen beurteilt werden.

Das Marktverhalten ist dagegen auf den globalen Produktenmärkten, aber auch im größten Endkundengeschäft, der Kraftstoffvermarktung, sehr kompetitiv. Im Upstreambereich verfolgt das Teilmonopolsegment eine erlössteigernde Quotierungspolitik, während der große kompetitive ‚Rand' nach Preis-Grenzkostenregel

---

35 Vgl. EU-Kommission, EU Oil Bulletin, Brüssel, den 20. Oktober 2008, S. 2; wöchentlich erscheinende Stichtagserhebung zu Brutto- und Netto-Mineralölpreisen in der EU; download unter: http://ec.europa.eu/energy/observatory/oil/bulletin_en.htm

verfährt und damit dem wettbewerbspolitischen Leitbild eines freien Preiswettbewerbs entspricht.

Im Hinblick auf das Marktergebnis ergibt sich ein durchweg positives Bild. Die Versorgung und Verfügbarkeit mit Rohöl und Mineralöl war und ist sehr gut. Im Durchschnitt und über längere Zeiträume weisen alle Wertschöpfungsstufen – das Teilmonopol im Upstream einmal ausgenommen – durchaus wettbewerbsfähige Kosten, Preise und Margen auf[36]. In weiten Teilen, insbesondere aber in den entwickelten OECD-Volkswirtschaften herrscht funktionsfähiger und effektiver Wettbewerb. Das Vordringen des Staates bzw. Zurückdrängen des Marktes in wesentlichen Teilbereichen der Versorgungskette kann allerdings aufgrund zunehmender Inflexibilitäten zu einer (noch) stärkeren Zyklizität und Volatilität auf den globalen Ölmärkten führen und damit die Marktperformance mittelfristig beeinträchtigen.

2 Die globale Energiefrage

Der Energieträger Öl wird auch weiterhin eine tragende Rolle im globalen Energiemix spielen. Insofern ist eine gute Performance der globalen Ölmärkte wichtig für die weltweite Energieversorgung. Gleichwohl steht das globale Energiesystem im 21. Jahrhundert vor weit größeren Herausforderungen als der ökonomischen Effizienz-Problematik eines einzelnen Energieträgers.

Doch welche sind die ‚wahren' Herausforderungen der Energieversorgung von morgen? Wie lautet die globale Energiefrage? Und wie kann sie gelöst werden? Um die ‚wahren' Herausforderungen der globalen Energieversorgung beurteilen zu können, müssen zunächst die langfristigen Entwicklungsdynamiken des globalen Energiesystems betrachtet werden. Anschließend können mögliche Lösungsstrategien für eine nachhaltige Energiewirtschaft diskutiert werden.

2.1 ‚Harte Wahrheiten' und Herausforderungen

Für die Zukunft der weltweiten Energieversorgung sind folgende drei langfristigen Entwicklungstrends relevant: erstens, eine steigende globale Energienachfrage; zweitens, ein begrenztes Angebot konventioneller Energien, deren Erschließung immer schwieriger und aufwändiger wird; und drittens, die sich aus der intensiven Energienutzung ergebende Ressourcen- und Klimaproblematik. Da diese Fakten und Trends den Rahmen für jede energie- und klimapolitische Lösungsstrategie für die globale Energiefrage vorgeben, kann man auch von den drei ‚harten Wahrheiten' (HW) sprechen[37].

(HW1) Bis zur Mitte des Jahrhunderts wird die Erdbevölkerung von heute 6,7 auf über 9 Milliarden Menschen anwachsen. Dabei findet das Bevölkerungs-

---

36 Vgl. American Petroleum Institute, The Truth about Oil and Gasoline: An API Primer, a.a.O., S. 10 f. API kommt für die US Öl- und Gas-Industrie bei Return on Investment und Umsatzrendite auf lediglich Industrie-durchschnittliche wirtschaftliche Ergebnisse.
37 Vgl. Jeroen van der Veer, The Resources Trilemma between Efficiency, Social Justice and Security, Speech at the St. Gallen Conference, May 31st, 2007.

wachstum vor allem in noch unterentwickelten Schwellen- und Entwicklungsländern statt. Bevölkerungswachstum und Globalisierung werden die Weltwirtschaft auch künftig weiter vorantreiben. Wirtschaftliche Entwicklung in den Schwellen- und Entwicklungsländern heißt Industrialisierung, Urbanisierung, Mobilisierung und Motorisierung immer breiterer Bevölkerungsschichten. Der wirtschaftliche Take-Off ist das energieintensivste Entwicklungsstadium einer Volkswirtschaft. Die gleichzeitige Integration immer weiterer Regionen in die Weltwirtschaft kann dann zu einem überproportionalen Wachstum der globalen Energienachfrage führen – so wie in den Jahren 2000-2005[38].

Aufgrund des starken Wirtschaftswachstums in den vergangenen Jahren übersteigt der Energie-Konsum in den Schwellen- und Entwicklungsländern seit 2005 bereits den Energieverbrauch in den OECD-Ländern. Bis 2030 werden die Nicht-OECD-Länder ihren Energieverbrauch noch einmal um drei Viertel steigern. Weltweit wird bis 2030 mit einer Zunahme um fast die Hälfte gerechnet, bis zur Mitte des Jahrhunderts fast eine Verdoppelung des heutigen Energieverbrauchs für möglich gehalten[39].

(HW2) Die weltweiten Kohlenwasserstoffvorkommen sind prinzipiell groß genug, um die steigende Welt-Energienachfrage auch künftig abzudecken. So liegen die stati(sti)schen Reichweiten allein der konventionellen Kohlenwasserstoffreserven bei 42 Jahren für Erdöl, bei 47 Jahren für Erdgas, bei 130 Jahren für Steinkohle sowie bei 285 Jahren für Braunkohle (siehe Abb. 3). Zusätzlich existiert noch ein Vielfaches an unkonventionellen Kohlenwasserstoffvorkommen sowie technisch und/oder wirtschaftlich noch nicht erschlossener Ressourcen zur Verfügung. So liegen die stati(sti)schen Reichweiten konventioneller Öl- und Gasressourcen einschließlich Reserven bei über 60 bzw. rund 100 Jahren, bei beiden Kohlearten jeweils deutlich über 1.000 Jahren[40].

Gleichwohl kann die Förderung leicht zugänglicher Öl- und Gasvorkommen mittelfristig kaum noch mit dem erwarteten Wachstum der globalen Energienachfrage mithalten. Um Energie ausreichend verfügbar zu machen, müssen die Investitionen in die Erschließung unkonventioneller Kohlenwasserstoffvorkommen, in alternative Energien und in neue Energietechnologien signifikant erhöht werden. Bis zum Jahre 2030 müssen voraussichtlich kumuliert 26.300 Milliarden US-Dollar in die globale Energiewirtschaft investiert werden[41].

---

38 Vgl. Shell, Shell Global Scenarios to 2025, London 2005, S. 190f.
39 Vgl. International Energy Agency, World Energy Outlook 2008, Paris 2008, S. 81; Shell, Shell Energy Scenarios to 2050, London 2008, S. 44.
40 Vgl. Bundesanstalt für Geowissenschaften und Rohstoffe, Reserven, Ressourcen und Verfügbarkeit von Energie-Rohstoffen, Hannover 2008, S. 35–79.
41 Vgl. International Energy Agency, World Energy Outlook 2008, a.a.O., S. 88f.

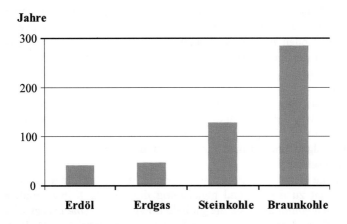

Abb. 2: Weltweite Reserven fossiler Energieträger[42]

Doch die Frage der Energiesicherheit lässt sich nicht allein mit ökonomischen und technologischen Mitteln lösen; erschwerend hinzu kommen Probleme der Geopolitik: Fossile Energievorkommen, insbesondere leicht zu fördernde konventionelle Öl- und Gasreserven konzentrieren sich in nur wenigen Ländern, für welche die Entwicklung ihrer Energievorkommen vielfach eine strategische, in erster Linie staatliche Aufgabe ist. Hierdurch wird oftmals der Zugang privater Investoren beschränkt und damit marktwirtschaftliche Funktionsmechanismen außer Kraft gesetzt[43].

(HW3) Mit steigendem Energieverbrauch nimmt schließlich auch der globale ökologische Fußabdruck (ecological footprint) zu. Der ökologische Fußabdruck wird durch die Fläche bestimmt, die benötigt wird, um den Verbrauch von Naturressourcen zu befriedigen und die dabei entstehenden Folgen durch natürliche Prozesse zu beseitigen. Während er 1961 noch bei ca. 2,2 Hektar lag, ist der ökologische Fußabdruck heute bei 2,7 Hektar pro Person und Jahr – allerdings bei mehr als doppelt so vielen Erdbewohnern.

Die Biokapazität der Erde, also die Fähigkeit der Erde, Ressourcen bereitzustellen und Schadstoffe abzubauen, liegt dagegen bei nur 2,1 Hektar. Die Menschheit bräuchte damit heute rein rechnerisch schon 1,3 Erden, um ihren heutigen Naturverbrauch aufrechtzuerhalten. Der deutsche Umweltkonsum liegt mit einem Flächenverbrauch von rund 4 Hektar pro Person und Jahr weit über der unterdurchschnittlichen Biokapazität des Landes. Halten die heutigen Trends im globalen Umweltverbrauch weiter an, dann bräuchte die Menschheit bis zum Jahr 2035 zwei Planeten ‚Erde', um ihren Naturkonsum zu befriedigen[44].

---

42 Quelle: BGR 2008.
43 Vgl. Ohne Verfasser, Beim Erdöl wir der Markt immer mehr ausgeschaltet – Ergebnis: Hohe Preise, in: EID Energie Informationsdienst, Nr. 29 vom 14. Juli 2008, S. 1–3.
44 Vgl. World Wildlife Fund, Living Planet Report 2008, London 2008, S. 14–17, download unter: www.panda.org

Energieverbrauch und energiebedingte CO_2-Emissionen aus fossilen Energieträgern machen heute fast die Hälfte des globalen ökologischen Fußabdrucks aus. Und CO_2-Emissionen aus dem Verbrauch fossiler Energieträger sind für rund drei Fünftel der anthropogenen Treibhausgasemissionen verantwortlichen. Wenn der Verbrauch fossiler Energieträger weiter wie bisher wächst, werden sich die globalen Treihausgasemissionen von heute knapp 30 Gigatonnen bis zur Mitte des Jahrhunderts auf über 60 Gigatonnen verdoppeln und die atmosphärische CO_2-Konzentration von 380 auf rund 700 ppm ansteigen. Das könnte einen Temperatur-Anstieg von 6° Celsius gegenüber dem vorindustriellen Niveau zur Folge haben. Die Folgen und Risiken eines derart ungebremsten Klimawandels sind jedoch unübersehbar.

Die doppelte Herausforderung, die steigende Energienachfrage einer wachsenden Menschheit zu decken und gleichzeitig die globale Klima-Problematik zu lösen, wird gemeinhin auch als die globale Energiefrage (‚the energy challenge') bezeichnet. Was muss, was kann zur Lösung der weltweiten CO_2-Problematik getan werden? Und welche Lösungsstrategien gibt es?

2.2 Lösungsstrategien für die globale Energiefrage

Mögliche Lösungsstrategien (LS) für die globale Energie- und Klimaproblematik lassen sich durch folgende vier Leitfragen beschreiben: Erstens, wie lautet das konkrete Ziel der Klimaschutzpolitik, insbesondere für den Energiesektor? Und in welchen Zeiträumen sind diese Klimaziele zu erreichen? Zweitens, wer hat zu den klimapolitischen Zielen etwas beizutragen? Oder: wie sollen die klimapolitischen Lasten verteilt werden? Drittens, hinreichender Klimaschutz stellt sich offenbar nicht autonom und selbst-regulativ in Wirtschaft und Gesellschaft ein. Daher muss gefragt werden, welche Rahmenbedingungen von der Politik für eine nachhaltige Energiewirtschaft gesetzt werden müssen? Und viertens, welche Technologien stehen hierfür zur Verfügung?

(LS1) Primäres Ziel der Klimapolitik ist eine Begrenzung der Erderwärmung; dieses Ziel lässt sich als maximal akzeptierter Anstieg der globalen Mitteltemperatur operationalisieren. Klimapolitik muss dann anhand aktuell verfügbarer klimawissenschaftlicher Erkenntnisse über Zusammenhänge von (energie-bedingten) Treibhausgasemissionen, atmosphärischer CO_2-Konzentration und daraus zu erwartendem Temperaturanstieg ausformuliert werden.

Wenn zum Beispiel der globale Temperatur-Anstieg nicht höher als 2 bis 2,4 Grad Celsius sein soll, darf die CO_2-Konzentration nach heutigen Erkenntnissen 350 bis 400 ppm nicht übersteigen. Dazu dürfen die globalen CO_2-Emissionen höchstens bis 2015 steigen und müssen bis 2050 um mindestens 50 bis 85% gegenüber dem Jahr 2000 zurückgeführt werden. Weniger anspruchsvolle Politikziele erlauben höhere CO_2-Trajektorien, würden aber voraussichtlich bei deutlichen stärkeren Temperaturanstiegen – von etwa plus 5° bis plus 6° Celsius – enden[45]. Allerdings hat sich in Klimawissenschaft und -politik die Meinung durch-

---

45 Vgl. Intergovernmental Panel on Climate Change, Fourth Assessment Report. Climate Change 2007: Synthesis Report. Summary for Policy Makers, S. 21 f.

gesetzt, dass die obere Grenze einer akzeptablen Erderwärmung bei zwei Grad Celsius über den vorindustriellen Werten liegt[46].

(LS2) Ist das klimapolitische Ziel gesetzt, muss die Verteilungsfrage entschieden werden: Wer soll wie viel bis wann einsparen? Eine einfache und faire Lastenverteilung könnte etwa wie folgt aussehen: „Jeder Mensch hat das Recht, genauso viele CO_2-Emissionen zu verursachen wie jeder andere."[47] Um eine Erderwärmung von 2° bis 2,4° Celsius nicht zu überschreiten, dürften weltweit nicht mehr als etwa 2 Kilogramm CO_2 pro Kopf und Jahr emittiert werden.

Tatsächlich betragen die Pro-Kopf-Emissionen in vielen Ländern heute bereits ein Vielfaches und sie sind zum Teil sehr unterschiedlich (vgl. Abb. 4): Ein durchschnittlicher US-Bürger emittiert rund 20 Tonnen, ein Deutscher knapp 10 Tonnen, ein Chinese rund 4 Tonnen und ein Inder etwa eine Tonne CO_2 pro Kopf[48]. Hinzu kommt eine sehr unterschiedliche historische Verantwortung für den bisherigen Anstieg der atmosphärischen CO_2-Konzentration aufgrund früherer CO_2-Emissionen.

Einzelne Regionen und Länder sind bereits konkrete Treibhausgasminderungspflichten eingegangen. So verpflichtet das Kyoto-Protokoll 37 Industrieländer und die EU dazu, ihre Klimagasemissionen in den Jahren 2008-2012 um rund 5 % gegenüber dem Kyoto-Basisjahr zu reduzieren[49]. Die EU hat sich zu einer Minderung von 8% verpflichtet, während Deutschland im Rahmen des EU-Burden-Sharings eine Senkung von 21% anstrebt. Bis zum Jahre 2020 haben die EU und Deutschland Klimaprogramme vorgelegt, mit denen Emissionsreduktionen von 20 bzw. 36% bis 2020 erzielt werden sollen[50].

Allerdings werden weder alle Akteure ihre Kyoto-Verpflichtungen erfüllen, noch wird es ausreichen, wenn nur die Industrieländer oder nur ein Teil von ihnen ihre Treibhausgasemissionen reduzieren. Aufgrund der stark steigenden Emissionen der Schwellen- und Entwicklungsländer würden nicht einmal Null CO_2-Emissionen der OECD-Länder ausreichen, um die globale Klimaproblematik zu lösen. Klimaschutz ist eine globale Aufgabe, zu der alle Länder, alle Menschen beitragen müssen. Auch wenn die Industrieländer zunächst größere Lasten übernehmen, kann ‚Kohlenstoffgerechtigkeit' im Sinne einer einheitlichen Emissionsobergrenze von etwa zwei Tonnen CO_2 pro Kopf dabei erst am Ende eines

---

46 Vgl. William Hare, Verhindern einer gefährlichen Klimaänderung. Wie viel ist zu viel? in: Michael Müller et al. (Hrsg.), Der UN-Klimareport. Bericht über eine katastrophale Bestandsaufnahme, Köln 2007, S. 285–292.
47 Vgl. Müller, Olaf L., Ein Sündenkonto für jedermann, in: Die Zeit, 9. Oktober 2008, Nr. 42, S. 53.
48 Vgl. OECD, OECD in Figures, Paris 2007, S. 48 f.
49 Vgl. United Nations, Kyoto-Protocol to the United Nations Framework Convention on Climate Change, New York 1998, Annex B.
50 Vgl. EU-Commission, Communication. 20-20 by 2020. Europe's climate change opportunity, Brussels, 23.01.2008, COM (2008) 30 final; sowie Bundesregierung, Bericht zur Umsetzung der in der Kabinettsklausur am 23./24.08.2007 in Meseberg beschlossenen Eckpunkte für ein Integriertes Energie- und Klimaprogramm (IEK-Programm), Berlin, den 05.12.2007.

längeren Prozesses stehen[51]. Ziel der aktuellen UN-Klimapolitik muss es sein, im Rahmen eines Post-Kyoto-Klimaabkommens globaler Klimagerechtigkeit einen wesentlichen Schritt näher zu kommen.

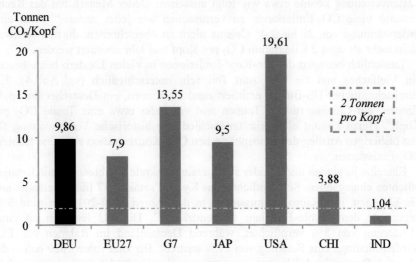

Abb. 3: Pro-Kopf-CO_2-Emissionen und erforderliche Reduktionen (2050/2005)[52]

(LS3) Der Markt kann die Klimaproblematik nicht selbstständig lösen. Denn der Klimawandel „... is the greatest example of market failure we have ever seen."[53] Sowohl die negativen externen Effekte der Energienutzung als auch der Charakter der Erdatmosphäre als öffentliches Gut führen zu einer nachhaltigen Beeinträchtigung der Allokationsfunktion des Marktes in Bezug auf die CO_2-Problematik. Wenn Klimaschutz heute effektiv betrieben werden soll, dann muss Politik eingreifen. Und die Politik muss rasch handeln und „ein Klima des Wandels schaffen"[54]. Aber wie soll Politik eingreifen? Und welche Handlungsoptionen gibt es?

Grundsätzlich steht der Politik zur Behandlung der globalen Treibhausgasproblematik eine ganze Reihe umweltpolitischer Instrumente zur Verfügung[55].

---

51 Vgl. Angela Merkel, Rede anlässlich des Wirtschaftssymposiums der japanischen Tageszeitung ‚Nikkei', Tokyo, den 30. August 2007; sowie Potsdam Nobel Laureates Symposium, Potsdam Memorandum ‚Global Sustainability: A Nobel Cause', Potsdam, 8–10 October 2008, S. 2.
52 Quelle: OECD 1997.
53 Vgl. Nicholas Stern, The Economics of Climate Change. The Stern Review, London 2007, S. 1.
54 Vgl. Jeroen van der Veer, States should create a Climate for Change, in: Financial Times, January 24th, 2007, p. 13.
55 Vgl. zum Beispiel Bruno Frey, Gebhard Kirchgässner, Demokratische Wirtschaftspolitik, München 1994, 2. Aufl., S. 245–253.

Klimapolitik muss jedoch wirksam und gleichzeitig (kosten)effizient sein. Kosteneffizienz kann am besten durch so genannte marktwirtschaftliche Instrumente – wie den Emissionshandel oder Pigou-Steuern – gewährleistet werden. Diese suchen die externen Effekte von Energienutzung über eine explizite Bepreisung von CO_2-Emissionen zu internalisieren, und zwar zu minimalen Kosten. Da CO_2 ein globaler Schadstoff ist, bei dem es nicht auf die räumliche Verteilung ankommt, eignen sich marktwirtschaftliche Instrumente besonders gut für die Klimapolitik.

In der Praxis ist eine explizite Einpreisung externer CO_2-Kosten allerdings nicht immer möglich oder erfolgreich. In der Regel werden dann emissionsarme Energietechnologien über Auflagen oder Subventionen gefördert. Doch staatliche Vorgaben für die Energienutzung erweisen sich dabei nicht selten als wirkungslos oder zu teuer[56]. Die Förderung alternativer Energietechnologien kann im Rahmen eines Portfolioansatzes eine robuste Strategie sein kann, jedoch steht auch hier die Politik vor erheblichen Informationsproblemen. Strategie der Klimapolitik muss daher sein, marktwirtschaftlichen Instrumenten Vorrang zu geben, wo immer dies möglich ist[57]. Dabei dürfte insbesondere der Emissionshandel den leichtesten Einstieg in den globalen Karbonmarkt ermöglichen[58].

(LS4) Zur Umsetzung der Minderungsziele stehen Energiewirtschaft und Energienutzern drei Kategorien technischer Optionen zur Verfügung: Energieeinsparung, Reduzierung der CO_2-Intensität sowie so genannte Tail-Pipe-Technologien. Da fossile Energieträger noch lange das Rückgrat der weltweiten Energieversorgung bilden werden, kommt Energieeinsparung als Klimaschutzstrategie mittelfristig die wichtigste Rolle zu[59]. Energieeinsparung kann insbesondere durch eine Steigerung der Energieeffizienz erwirkt werden, das heißt, eine gegebene Wirtschaftsleistung oder Anwendung mit weniger Energieeinsatz zu bewerkstelligen. Allerdings ist längst nicht sicher, ob eine Steigerung der Energieeffizienz wirklich zu einer Verminderung des Gesamtenergieverbrauchs führt oder es durch Steigerung der relativen Effizienz zu Rückschlageffekten (Rebound) kommt[60].

Zweitens kann die CO_2-Intensität des Energiemixes durch den Einsatz kohlenstoffärmerer Energieträger gesenkt werden. Dekarbonisierung kann zum Beispiel durch den Einsatz von Erdgas oder Atomenergie statt Kohle bei der Stromerzeugung erfolgen. Im Idealfall handelt es sich um CO_2-neutrale erneuerbare Energieträger. Und schließlich kann der Energie-Mix durch die Abtrennung und dauerhafte geologische Einlagerung von CO_2 ‚grüner' gemacht werden. Bei Carbon Capture and Sequestration (CSS) handelt es sich zwar um eine Tail-Pipe-

---

56 Vgl. Tim Mennel, Bodo Sturm, Teure Wege zum Energiesparen, in: Frankfurter Allgemeine Zeitung, 30. August 2008, S. 15.
57 Vgl. Jörg Adolf, Marktwirtschaftliche Instrumente – Königsweg der Klimapolitik?, in: Wirtschaftsdienst, Jg. 88, Heft 5, S. 333.
58 Für einen ersten Vorschlag vgl. World Business Council for Sustainable Development, Establishing a Global Carbon Market, Geneva 2007, www.wbcsd.org.
59 Vgl. International Energy Agency, World Energy Outlook 2008, a.a.O., S. 442–447.
60 Vgl. Reinhard Madlener, Blake Alcott, Steigerung der Energieeffizienz: Problem oder Lösung?, in: Energiewirtschaftliche Tagesfragen, Jg. 57, 2007, Heft 10, S. 71; sowie The Elusive Negawatt, in: The Economist, May 10th, 2008, S. 74–76.

Technologie. Da fossile Energieträger auch weiter benötigt werden, und dabei die fossile Energie Kohle am stärksten zulegt, kann auch auf CCS als Brückentechnologie in einem anspruchsvollen Klima-Szenario nicht verzichtet werden[61].

2.3 Fazit

Im Rahmen eines „Zwei-Grad-Zielszenarios" wären die erforderlichen Umstellungen in der globalen Energiewirtschaft und die klimapolitischen Maßnahmen derart drastisch und massiv, dass man zu der Auffassung gelangen kann: „Climate Change is the Real Energy Challenge."[62] Gleichwohl darf nicht übersehen werden, dass die globale Energiefrage eine doppelte Herausforderung beinhaltet – nämlich eine sichere, wirtschaftliche und *gleichzeitig* immer nachhaltigere Energieversorgung für eine wachsende Erdbevölkerung zu gewährleisten. Und auch wenn der globale Commodity-Boom sich weiter abschwächt oder gar ein vorläufiges Ende gefunden haben sollte, bleiben die langfristigen Fundamentalfaktoren auf den globalen Energiemärkten unverändert – die Aussicht auf erhebliches Wachstum der Energienachfrage bei nur allmählicher Angebotsanpassung[63].

Zur Lösung der globalen Energiefrage gibt es keinen Königsweg, kein ‚silver bullet'. Effiziente globale Ölmärkte sind ein wichtiger Lösungsbeitrag; Energieeffizienz, Erneuerbare Energien und CCS weitere. Faktisch werden in den nächsten Jahrzehnten jedoch weltweit *alle* Energie-Optionen und alle Klimatechnologien benötigt. Bestmögliche Energieversorgung und maximaler Klimaschutz sind nur unter Wahrung des ökonomischen Prinzips zu erreichen. Um eine optimale Ressourcenallokation zu erzielen, müssen wiederum alle eingesetzten Minderungstechnologien einer energiewirtschaftlichen und klimapolitischen Bewertung unterzogen werden.

Am Besten gelingt dies, wenn die Politik Rahmenbedingungen und Verhaltensanreize für eine strikte CO_2-Orientierung der Wirtschaftsakteure schafft. Dazu ist ein zügiger Ausbau der weltweiten Klimapolitik, insbesondere aber die Etablierung eines global einheitlichen Preises für CO_2-Emissionen erforderlich. Nur wenn CO_2 einen Preis bekommt, können energie- und klimawirtschaftliche Investitionen in die richtigen Verwendungen gelenkt werden.

---

61 Vgl. Manfred Fischedick, Andrea Esken, Hans-Jochen Luhmann, Dietmar Schüwer, Nikolaus Supersberger, Geologische CO_2-Speicherung als klimapolitische Handlungsoption. Technologien, Konzepte, Perspektiven, Wuppertal Spezial 35, Wuppertal 2007, S. 23 f.
62 Vgl. Nick Buttler, Climate Change is the Real Energy Challenge, in: Financial Times, November 22nd, 2007, S. 11.
63 Vgl. dazu auch World Bank, Global Economic Perspectives 2009. Commodities at the Crossroads, a.a.O. S. 64–85.

Literatur

A quick guide to some common expressions, in: OPEC Bulletin Vol. XXXIX, No. 7, September 2008, S. 26–29.

Adolf, Jörg, Lenkungsmöglichkeiten und Marktmacht des OPEC-Kartells, Wirtschaftsdienst, Jg. 82, Februar 2002, S. 102–106.

Adolf, Jörg, Marktwirtschaftliche Instrumente – Königsweg der Klimapolitik?, in: Wirtschaftsdienst, Jg. 88, Heft 5, S. 326–333.

American Petroleum Institute, The Truth about Oil and Gasoline, Washington, 19. September 2008.

Beim Erdöl wird der Markt immer mehr ausgeschaltet – Ergebnis: Hohe Preise, in: EID Energie Informationsdienst, Nr. 29 vom 14. Juli 2008, S. 1–3.

Blas, Javier, So long, super-cycle, in: Financial Times, Wednesday, December 10th 2008, S. 9.

Braun, Carolyn, Pfeil, Marcus, Die letzte Tonne bestimmt den Preis, in: DIE ZEIT, 23. Oktober 2008, Nr. 44, S. 38.

Bundesanstalt für Geowissenschaften und Rohstoffe, Reserven, Ressourcen und Verfügbarkeit von Energie-Rohstoffen, Hannover 2008.

Bundesregierung, Bericht zur Umsetzung der in der Kabinettsklausur am 23./24.08.2007 in Meseberg beschlossenen Eckpunkte für ein Integriertes Energie- und Klimaprogramm (IEK-Programm), Berlin, den 5. Dezember 2007.

Bundesumweltministerium, Erneuerbare Energien, Entwicklung Erneuerbarer Energien in Deutschland im Jahr 2007, Bonn/Berlin, 12. März 2008.

Buttler, Nick, Climate Change is the Real Energy Challenge, in: Financial Times, November 22nd, 2008, S. 11.

Clarke, Roger, Industrial Economics, Oxford 1985.

Don't blame the Speculators, in: The Economist, July 5th, 2008, S. 17 f.

East to Crack the West's Grip on Refining, in: Financial Times, November 14th, 2008, S. 20.

EU-Commission, Communication. 20 20 by 2020. Europe's climate change opportunity, Brussels, 23.01.2008, COM (2008) 30 final.

EU-Kommission, Bekanntmachung über die Definition des relevanten Marktes im Sinne des Wettbewerbsrechts der Gemeinschaft, in: Amtsblatt C 372 vom 9. Dezember 1997.

EU-Kommission, Oil Bulletin, Brüssel, 20. Oktober 2008, http://ec.europa.eu/energy/observatory/oil/bulletin_en.htm

Ferguson, Paul R., Industrial Economics: Issues and Perspectives, Basingstoke 1988.

Fischedick, Manfred, Esken, Andrea, Luhmann, Hans-Jochen, Schüwer, Dietmar, Supersberger, Nikolaus, Geologische CO_2-Speicherung als klimapolitische Handlungsoption. Technologien, Konzepte, Perspektiven, Wuppertal Spezial 35, Wuppertal 2007.

Frey, Bruno, Kirchgässner, Gebhard, Demokratische Wirtschaftspolitik, München 1994, 2. Aufl., S. 245–253.

Hare, William, Verhindern einer gefährlichen Klimaänderung. Wie viel ist zu viel?, in: Michael Müller et al. (Hg.), Der UN-Klimareport. Bericht über eine katastrophale Bestandsaufnahme, Köln 2007, S. 285–292.

Intergovernmental Panel on Climate Change, Fourth Assessment Report. Working Group III. Summary for Policy Makers. Bangkok Mai 2007.

Intergovernmental Panel on Climate Change, Fourth Assessment Report. Climate Change 2007: Synthesis Report. Summary for Policy Makers.

International Energy Agency (IEA), World Energy Outlook 2007, Paris 2007.

International Energy Agency (IEA), World Energy Outlook 2008, Paris 2008.

International Energy Agency, Key World Energy Statistics, Paris 2008.

Kaum Tankstellenschließungen in Deutschland – EID-Umfrage zum 1. Juli 2008, in: EID Energie Informationsdienst, Nr. 32 vom 4. August 2008, S. 1–8.

Matthies, Klaus, Rohstoffpreise 2008, HWWI Policy Report Nr. 8, Hamburg 2008.

Mennel, Tim, Sturm, Bodo, Teure Wege zum Energiesparen, in: Frankfurter Allgemeine Zeitung, 30. August 2008, S. 15.

Merkel, Angela, Rede anlässlich des Wirtschaftssymposiums der japanischen Tageszeitung ‚Nikkei', Tokyo, den 30. August 2007.

Mineralölwirtschaftsverband, Jahresbericht/Mineralölzahlen 2007, Hamburg 2008.

Mineralölwirtschaftsverband, Preisbildung am Rohölmarkt, Hamburg 2004.

Mineralölwirtschaftsverband, Preisbildung an Tankstellen, Hamburg 2006.

Mittelständische Mineralöl- und Energiewirtschaft, Jahresbericht 2007, Berlin 2008.

Müller, Olaf L., Ein Sündenkonto für jedermann, in: DIE ZEIT, 9. Oktober 2008, Nr. 42, S. 53.

Nakamura, David, Special Report: Global Refining Capacity Increases slightly in 2007, in: Oil & Gas Journal, Vol. 105, Issue 48, December 24th, 2007, Fig. 1.

New York Merkantile Exchange, Glssossary of Terms, New York 2001, unter: http://www.nymex.com

OECD, OECD in Figures, Paris 2007.

OPEC, Annual Statistical Bulletin 2007, Wien 2007.

Ott, Alfred Eugen, Grundzüge der Preistheorie, Göttingen 1968.

Potsdam Nobel Laureates Symposium, Potsdam Memorandum ‚Global Sustainability: A Nobel Cause', Potsdam, 8–10 October 2008, S. 2.

Quinlan, Martin, Profits off the Boil, in: Petroleum Economist, September 2008, Vol. 75, No. 9, S. 16–21.

Schmidt, Ingo, Wettbewerbs- und Kartellrecht, 8. Aufl., 2005.

Shell, Shell Energy Scenarios to 2050, London 2008.

Shell, Shell Global Scenarios to 2025, London 2005.

Statistisches Bundesamt, Energieverbrauch der privaten Haushalte. Wohnen, Mobilität, Konsum und Umwelt, Wiesbaden 2008.

Stern, Nicholas, The Economics of Climate Change. The Stern Review, London 2007.

The Elusive Negawatt, in: The Economist, May 10th, 2008, S. 74–76.

United Nations, Kyoto-Protocol to the United Nations Framework Convention on Climate Change, New York 1998, Annex B.

van der Veer, Jeroen, States should create a Climate for Change, in: Financial Times, January 24th, 2007, p. 13.

van der Veer, Jeroen, The Resources Trilemma between Efficiency, Social Justice and Security, Speech at the St. Gallen Conference, May 31st, 2007.

Wied-Nebbeling, Susanne, Markt- und Preistheorie, Berlin u.a.O. 1997, 2. Auflage.

World Bank, Global Economic Perspectives 2009. Commodities at the Crossroads, Washington 2008.

World Wildlife Fund, Living Planet Report 2008, London 2008; www.panda.org

Yergin, Daniel, The Prize: The Epic Quest for Oil, Money, and Power, New York 1992.

Mehr Wettbewerb durch wirksame Entflechtung der Strom- und Gasversorgungsnetze

Das dritte Liberalisierungspaket zum Energiebinnenmarkt der Europäischen Union

Ulrich von Koppenfels[1]

1 Einleitung

Das Europäische Parlament und der Rat der Europäischen Union haben sich am 23. März 2009 auf einen Kompromiss über die Gesetzgebungsvorschläge der Europäischen Kommission zum so genannten „Dritten Liberalisierungspaket" für den Energiebinnenmarkt der Europäischen Union verständigt[2]. Obwohl damit das Gesetzgebungsverfahren noch nicht abgeschlossen ist – die informell von den Unterhändlern von Parlament, Rat und Kommission erreichte Verständigung muss noch formell von den beiden Gesetzgebungsorganen der EU verabschiedet werden –, stellt dies doch eine wichtige Wegscheide hin zu einer wirksameren Liberalisierung der Strom- und Gasmärkte der EU dar.

Das Kernstück, aber auch der am heftigsten umstrittene Teil der Reform ist die Entflechtung (oder, im englischen Jargon, das „Unbundling") der Übertragungs- und Fernleitungsnetze für Strom und Gas von den Bereichen Erzeugung, Beschaffung und Vertrieb der Energieversorgungsunternehmen. Hierdurch soll ein diskriminierungsfreier Zugang zu den Strom- und Gasnetzen – also dem Bereich der Energieversorgung, der als „natürliches Monopol" angesehen wird – und damit gleiche Wettbewerbsbedingungen – ein „level playing field" – für alle Anbieter im Wettbewerb geschaffen, aber auch die Bedingungen für dringend erforderliche Investitionen in die Netze verbessert werden. Der Streit geht vor allem darum, ob – wie zunächst von der Kommission vorgeschlagen – allein die vollständige eigentumsrechtliche Trennung der Netze von den übrigen Bereichen („ownership unbundling") wirksamen Wettbewerb gewährleistet oder ob dies auch durch weniger einschneidende Maßnahmen erreicht werden kann. Hier scheint

---

1 Europäische Kommission, Generaldirektion Wettbewerb, Referat „Kartellrecht: Energie, Umwelt". Der vorliegende Beitrag gibt die persönlichen Auffassungen des Verfassers wieder.
2 Financial Times Deutschland vom 25. März 2009.

nach den jetzt vorliegenden Texten alles auf einen Kompromiss hinauszulaufen: Die von der Kommission favorisierte eigentumsrechtliche Entflechtung wird zum Regelfall, die Mitgliedstaaten können sich aber für Alternativen entscheiden, die das Netzeigentum bei den vertikal integrierten Energieversorgungsunternehmen belassen, aber die Unabhängigkeit des Netzbetriebes durch deutlich striktere Auflagen als bisher sicherstellen.

Neben dem Thema „Unbundling" enthält das Dritte Liberalisierungspaket auch weitere wichtige Maßnahmen zur Schaffung eines integrierten europäischen Energiebinnenmarktes, insbesondere die Gründung einer Europäischen Agentur für die Zusammenarbeit der nationalen Energieregulierungsbehörden sowie Verpflichtungen für eine stärkere Kooperation der Übertragungs- und Fernleitungsnetzbetreiber untereinander. Der vorliegende Beitrag konzentriert sich jedoch auf das Thema der Entflechtung.

Im Folgenden wird zunächst kurz auf die Vorgeschichte des Dritten Liberalisierungspakets eingegangen. Anschließend werden die Vorschläge der Kommission im Einzelnen erläutert. Zum Schluss wird der bisherige Stand der Beratung des Pakets im Europäischen Parlament und im Ministerrat dargestellt.

2 Vorgeschichte

Vor Beginn der Liberalisierung war die Versorgung mit Elektrizität und Gas bekanntlich in praktisch allen Ländern der Europäischen Union monopolartig organisiert. In den meisten Mitgliedstaaten waren staatliche Monopolbetriebe mit einem öffentlichen Versorgungsauftrag betraut, wie z.B. Electricité de France (EDF) und Gaz de France (GDF) in Frankreich. In Deutschland (und ähnlich in Österreich) gab es zwar eine Vielzahl von in der Strom- und Gasversorgung tätigen Unternehmen mit unterschiedlicher Eigentümerstruktur (private, öffentliche – zumeist kommunale – oder gemischt öffentlich-private Unternehmen); jedes Unternehmen verfügte aber über ein geschlossenes Versorgungsgebiet, in dem es alleiniger Eigentümer des Strom- oder Gasversorgungsnetzes war und keinem Wettbewerb anderer Anbieter ausgesetzt war[3]. Der Ausschluss des Wettbewerbs wurde damit begründet, es handele sich bei der leitungsgebundenen Versorgung mit Strom und Gas um „natürliche Monopole", d.h. wegen der hohen Kosten der Verlegung paralleler Leitungen sei die Versorgung durch nur einen Anbieter die gesamtwirtschaftlich und für die Verbraucher kostengünstigste Variante.

---

3 In Deutschland waren die geschlossenen Versorgungsgebiete durch so genannte Demarkationsverträge (mit denen Versorger sich gegenseitig verpflichteten, außerhalb eines bestimmten Gebietes keinen Strom oder kein Gas anzubieten) und ausschließliche Konzessionsverträge (mit denen öffentliche Gebietskörperschaften einem Energieversorgungsunternehmen das ausschließliche Recht übertrugen, öffentliches Straßenland für den Betrieb von Strom- oder Gasversorgungsleitungen zu benutzen) abgesichert. Demarkationsverträge und ausschließliche Konzessionsverträge waren bis 1998 durch den damaligen § 103 des Gesetzes gegen Wettbewerbsbeschränkungen (GWB) vom Verbot wettbewerbsbeschränkender Vereinbarungen ausgenommen.

In den 1990er Jahren hat die EU dann nach dem Vorbild der Liberalisierung des Telekommunikationssektors schrittweise einen Prozess der Liberalisierung des Energiesektors eingeleitet. Ziel war es, bei der Erzeugung, Beschaffung und dem Vertrieb von Strom und Gas Wettbewerb und damit eine günstigere und effizientere Versorgung der Kunden zu ermöglichen. Das Bestehen eines „natürlichen Monopols" in Gestalt der Versorgungsnetze wird nicht abgestritten; eine Trennung des Monopolbereichs Netz von den Wettbewerbsbereichen Erzeugung/Beschaffung/Vertrieb und ein diskriminierungsfreier Zugang aller Anbieter zum Netz soll aber in den Bereichen, wo kein natürliches Monopol existiert, Wettbewerb ermöglichen.

Die Liberalisierung wurde ursprünglich mit der Ersten Stromrichtlinie[4] und der Ersten Gasrichtlinie[5] in den Jahren 1996 und 1998 eingeleitet. Beide Richtlinien sahen eine graduale Öffnung des Strom- und Gasmarktes für Wettbewerb – zunächst beschränkt auf eine Kategorie von „zugelassenen Kunden", die schrittweise erweitert wurde – vor. Energieversorgungsunternehmen sollten Dritten diskriminierungsfreien Zugang zu ihren Netzen gewähren. Den Mitgliedstaaten wurde hierfür die Wahl zwischen zwei Modellen des Netzzugangs gelassen: Beim verhandelten Netzzugangs konnten die Bedingungen und Entgelte für den Netzzugang zwischen dem Netzeigentümer und dem den Netzzugang begehrenden Wettbewerber frei ausgehandelt werden. Beim regulierten Netzzugang genehmigt eine staatliche Regulierungsbehörde einheitliche Netzzugangstarife und Netzzugangsbedingungen. Um Diskriminierungsfreiheit beim Netzzugang zu gewährleisten, sollten die Netzbereiche der integrierten Unternehmen von den übrigen Bereichen getrennte Rechnungen führen.

Dieses Erste Liberalisierungspaket hat die in es gesetzten Erwartungen nicht erfüllt. Zum einen wurde es von einigen Mitgliedstaaten nur verspätet und/oder unzureichend umgesetzt. Zum anderen stellte sich bald heraus, dass insbesondere das Modell des verhandelten Netzzugangs keinen wirksamen Zugang neuer Anbieter zu den Strom- und Gasnetzen ermöglichte und dass die bloße getrennte Rechnungsführung der Netzbereiche eine Diskriminierung von Wettbewerbern beim Netzzugang nicht zu verhindern vermochte.

Deshalb haben das Europäische Parlament und der Rat im Jahre 2003 auf Vorschlag der Kommission ein zweites Richtlinienpaket erlassen, um die Liberalisierung voranzubringen. Die Zweite Stromrichtlinie[6] und Zweite Gasrichtlinie[7], die bis heute in Kraft sind (gelegentlich auch „Beschleunigungsrichtlinien" genannt), schreiben für alle Mitgliedstaaten das System des regulierten Netzzugangs verbindlich vor, verpflichten die Mitgliedstaaten zur Schaffung unabhängiger Regulierungsbehörden und sehen vor, dass vertikal integrierte Energie-

---

4 Richtlinie 96/92/EG vom 19. Dezember 1996 über gemeinsame Regeln für den Elektrizitätsbinnenmarkt (ABl. L27 vom 30.01.1997, S. 30).
5 Richtlinie 98/30/EG vom 22. Juni 1998 über gemeinsame Regeln für den Erdgasbinnenmarkt (ABl. L204 vom 21.07.1998, S. 1).
6 Richtlinie 2003/54/EG vom 26. Juni 2003 über gemeinsame Regeln für den Elektrizitätsbinnenmarkt (ABl. L176 vom 15.07.2003, S. 37).
7 Richtlinie 2003/55/EG vom 26. Juni 2003 über gemeinsame Regeln für den Erdgasbinnenmarkt (ABl. L176 vom 15.07.2003, S. 57).

versorgungsunternehmen den Betrieb der Strom- und Gasnetze in rechtlich selbständige Tochtergesellschaften ausgliedern müssen, die ein vom restlichen Konzern unabhängiges Management haben müssen (rechtliche und funktionale Entflechtung). Deutschland hat das Zweite Richtlinienpaket mit dem Zweiten Gesetz zur Neuregelung des Energiewirtschaftsrechts vom 7. Juli 2005[8] in nationales Recht umgesetzt, mit dem u. a. die Bundesnetzagentur die Zuständigkeit zur Regulierung der Netzzugangstarife im Strom- und Gassektor erhielt.

Schon bald zeigte sich jedoch, dass auch mit dem Zweiten Liberalisierungspaket das Ziel eines echten, durch wirksamen Wettbewerb gekennzeichneten Energiebinnenmarktes nicht vollständig erreicht worden war. Zahlreiche Untersuchungen der letzten Jahre – sowohl auf europäischer wie auf nationaler Ebene – deuten auf fortdauernde Probleme und Marktzutrittsschranken beim Wettbewerb im Strom- und Gassektor hin.

Die Generaldirektion Wettbewerb der Europäischen Kommission führte in den Jahren 2005–2007 eine umfassende Untersuchung der Wettbewerbsverhältnisse auf den Großhandelsmärkten für Strom und Gas durch. In ihrem am 7. Januar 2007 veröffentlichten Abschlussbericht der Sektoruntersuchung[9] benennt die Kommission die folgenden strukturellen Wettbewerbshemmnisse:

- unverändert hohe *Marktkonzentration* bei fortbestehender Marktmacht der angestammten Versorger („incumbents"),
- *vertikale Abschottung* durch unzureichende Entflechtung von Netz und Versorgungsinteressen, dadurch zu geringe Anreize für Investitionen in die Netze,
- *unzureichende Marktintegration* mangels ausreichender grenzüberschreitender Kapazitäten (Grenzkuppelstellen / Interkonnektoren), kein nennenswerter Wettbewerbsdruck durch grenzüberschreitende Verkäufe,
- *fehlende Markttransparenz* aus Mangel an zuverlässigen und zeitnahen Informationen über Erzeugungs- und Netzkapazitäten,
- *fehlendes Vertrauen in Preisbildungsmechanismen*, u. a. auf Grund der Ölpreisbindung langfristiger Gaslieferverträge und regulierter Endkundenpreise,
- zu geringer Wettbewerb auf den nachgelagerten Endverkaufsmärkten,
- *fragmentierte Ausgleichsenergiemärkte* („Regelzonen" beim Strom, „Marktgebiete" bei Gas[10]).

---

8 BGBl. I S. 1970, ber. S. 3621.
9 Mitteilung der Kommission vom 10. Januar 2007 (KOM[2006]851 endgültig): Untersuchung der europäischen Gas- und Elekrizitätssektoren gemäß Artikel 17 der Verordnung (EG) Nr. 1/2003 (Abschlussbericht). Der vollständige Text des Abschlussberichts ist als Arbeitsdokument der Kommissionsdienststellen in englischer Sprache veröffentlicht: Europäische Kommission, Generaldirektion Wettbewerb, Report on the energy sector inquiry, SEK(2006)1724, 10. Januar 2007.
10 Eine Regelzone oder ein Marktgebiet ist der räumliche Bereich, innerhalb dessen zur Aufrechterhaltung des Spannungsniveaus die Ein- und Ausspeisung von Strom oder Gas in einem gegebenen Zeitraum identisch sein müssen.

Mehr Wettbewerb durch wirksame Entflechtung der Strom- und Gasversorgungsnetze 81

Auch Kartellverfahren der Kommission auf der Grundlage der Wettbewerbsregeln der Artikel 81 und 82 des EG-Vertrages im Energiesektor zeigen fortbestehende Wettbewerbshemmnisse auf:

- Gegen den italienischen Gasversorger *ENI* ermittelt die Kommission wegen des Verdachts der Abschottung des italienischen Gasmarktes gegen Wettbewerb neuer Anbieter durch Kapazitätshortung und strategische Entscheidungen gegen Netzausbau insbesondere bei internationalen Importpipelines, die von ENI allein oder gemeinsam mit anderen Unternehmen kontrolliert werden[11]. Im März 2009 richtete die Kommission an ENI eine so genannte Mitteilung der Beschwerdepunkte, mit der dem Unternehmen Gelegenheit gegeben wird, zu diesen Vorwürfen Stellung zu nehmen, bevor die Kommission eine abschließende Entscheidung trifft[12].

- Gegen den deutschen Strom- und Gasversorger *RWE* eröffnete die Kommission im Mai 2007 ein Verfahren wegen des Verdachts der Abschottung des nordrhein-westfälischen Gasmarktes durch Erschwerung des Zugangs von Wettbewerbern zum Gasfernleitungsnetz von RWE[13]. RWE hat im Mai 2008 angeboten, sein westdeutsches Gasfernleitungsnetz an einen unabhängigen Dritten zu veräußern, um das laufende Verfahren im Wege einer einvernehmlichen Regelung zu beenden. Daraufhin hat die Kommission mit Entscheidung vom 18. März 2009 die Zusagen für verbindlich erklärt und das Verfahren eingestellt[14].

- Die *E.ON AG* bzw. ihre Gastochter *E.ON Ruhrgas* und der angestammte französische Gasversorger *Gaz de France* (seit September 2008 Teil des GDF Suez-Konzerns) werden von der Kommission verdächtigt, sich abgesprochen zu haben, sich gegenseitig keinen Wettbewerb in ihren jeweiligen Heimatmärkten zu liefern, insbesondere im Hinblick auf Gas, das über die beiden Konzernen gehörende Gaspipeline MEGAL nach Deutschland und Frankreich importiert wird. Im Juni 2008 richtete die Kommission an beide Unternehmen eine Mitteilung der Beschwerdepunkte[15].

- Die Kommission ermittelte ferner gegen *E.ON* wegen des Verdachts, dass es seine beherrschenden Stellungen auf dem deutschen Großhandelsmarkt für Strom und als Betreiber des Stromübertragungsnetzes missbräuchlich ausgenutzt haben könnte. Nach der vorläufigen Würdigung der Kommission könnte E.ON zum einen verfügbare Kraftwerkskapazitäten zurückgehalten haben, um die Strompreise zum Nachteil der Verbraucher in die Höhe zu treiben, und andere Unternehmen von Investitionen in neue Kraftwerke abgehalten haben. Zum anderen könnte E.ON bei der Beschaffung von Regelenergie (d.h. spontaner Ersatzleistung zur Aufrechterhaltung der Netzfrequenz) seine konzerneigenen Kraftwerke gegenüber Kraftwerken von

---

11 Vgl. Pressemitteilung MEMO/07/187 der Kommission vom 11. Mai 2007.
12 Vgl. Pressemittleilung MEMO/09/120 der Kommission vom 19. März 2009.
13 Vgl. Pressemitteilung MEMO/07/186 der Kommission vom 11. Mai 2007.
14 Vgl. Pressemitteilung IP/09/410 der Kommission vom 18. März 2009.
15 Vgl. Pressemitteilung MEMO/08/394 der Kommission vom 12. Juni 2008.

Wettbewerbern bevorzugt und die dadurch bedingten höheren Kosten auf die Endverbraucher abgewälzt haben. Im Juni 2008 hat E.ON Zusagen unterbreitet, um die Kartellverfahren zu beenden. Das Unternehmen ist bereit, erhebliche Stromerzeugungskapazitäten sowie sein gesamtes Höchstspannungsnetz an unabhängige Dritte zu veräußern, um die Bedenken der Kommission auszuräumen. Ähnlich wie im Fall RWE hat die Kommission auch diese Zusagen durch Entscheidung vom 26. November 2008 für verbindlich erklärt und das Verfahren eingestellt[16].

- Schließlich hat die Kommission im Mai 2008 ein Verfahren gegen *Gaz de France* wegen möglichen Missbrauchs einer marktbeherrschenden Stellung eingeleitet. Die Kommission will dem Verdacht nachgehen, Gaz de France könnte durch die Verbindung einer langfristigen Reservierung der Transportkapazitäten auf ihrem französischen Gastransportnetz mit einem Bündel von langfristigen Importvereinbarungen sowie durch mangelnde Investitionen in Importkapazitäten den Wettbewerb auf dem französischen Gasmarkt verhindert oder beeinträchtigt haben[17].

Die fortbestehenden strukturellen Wettbewerbshemmnisse auf den Strom- und Gasmärkten werden auch durch neuere Untersuchungen der zuständigen deutschen Instanzen bestätigt, so durch das Bundeskartellamt[18], die Bundesnetzagentur[19] und die Monopolkommission (ein Gremium unabhängiger Sachverständiger zur Begutachtung der Entwicklung des Wettbewerbs)[20].

Die Europäische Kommission hat daher am 7. Januar 2007 – zeitgleich mit der Vorlage des Abschlussberichts der Sektoruntersuchung – angekündigt, Vorschläge für eine Reform des geltenden Gesetzgebungsrahmens vorzulegen, um endlich einen funktionierenden Energiebinnenmarkt zu erreichen. Bevor die Kommission ihre Gesetzgebungsvorschläge zum Dritten Liberalisierungspaket auf den Tisch legte, führte sie eine umfassende Folgenabschätzung (impact assessment) durch, die gleichzeitig mit den Vorschlägen für neue Richtlinien und Verordnungen im September 2007 bekannt gemacht wurde[21]. In der Folgenabschätzung wurde u. a. untersucht, wie sich in den letzten Jahren die Preise für Strom und Gas in den Mitgliedstaaten, die bereits durch nationale Gesetzgebungsmaßnahmen die eigentumsrechtliche Entflechtung der Energieversorgungsunternehmen durchgeführt hatten, im Vergleich zu den Mitgliedstaaten, in denen die Energiekonzerne weiterhin vertikal integriert sind, entwickelt haben. Hier zeigte sich, dass die Nettopreise (also abzüglich Steuern) in den Mitgliedstaaten mit eigentumsrechtlich entflochtenen Netzbetreibern deutlich weniger angestiegen sind als in

---

16 Vgl. Pressemitteilung IP/08/1774 der Kommission vom 26. November 2008.
17 Vgl. Pressemitteilung MEMO/08/328 der Kommission vom 22. Mai 2008.
18 Bundeskartellamt, Tätigkeitsbericht 2005/2006, Bundestags-Drucksache 16/5710, 15. Juni 2007.
19 Bundesnetzagentur, Monitoringbericht 2007.
20 Monopolkommission, 49. Sondergutachten, Strom und Gas 2007, Bundestags-Drucksache 16/7087, 20. November 2007.
21 Europäische Kommission, Commission Staff Working Document, Impact Assessment, SEK (2007) 1179, 19. September 2007 (in englischer Sprache).

den Ländern mit vertikal integrierten Unternehmen. Außerdem zeigte die Folgenabschätzung auf, dass eigentumsrechtlich entflochtene Netzbetreiber mehr in Erhaltung und Ausbau des Netzes investierten und insbesondere einen höheren Anteil ihrer Engpasserlöse (also zusätzlicher Einnahmen infolge knapper Kapazitäten an Grenzkuppelstellen) für Investitionen in grenzüberschreitende Kapazitätserweiterungen einsetzen[22].

Alle diese Untersuchungen zeigen – neben anderen Problemen insbesondere hinsichtlich einer „Regulierungslücke" bei grenzüberschreitenden Sachverhalten – vor allem eine Wettbewerbsschranke auf: Die rechtliche Entflechtung der Netzbetreiber beseitigt nicht den aus der vertikalen Integration erwachsenden Interessenkonflikt, dass Netze als strategische Güter im Dienste der Interessen des integrierten Unternehmens, nicht der Netzkunden, betrachtet werden. Dies führt zu:

- Verzerrung von Investitionsanreizen: vertikal integrierte Netzbetreiber haben kein Interesse, durch Investitionen in das Netz Marktzutritte von Wettbewerbern zu erleichtern.
- fortbestehenden Anreizen zur Diskriminierung beim Netzzugang.
- fortbestehendem Risiko der Weitergabe marktsensibler Informationen des Netzbereichs an das integrierte Unternehmen, die auch durch die im Rahmen der geltenden rechtlichen und funktionalen Entflechtung vorgesehenen „Chinese Walls" nicht verhindert werden.

3 Die Vorschläge der Kommission zum Unbundling im Dritten Liberalisierungspaket

Die Kommission legte am 19. September 2007 ihre Vorschläge für das Dritte Liberalisierungspaket vor. Es handelt sich vor allem um Entwürfe für zwei Richtlinien zur Änderung der Zweiten Stromrichtlinie und der Zweiten Gasrichtlinie[23]; hinzu kommen Entwürfe für zwei Verordnungen zur Änderung der bestehenden Strom- und Gasverordnungen[24] sowie für eine neue Verordnung zur

---

22 Zur Folgenabschätzung vgl. im Einzelnen auch Schoser, Christof, Wege zum Energiebinnenmarkt aus Sicht der EU-Kommission: Bestandsaufnahme der Diskussion zum dritten Binnenmarktpaket, in: Oberender, Peter (Hrsg.), Wettbewerb in der Energiewirtschaft, Duncker & Humblot, Berlin, 2009.

23 Vorschlag für eine Richtlinie des Europäischen Parlaments und des Rates zur Änderung der Richtlinie 2003/54/EG über gemeinsame Vorschriften für den Elektrizitätsbinnenmarkt, 19. September 2007, KOM(2007) 528 endgültig; Vorschlag für eine Richtlinie des Europäischen Parlaments und des Rates zur Änderung der Richtlinie 2003/55/EG über gemeinsame Vorschriften für den Erdgasbinnenmarkt, 19. September 2007, KOM(2007) 529 endgültig.

24 Vorschlag für eine Verordnung des Europäischen Parlaments und des Rates zur Änderung der Verordnung (EG) Nr. 1228/2003 über die Netzzugangsbedingungen für den grenzüberschreitenden Stromhandel, 19. September 2007, KOM(2007) 531 endgültig; Vorschlag für eine Verordnung des Europäischen Parlaments und des Rates zur

Gründung einer Agentur für die Zusammenarbeit der Energieregulierungsbehörden[25].

Die zentralen Vorschläge zum „Unbundling" sind in den beiden Richtlinienvorschlägen enthalten. Die Kommission schlägt vor, dass im Normalfall für die Übertragungs- und Fernleitungsnetzbetreiber[26] die eigentumsrechtliche Entflechtung vorgeschrieben wird: In Erzeugung, Beschaffung und Vertrieb von Strom und Gas tätige Unternehmen (bzw. Personen, die solche Unternehmen kontrollieren) dürfen also keine Kontrolle über Übertragungs- und Fernleitungsnetzbetreiber ausüben oder Beteiligungen daran halten[27]. Durch die klare Trennung der Aktivitäten Netz einerseits, Beschaffung/Erzeugung und Vertrieb andererseits werden die bestehenden Interessenkonflikte beseitigt und diskriminierungsfreier Netzzugang ermöglicht. Darüber hinaus erleichtert dieses Modell den Austausch marktsensibler Informationen zwischen benachbarten Netzbetreibern oder mittelfristig auch grenzüberschreitende Fusionen von Netzbetreibern und trägt damit langfristig zur Herausbildung eines besser integrierten Strom- und Gasbinnenmarktes bei. Weil durch die eigentumsrechtliche Trennung des Netzbetriebs von den anderen Tätigkeiten der Energieversorgungsunternehmen die Anreize für diskriminierendes Verhalten weitgehend wegfallen, besteht auch weniger die Notwendigkeit für eine aufwändige staatliche Regulierung der Netze.

Einwände, die gegen das Modell der eigentumsrechtlichen Entflechtung vorgebracht wurden, sind aus Sicht der Kommission nicht stichhaltig. Die Folgenabschätzung hat gezeigt, dass „Ownership Unbundling" sich positiv auf Investitionen, Preise und Marktkonzentration auswirkt. Auch nachteilige Auswirkungen auf den technischen Betrieb der Netze oder den Unternehmenswert und das Credit Rating der entflochtenen Energieversorgungsunternehmen (sowohl der Netzgesellschaften als auch der in Erzeugung/Beschaffung und Vertrieb tätigen Unternehmen) sind nicht zu erwarten. Anders als in Deutschland oft zu hören, stellt die eigentumsrechtliche Entflechtung schließlich keine „Enteignung" der Energiekonzerne dar: Es wird durch Gesetz die Tätigkeit der Energieversorgungsunternehmen auf entweder den Netzbereich oder die anderen Bereiche begrenzt, ohne dass den Unternehmen das Eigentum entzogen oder ihnen Vorschriften gemacht werden, auf welchem Weg sie den Entflechtungsregeln nachkommen wollen (z.B. durch Verkauf, Einführung an der Börse, Aktiensplit). Derartige Maßnahmen stellen zulässige Begrenzungen des nach dem EG-Vertrag und der Rechtsprechung des Europäischen Gerichtshofes geschützten Grundrechts auf

---

Änderung der Verordnung (EG) Nr. 1775/05 über Erdgasfernleitungsnetze, 19. September 2007, KOM(2007) 532 endgültig.

25 Vorschlag für eine Verordnung des Europäischen Parlaments und des Rates zur Gründung einer Agentur für die Zusammenarbeit der Energieregulierungsbehörden, 19. September 2007, KOM(2007) 530 endgültig.

26 D.h. nicht die Verteilnetzbetreiber auf örtlicher Ebene, z.B. Stadtwerke.

27 Vgl. Artikel 8 des Vorschlags einer geänderten Stromrichtlinie und Artikel 7 des Vorschlags einer geänderten Gasrichtlinie.

Eigentum dar, soweit sie zur Erreichung des mit ihnen verfolgten Zieles geeignet und erforderlich sind[28].

Die Entflechtungsregeln sollen gleichermaßen für private wie für öffentliche Unternehmen gelten; zwei voneinander getrennte öffentliche Einrichtungen können die Kontrolle über die Erzeugungs- und Versorgungstätigkeit einerseits und das Netz andererseits ausüben, wenn sichergestellt ist, dass nicht ein- und dieselbe Person auf beide Tätigkeiten Einfluss nehmen kann[29].

Ferner soll die Entflechtung gleichermaßen für den Stromsektor wie für den Gassektor sowie für Unternehmen mit Sitz in der EU und mit Sitz in Drittstaaten gelten. Darüber hinaus hielt es die Kommission – nicht zuletzt im Hinblick auf Befürchtungen vor allem in den mittel- und osteuropäischen Mitgliedstaaten, die sehr stark auf Importe russischen Gases angewiesen sind – für erforderlich, eine zusätzliche Sicherung in Form der so genannte Drittstaatenklausel (gelegentlich auch als „Gazprom-Klausel" bezeichnet) einzubauen. Danach dürfen Unternehmen aus Nicht-EU-Ländern nur dann Beteiligungen an Übertragungs- bzw. Fernleitungsnetzbetreibern innerhalb der EU erwerben, wenn dies durch eine bilaterale Vereinbarung zwischen der Europäischen Union und dem betreffenden Drittstaat vorgesehen ist[30].

Die Kommission ist der Ansicht, dass grundsätzlich die vollständige eigentumsrechtliche Entflechtung die wirksamste und zugleich einfachste Lösung darstellt, ein „level playing field" für die Stromübertragungsnetze und Gasfernleitungsnetze zu erreichen. Sie hat jedoch bereits in ihrem Vorschlag versucht, Einwänden gegen diese radikale Lösung mit einer Alternative entgegenzukommen. Die Mitgliedstaaten soll es danach erlaubt sein, statt der eigentumsrechtlichen Entflechtung das Modell des „unabhängigen Netzbetreibers" („Independent System Operator", ISO) vorzusehen. Dieses Modell ist dadurch gekennzeichnet, dass das Eigentum am Netz vom Betrieb des Netzes getrennt wird: Während das vertikal integrierte Unternehmen Eigentümer des Netzes bleibt (mit dem Anspruch auf die durch das Netz erzielten Gewinne), wird der Betrieb und Ausbau des Netzes einem unabhängigen Netzbetreiber übertragen, der weder vom Netzeigentümer kontrol-

---

28 In der deutschen Diskussion wird vielfach unterschlagen, dass Maßnahmen der EU zur eigentumsrechtlichen Entflechtung grundsätzlich am Maßstab des Eigentumsrechts, wie es im EU-Recht insbesondere nach der Rechtsprechung des Gerichtshofes gewährleistet wird, zu messen sind, nicht unmittelbar am Maßstab der Eigentumsgarantie des deutschen Grundgesetzes (Artikel 14). Ein vom Verbraucherzentrale Bundesverband e.V. in Auftrag gegebenes Rechtsgutachten kommt allerdings zu dem Schluss, dass die eigentumsrechtliche Entflechtung auch nach Artikel 14 Grundgesetz eine zulässige Inhalts- und Schrankenbestimmung des Eigentums darstellen würde: v. Hammerstein, Christian, Entflechtung des Eigentums an Elektrizitäts- und Gasversorgungsnetzen von anderen Bereichen der Energieversorgung – Handlungsformen und verfassungsrechtliche Bewertung – Gutachten im Auftrag des Verbraucherzentrale Bundesverbandes e. V., 28. August 2007.
29 Vgl. jeweils Erwägungsgrund 12 des Vorschlags zur Änderung der Stromrichtlinie und des Vorschlags zur Änderung der Gasrichtlinie.
30 Vgl. Artikel 8a des Vorschlags für eine geänderte Stromrichtlinie und Artikel 7a des Vorschlags für eine geänderte Gasrichtlinie.

liert wird noch an dem andere Unternehmen, die in der Erzeugung/Beschaffung oder dem Vertrieb von Strom oder Gas tätig sind, beteiligt sein dürfen. Zugleich enthält die nationale Regulierungsbehörde ausgedehnte Kontrollbefugnisse, um die tatsächliche Unabhängigkeit des Netzbetreibers vom Netzeigentümer überprüfen zu können[31].

Das ISO-Modell soll, wenn es konsequent durchgeführt wird (insbesondere, wenn der unabhängige Netzbetreiber auch selbständig über Investitionen in das Netz entscheiden und die Finanzmittel hierfür beschaffen kann), nach Meinung der Kommission die Ziele der Entflechtung ebenso erreichen wie die eigentumsrechtliche Entflechtung. Allerdings bringt es deutliche Nachteile mit sich: Es erfordert einen erheblich größeren Regulierungsaufwand, um Einflüsse des Netzeigentümers auf den Netzbetrieb auszuschließen, und führt letztlich zu einer erheblichen Aushöhlung des Eigentumsrechts des Netzeigentümers (bis hin zu einer bloßen Reduzierung dieses Rechts auf den Anspruch auf Bezug einer Dividende).

4 Die Beratung der Kommissionsvorschläge im Europäischen Parlament und im Ministerrat

Die Entflechtungsvorschläge der Kommission sind von den Gesetzgebungsorganen der Europäischen Union – dem Europäischen Parlament und dem aus Vertretern der Regierungen der Mitgliedstaaten zusammengesetzten Rat – kontrovers diskutiert worden, und eine endgültige Einigung ist – trotz einer deutlichen Annäherung der Standpunkte – derzeit (November 2008) noch nicht erzielt worden. Außer Streit stand allerdings die grundsätzliche Einsicht, dass eine Verbesserung der Entflechtung gegenüber dem „Status quo" des Zweiten Liberalisierungspakets erforderlich ist; dies haben sowohl der Europäische Rat der Staats- und Regierungschefs auf seiner Tagung im März 2007[32] als auch das Europäische Parlament in einer Entschließung vom Juli 2007[33] deutlich zum Ausdruck gebracht.

Die Debatte im Ministerrat wurde dominiert einerseits von einer Gruppe von Mitgliedstaaten, die eine konsequente Durchsetzung des Ownership Unbundling befürworteten (insbesondere Italien, die Niederlande, Spanien und das Vereinigte Königreich) und andererseits von einer Gruppe (voran Deutschland und Frankreich), die die eigentumsrechtliche Entflechtung ablehnten.

Im Dezember 2007 präsentierten acht Mitgliedstaaten, die Ownership Unbundling ablehnten, einen Alternativvorschlag, der zunächst als „dritte Option" bezeichnet wurde und nach längeren Verhandlungen mit der Kommission und der

---

31 Vgl. Artikel 10 des Vorschlags für eine geänderte Stromrichtlinie und Artikel 9 des Vorschlags für eine geänderte Gasrichtlinie.
32 Rat der Europäischen Union, Europäischer Rat (Brüssel) 8./9. März 2007, Schlussfolgerungen des Vorsitzes, 7224/07, 9. März 2007.
33 Europäisches Parlament, Entschließung vom 10. Juli 2007 zu den Aussichten für den Erdgas- und den Elektrizitätsbinnenmarkt (2007/2089[INI]).

damaligen slowenischen Ratspräsidentschaft im Juni 2008 vom Rat unter der Bezeichnung „Independent Transmission Operator" (ITO) als Alternative sowohl zur eigentumsrechtlichen Entflechtung als auch zum Modell des unabhängigen Netzbetreibers (ISO) akzeptiert wurde[34].

Das ITO-Modell will eine wirksame Entflechtung von Netz und Erzeugung/Beschaffung/Vertrieb erreichen, jedoch ohne eine vollständige eigentumsrechtliche Trennung. Hierzu sollen – über die geltenden Regeln zur rechtlichen und funktionalen Entflechtung hinaus – zusätzliche detaillierte Vorgaben getroffen werden, die die Unabhängigkeit der Netzgesellschaft sicherstellen.

Hinsichtlich der Organisation, Leitung und Ausstattung des Unternehmens enthält das ITO-Modell detaillierte Regelungen zur Zusammensetzung von Vorstand und Aufsichtsrat sowie deren Unabhängigkeit gegenüber dem vertikal integrierten Unternehmen. Die Regulierungsbehörde enthält ein Vetorecht bei der Bestellung von Vorstandsmitgliedern, und Wartezeiten (so genannten „cooling-off periods") sollen verhindern, dass Aufsichtsrats- oder Vorstandsmitglieder unmittelbar zuvor in anderen Bereichen des integrierten Unternehmens tätig waren oder nach dem Ende ihrer Amtszeit sofort dort beschäftigt werden. Weitere Vorgaben betreffen die personelle und finanzielle Ausstattung des Netzbetreibers, der insbesondere das Eigentum am Netz erhalten muss (im Gegensatz etwa zu den derzeit in Deutschland teilweise praktizierten Pachtmodellen). Schließlich werden Regelungen getroffen, um die Unabhängigkeit des Netzbetreibers bei Entscheidungen über die Investitionsplanung und über die Zusammenarbeit mit anderen Netzbetreibern zu gewährleisten; auch in diesem Bereich erhält die Regulierungsbehörde zusätzliche Interventionsmöglichkeiten.

Das Europäische Parlament hatte sich bereits in der schon erwähnten Entschließung vom Juli 2007 deutlich für die eigentumsrechtliche Entflechtung ausgesprochen. Es stimmte am 18. Juni 2008 über den Vorschlag für die Änderung der Stromrichtlinie ab und votierte mehrheitlich für Ownership Unbundling als alleinige Option; d.h. es lehnte sowohl das Modell des „unabhängigen Netzbetreibers" (ISO) als auch das Modell des „Independent Transmission Operator" (ITO) im Bereich Elektrizität ab[35]. Für den Gassektor akzeptierte das Parlament allerdings kurze Zeit später (9. Juli 2008) das ITO-Modell als Alternative zur eigentumsrechtlichen Entflechtung, allerdings in einer gegenüber dem vom Ministerrat angenommenen Text deutlich verschärften Form[36]. So sollen nach dem Willen des Parlaments sämtliche dem vertikal integrierten Unternehmen zustehende Rechte bei der Ernennung von Aufsichtsratsmitgliedern des ITO auf

---

34 Rat der Europäischen Union, Pressemitteilung 10310/08 (Presse 162) vom 6. Juni 2008.
35 Legislative Entschließung des Europäischen Parlaments vom 18. Juni 2008 zu dem Vorschlag für eine Richtlinie des Europäischen Parlaments und des Rates zur Änderung der Richtlinie 2003/54/EG über gemeinsame Vorschriften für den Elektrizitätsbinnenmarkt (KOM(2007)0528 – C6–0316/2007 – 2007/0195(COD)) – A6–0191/2008.
36 Legislative Entschließung des Europäischen Parlaments vom 9. Juli 2008 zu dem Vorschlag für eine Richtlinie des Europäischen Parlaments und des Rates zur Änderung der Richtlinie 2003/55/EG über gemeinsame Vorschriften für den Erdgasbinnenmarkt (KOM(2007)0529 – C6–0317/2007 – 2007/0196(COD)) – A6–0257/2008.

einen unabhängigen Treuhänder übertragen werden. Da der Aufsichtsrat seinerseits den Vorstand bestellen würde, hätte das vertikal integrierte Unternehmen im Ergebnis keinerlei Einfluss mehr auf die Zusammensetzung der Organe der Netzgesellschaft. Das Modell des „unabhängigen Netzbetreibers" (ISO) wird vom Parlament für beide Sektoren (Strom und Gas) als zu bürokratisch abgelehnt.

Am 10. Oktober 2008 hat der Rat ebenfalls eine Einigung über die Drittstaatenklausel und über eine Regelung zur Gewährleistung eines „level playing field" zwischen eigentumsrechtlich getrennten und (gemäß dem ITO-Modell) vertikal integrierten Energieversorgungsunternehmen innerhalb der EU erzielt.

Nach dem Beschluss des Ministerrates soll für den Fall, dass ein Unternehmen mit Sitz außerhalb der EU einen EU-Netzbetreiber übernehmen möchte, die Regulierungsbehörde des betreffenden Mitgliedstaates der Übernahme widersprechen können, wenn der potenzielle Erwerber nicht die geltenden Entflechtungskriterien des EU-Rechts erfüllt oder die Übernahme die Versorgungssicherheit des Mitgliedstaates oder der Union gefährden würde. Die Kommission soll vor der Entscheidung auch eine Stellungnahme abgeben müssen, die aber für die nationale Regulierungsbehörde nicht bindend ist. Anstelle eines generellen Vertragsvorbehalts, wie im Vorschlag der Kommission vorgesehen, wird danach also eine Einzelfallprüfung vorgeschrieben.

Das Thema des „level playing field" war von den Befürwortern des Ownership Unbundling vorgebracht worden, die befürchteten, dass bei Beibehaltung des ITO-Modells als Alternative zur eigentumsrechtlichen Entflechtung vertikal integrierte Unternehmen aus Mitgliedstaaten, die für das ITO-Modell optieren, bei Fusionen und Übernahmen im Vorteil gegenüber eigentumsrechtlich entflochtenen Unternehmen sind. Der Ministerrat hat sich auf eine Kompromissklausel geeinigt, wonach „Maßnahmen, die die Mitgliedstaaten gemäß dieser Richtlinie treffen können, um ein ‚level playing field' zu gewährleisten, mit dem EG-Vertrag, insbesondere Artikel 30 (d.h. den Voraussetzungen, unter denen der freie Warenverkehr innerhalb der EU durch nationale Maßnahmen eingeschränkt werden kann), und der EU-Gesetzgebung vereinbar sein müssen". Die Maßnahmen müssen verhältnismäßig, nicht diskriminierend und transparent sein und müssen der Kommission zur Genehmigung vorgelegt werden; entscheidet die Kommission nicht innerhalb von zwei Monaten, gilt die Zustimmung der Kommission als erteilt. Allerdings schweigt die Klausel darüber, welche Art von Maßnahmen die Mitgliedstaaten danach treffen können, insbesondere, ob Mitgliedstaaten Übernahmen nicht nur von eigentumsrechtlich entflochtenen Netzbetreibern, sondern auch von Unternehmen in Erzeugung/Beschaffung und Vertrieb von Strom und Gas, für die Ownership Unbundling vorgeschrieben ist, durch vertikal integrierte Unternehmen aus Mitgliedstaaten mit ISO- oder ITO-Modell verhindern können.

Nach mehreren Verhandlungsrunden haben sich die Unterhändler von Parlament, Kommission und Rat auf einen Kompromiss verständigt, der den Mitgliedstaaten grundsätzlich die Wahl zwischen eigentumsrechtlicher Entflechtung, ITO und ISO lässt; das Parlament konnte im Gegenzug eine Stärkung der Rechte der Energieverbraucher durchsetzen.

5 Ausblick

Es liegt nunmehr am Europäischen Parlament und dem Ministerrat, die gefundene Kompromisslösung rasch zu verabschieden. Zwar weicht diese Lösung deutlich vom ursprünglichen Vorschlag der Kommission ab, nach dem die eigentumsrechtliche Trennung der Netze zum Regelfall geworden wäre.

Wenn man jedoch bedenkt, dass inzwischen auch große deutsche Unternehmen – sei es unter Druck von Kartellverfahren (E.ON, RWE), sei es aus eigener Initiative (Vattenfall) – den Verkauf ihrer Netze beabsichtigen oder ernsthaft darüber nachdenken, könnte es durchaus darauf hinauslaufen, dass in einigen Jahren die Mehrzahl der Übertragungs- und Fernleitungsnetze in der Europäischen Union eigentumsmäßig von den anderen Bereichen der Energieversorgung getrennt sein werden. Wenn dies zutrifft, dürfte auch das Thema des „level playing field" zwischen Unternehmen aus Staaten mit und ohne Ownership Unbundling, das jetzt noch einige Länder wie die Niederlande stark bewegt, an Brisanz verlieren.

Wenn das Dritte Liberalisierungspaket erfolgreich die Hürden des Gesetzgebungsverfahrens gemeistert hat, müssen die Richtlinien zunächst in nationales Recht umgesetzt werden. Die Entwürfe der Kommission sehen hierfür eine Frist von 18 Monaten nach Inkrafttreten der Richtlinien vor. Für die tatsächliche Durchführung der Entflechtung wird den Unternehmen ein weiteres Jahr eingeräumt[37].

Es steht zu hoffen, dass dann nach mehr als zehn Jahren eines der Hauptziele der Liberalisierung Wirklichkeit wird: die effektive Trennung des „natürlichen Monopols" Netz von den anderen Bereichen der Energieversorgung, in denen Wettbewerb möglich und erwünscht ist, damit alle miteinander im Wettbewerb stehende Anbieter von Strom und Gas gleichermaßen Zugang zu effizient und bedarfsgerecht ausgebauten Übertragungs- und Fernleitungsnetzen erhalten.

---

37 Vgl. Artikel 7 Absatz 1 des Vorschlags für eine geänderte Stromrichtlinie (Artikel 8 Absatz 1 im gemeinsamen Standpunkt des Rates) und Artikel 8 Absatz 1 des Vorschlags für eine geänderte Gasrichtlinie (Artikel 9 Absatz 1 im gemeinsamen Standpunkt des Rates).

Wettbewerb und Sicherheit in der Energieversorgung – worauf es wirklich ankommt

Andreas Renner[1] und Dr. habil. Jörg Jasper[2]

1 Einleitung

Kaum ein Sektor ist Gegenstand derart intensiver, detailreicher und vielfältiger Regulierungsbemühungen und staatlicher Steuerungsversuche wie der Energiesektor. Aus politischer Sicht kann dies nicht verwundern, denn die sichere Versorgung mit bezahlbarer Energie ist ein unmittelbares und im Wortsinne vitales Anliegen eines jeden Wahlbürgers. Ein Politiker, der für Energie zuständig ist, wäre unter Karrieregesichtspunkten schlecht beraten, wenn er Unzufriedenheiten des Bürgers über Energiepreissteigerungen oder Beschwerden anderer interessierter Seiten über vermeintliche Wettbewerbsmängel nicht aufgreifen würde. Dabei geschieht aber zweierlei: zum einen neigt die Politik oftmals dazu, sich nicht allein auf die notwendige Schaffung eines wettbewerbsfreundlichen Rahmens zu beschränken, sondern Politiker geben der Versuchung nach, durch eingriffsintensives Vielhandeln auch vor Eingriffen in funktionierende Marktmechanismen nicht zurückzuschrecken. Dabei wird zwar auch für den Energiekonsumenten Schaden angerichtet, doch sind für den Konsumenten die Verursacher kaum klar zu identifizieren, während der Verweis auf den spürbaren politischen Eingriff hilft, in der Öffentlichkeit „Punkte zu machen". Zum anderen gerät die Setzung der richtigen Schwerpunkte offenbar aus dem Blickfeld. In einer Zeit, in der wieder zahlreiche der genannten Markt- und auch Eigentumseingriffe ins Werk gesetzt wurden, wurde durch den jüngsten Gaskonflikt zwischen Russland und der Ukraine oder die Diskussion um langfristig ausreichende Stromerzeugungskapazitäten deutlich, dass wir in Deutschland und Europa in Sachen Versorgungssicherheit auf sehr dünnem Eis wandeln. Zwar wird viel von Versorgungssicherheit geredet, doch waren es allein die Gasspeicher der integrierten Versorger, die Deutschland in diesem vor einer Versorgungsnotlage wie in Südosteuropa bewahrt haben. Dabei wäre das Gebiet der Versorgungssicherheit gerade ein klassisches Feld staatlicher Betätigung. Versorgungssicherheit ist ein öffentliches Gut: In die Unternehmenskalkulation fließt die Bereitstellung dieses

---

1 Leiter Repräsentanzen Berlin und Brüssel EnBW Energie Baden-Württemberg AG.
2 Senior Manager Energiepolitik EnBW Energie Baden-Württemberg AG.

Gutes normalerweise nicht ein – es sei denn, es wird ein entsprechender gesetzlicher und anreizpolitischer Rahmen geschaffen. In dem nachfolgenden Beitrag sollen Beispiele für eine eingriffsfreundliche Energiepolitik mit teilweise inadäquater Schwerpunktsetzung angesprochen und diskutiert werden. Die hier geschilderte Problematik ist auch Ausdruck der Tatsache, dass es in Deutschland und Europa an einer konsistenten Energiepolitik „aus einem Guss" fehlt und diese derzeit auch nicht am Horizont aufscheint.

2 Worauf es nicht ankommt: Enteignungsbestrebungen und Wettbewerbseingriffe

Ein Beispiel für eine inhaltlich schwerlich zu begründende Schwerpunktsetzung mit einer über die Verhältnismäßigkeit und die Marktkonformität hinausgehenden Eingriffstiefe ist das Bestreben der Europäischen Kommission und einiger Mitgliedstaaten der EU, die eigentumsrechtliche Entflechtung (Ownership Unbundling – OU) integrierter Energieunternehmen auf der Transportnetzebene einzuführen, also der Ebene der „Stromautobahnen" und der Gas-Hochdruckleitungen. Dieser Eingriff wurde seitens der EU-Kommission mit der Absicht begründet, eine aus ihrer Sicht unbefriedigende Wettbewerbssituation zu beseitigen. Integrierte Energieunternehmen, so die Kommission, hätten einen Anreiz, ihr Transportnetz dazu zu benutzen, den Erzeugungswettbewerb durch Verweigerung des Netzanschlusses von Kraftwerken Dritter zu behindern oder ihr Netz durch unzureichende Investitionen abzuschotten und damit den Handel zu behindern und eine „Hochpreiszone" für die eigene Erzeugung, den eigenen Handel und den eigenen Vertrieb zu erhalten. Selbst wenn diese Anreize existieren, so muss doch vor einem derart schwer wiegendem Eingriff wie der zwangsweisen Enteignung des Transportnetzes eines integrierten Unternehmens zunächst gefragt werden, ob das beschriebene konsumentenschädliche Verhalten auch tatsächlich in der Wirklichkeit anzutreffen ist.

Diskriminierung beim Kraftwerksanschluss auf der Transportnetzebene kommt ausweislich der laufenden Monitoringberichte[3] der Bundesnetzagentur in Deutschland nicht vor. Das ist auch nicht weiter verwunderlich: Die Bedingungen für den Kraftwerksanschluss sind in Deutschland detailliert reguliert – nicht zuletzt durch die im europäischen Maßstab einzigartige Kraftwerksnetzanschlussverordnung (KraftNAV) und werden durch die Bundesnetzagentur effektiv überwacht. Als nächstes stellt sich die Frage, ob Transportnetzbetreiber in Ländern, in denen ein Ownership Unbundling vorgeschrieben ist (wie z.B. in Spanien, England oder Portugal) tatsächlich weniger investieren als Transportnetzbetreiber, die zu integrierten Unternehmen gehören (z.B. in Österreich, Frankreich oder Deutschland). Wir haben uns das Investitionsverhalten dieser Gruppen in den vergangenen Jahren einmal näher angeschaut. Dabei haben wir festgestellt, dass es zwar sehr große Unterschiede in der Investitionsentwicklung zwischen den Transportnetzbetreibern im Zeitablauf gibt – aber *innerhalb* der Gruppen, nicht *zwischen* ihnen.

---

3 Vgl. Bundesnetzagentur (2007/2008).

Der Faktor „eigentumsrechtliche Entflechtung" trägt empirisch also nichts zur Klärung der Unterschiede im Investitionsverhalten bei. Investitionen im Netz scheinen eher auf Faktoren wie Reinvestitionszyklen, dem BIP-Wachstum eines Landes oder auch dem regulatorischen Umfeld (schafft der Netzregulator ausreichende Anreize für Netzinvestitionen?) zu beruhen, nicht hingegen auf der Zuordnung des Netzeigentums. Wirft man einen Blick auf die europäischen Preisstatistiken für Strom, so ergibt sich ein erstaunliches Bild: Die Länder, die das Ownership Unbundling eingeführt haben, hatten in den vergangenen Jahren im Durchschnitt deutlich höhere Preisanstiege – sowohl für private Haushalte als auch für Industriekunden – zu verzeichnen, als Länder, die auf das Ownership Unbundling verzichtet haben. Natürlich kann auf dieser Grundlage nicht behauptet werden, dass Ownership Unbundling sei die *Ursache* dieser verstärkten Preisanstiege – diese könnten viel eher darauf zurückzuführen sein, dass viele Länder das OU gemeinsam mit Liberalisierungspaketen eingeführt haben, die auch eine Abkehr von regulierten Preisen vorsahen. Doch gibt es auch offenbar keine Grundlage für das Argument, die eigentumsrechtliche Entflechtung wirke preisdämpfend oder gar preissenkend. Auch wenn man andere Indikatoren wie den Verbundgrad, also die physische Einbindung in den internationalen Stromhandel, oder die Zuverlässigkeit des Transportnetzes analysiert: In keinem Fall erhält man Ergebnisse, die für das Ownership Unbundling sprechen. Vor diesem Hintergrund müssen die Bestrebungen der Kommission und einiger Mitgliedstaaten, die auf die Einführung der eigentumsrechtlichen Entflechtung drängen, erstaunen. Zwar konnte sich auch die Kommission den Argumenten und der Standfestigkeit jener Länder (darunter sehr prominent: Deutschland) nicht verschließen und musste Lösungen „unterhalb" des Ownership Unbundling als zulässige Entflechtungsvarianten einräumen. Doch zum einen bringen diese (wie der in der Öffentlichkeit vielfach erwähnte „Dritte Weg") auch schwer wiegende wirtschaftliche Nachteile gegenüber dem, an sich nicht zu beanstandenden, Status Quo mit sich, zum anderen zeigt die mangelnde Begründbarkeit des gesamten Vorhabens, dass es ein Beispiel für eine kaum nachvollziehbare Schwerpunktsetzung ist.

Ein anderes Beispiel für eine nicht zweckdienliche und auch kaum marktförderliche Schwerpunktsetzung war die Einführung eines Sonderkartellrechtes in Gestalt des neuen § 29 GWB in das deutsche Wettbewerbsrecht. Entgegen dem Anraten von Experten aus Wissenschaft und Praxis führt die Bundesregierung eine Regelung ins deutsche Wettbewerbsrecht ein, die es Strom- und Gasversorgungsunternehmen untersagt, Preise zu verlangen, die die „Kosten in unangemessener Weise überschreiten" (Gewinnkontrolle) und die es verbietet, ungünstigere Entgelte oder Geschäftsbedingungen zu fordern als Unternehmen auf vergleichbaren Märkten (Entgeltvergleich). Diese Regelung ist eingehend besprochen und kritisiert worden, so etwa hinsichtlich des vollkommen unbestimmten Kostenbegriffes der in keiner denkbaren Ausgestaltung ökonomisch (Grenzkosten, Systemgrenzkosten oder Durchschnittskosten?) sinnvoll ist oder hinsichtlich des wettbewerbsbehindernden Charakters der Entgeltvergleichsregelung[4].

---

4 Eine eindrucksvolle Zusammenfassung liefert der Brief des Wissenschaftlichen Beirates beim Bundeswirtschaftsministerium, den dieser am 20. November 2006 an

Auch hier wurde ohne Not in einen funktionierenden Marktmechanismus eingegriffen. So liefert die Literatur weder Anhaltspunkte für Missbrauchsmöglichkeiten noch für Missbrauchsverhalten auf dem Großhandelsmarkt (auf den die Gewinnkontrolle zielt)[5], noch sind im Stromvertrieb angesichts zunehmender Anbietervielfalt und Wechselbereitschaft Wettbewerbsmängel erkennbar. Gasseitig prägt sich derzeit ein wettbewerbliches System gerade aus. Weiterhin gab es auch mit den vor der Einführung des § 29 GWB vorhandenen Normen des Wettbewerbsrechts eine ausreichende Handhabe gegen Missbrauchsverhalten auf Energiemärkten.

Fasst man diese Argumente zusammen, muss man erneut feststellen, dass auch hier eine politische Maßnahme ergriffen wurde, die nicht allein in einem Bereich ansetzte, der keiner zusätzlichen Regelung bedurft hätte, sondern es wurden auch noch Voraussetzungen für einen schädigenden Eingriff in ein funktionierendes System geschaffen. Politische und unternehmerische Kapazitäten wurden so blockiert und von einer Befassung mit prioritären Themenstellungen abgehalten.

3 Worauf es wirklich ankommt: Eine konsistente deutsche und europäische Politik der wirtschaftlichen Energiesicherheit

3.1 Die globalen Rahmenbedingungen

Die Schaffung einer umweltfreundlichen und sicheren Versorgung ist der Hauptschwerpunkt einer rationalen und langfristig ausgerichteten Energiepolitik der kommenden Jahre. Dabei ist wesentlich, dass globale Wechselwirkungen nicht aus dem Blickfeld geraten. Allen aktuellen Verwerfungen auf den Kapitalmärkten zum Trotz: Die Welt macht derzeit einen historisch wohl einmaligen Entwicklungsschub durch, und das ist mit erheblichen Wohlfahrtszuwächsen verbunden: niemals zuvor sind so viele Menschen in so kurzer Zeit in den Genuss der Versorgung mit moderner Energie gelangt; niemals zuvor ging die Industrialisierung in der Welt so rasch voran – damit aber auch die Nachfrage nach verlässlicher Energie. Die Nachfrage nach Primärenergie wird laut Internationaler Energie Agentur (IEA) bis 2030 um mehr als 25% zunehmen[6]. Die Welt setzt dabei größtenteils auf konventionelle Energieträger und auch auf die Kernenergie. Dies hat unmittelbare Auswirkungen auf unsere Versorgungssituation und die ökologische Entwicklung – allein über die wachsende Nachfrage nach Primärenergieträgern wie Gas oder Kohle wie auch über die Nachfrage nach Kraftwerks- und Infrastrukturkomponenten.

Minister Glos schrieb. In diesem Brief äußert der Beirat massive Bedenken gegen den seinerzeit geplanten (und mittlerweile ins GWB aufgenommenen) § 29. Auch der Bundesverband Neuer Energieanbieter (bne) wendete sich gegen die neue Norm, weil er den Markteintritt neuer Anbieter gefährdet sah.

5 Vgl. z.B. Ellersdorfer/Swider (2007); Ockenfels (2007).
6 Vgl. IEA (2008).

Glaubt man der IEA, tritt die Welt gleichsam in ein Jahrhundert der Kohle ein. Im sogen. Referenzszenario der Agentur ist der größte absolute Bedarfsanstieg beim Energieträger Kohle auszumachen. Das ist ökonomisch nicht weiter verwunderlich: In Indien und China als den größten Entwicklungsländern der Erde ist Kohle reichlich verfügbar und muss für die Industrialisierung der beiden Länder genutzt werden. Etwa 80 % des Zuwachses der globalen Nachfrage nach Kohle in den Jahren bis 2030 werden auf China und Indien entfallen. Beide Länder setzen dabei auf Technologien, die bewährt und für die Versorgung einer Industriegesellschaft verfügbar sind, nämlich Kohlekraftwerke. Diese Kraftwerke werden 40 Jahre und mehr im Betrieb sein. Dass damit eine fossile Technologie dauerhaft festgeschrieben wird, muss derzeit noch in Kauf genommen werden, denn diese Länder haben keine andere Wahl: Alternative Technologien mit vergleichbaren Kosten und vergleichbarer Leistungsfähigkeit sind kaum verfügbar und ein Verzicht auf die Nutzung dieser heimischen Energieträger würde die Inkaufnahme massiver Entwicklungseinbußen bedeuten und hätte soziale Verwerfungen zur Folge, unter denen die ganze Welt zu leiden hätte[7]. Das Problem besteht darin, dass das Wachstum der Weltwirtschaft (der temporären Rezession zum Trotz) langfristig so groß sein dürfte, dass auch Effizienzgewinne neuer Anlagen kompensiert werden. Dabei kann es gerade aus deutscher Sicht nicht schaden, sich die Größenordnungen vor Augen zu führen: schreibt man den gegenwärtigen Entwicklungstrend fort, tragen allein China und Indien zu 40 % zum Zuwachs der globalen Energienachfrage bis 2030 bei. Die IEA erwartet, dass die globalen CO_2-Emissionen im Jahr 2030 um mehr als 50 % über den heutigen liegen werden und sich gegenüber dem oftmals verwendeten Referenzjahr 1990 mehr als verdoppelt haben werden. China ist seit 2007 der weltgrößte CO_2-Emittent, Indien wird spätestens 2015 der drittgrößte sein. Dies wird nicht der Endpunkt der Entwicklung sein können, denn auch noch im Jahre 2030 werden weltweit 1,4 Milliarden Menschen ohne Zugang zu Elektrizität leben müssen. Diese Menschen haben einen Anspruch auf moderne Energieversorgung zu auskömmlichen Preisen, die die Lebensqualität und die Lebenserwartung erheblich steigern und die bisherige gesundheitsbedrohende heimische Verfeuerung von Biomasse zurückdrängen, an der laut WHO jährlich mehr Menschen sterben als an Malaria. Dies sind erhebliche Wohlfahrtsgewinne, doch auch sie werden sicher z. T. auch nur über die steigende Nutzung fossiler Energieträger (und entsprechende CO_2-Emissionen) zu erzielen sein. Die EU hat zwar klare Vorgaben für die Treibhausgasemissionen aus den Sektoren Energie und Industrie gemacht und mit dem Emissionshandel ein effizientes Instrument zu deren Erreichung implementiert. Auf diese Weise wird die EU sicher einen Teil des globalen Anstiegs der CO_2-Emissionen kompensieren können. Doch auch hier täusche man sich nicht über die Größenordnungen: Die gesamten CO_2-Einsparungen der Jahre 2006 bis 2020 (gesetzt, das Ziel der Einsparungen um 20 % gegenüber 1990 wird

---

7 Es ist im Übrigen auch keineswegs immer so, dass in den Emerging Economies eine Energieinfrastruktur errichtet wird, in der Energie massenhaft verschwendet wird: In China ist die Energieintensität, also die Menge an Energie, die zur Erzeugung einer Einheit des BIP verwendet wird, seit 1980 um etwa drei Viertel zurückgegangen!

erreicht) machen lediglich 70% der *jährlichen* Emissionen Indiens und Chinas im Jahr 2020 aus.

Interessant sind auch die geostrategischen Herausforderungen beim Gas. Russland wird als größter Gaslieferant der Welt mittelfristig seine Exportverpflichtungen nur erfüllen können, wenn es im Inland auf eine verstärkte Kernenergienutzung setzt. Gleichzeitig wird es bestrebt sein, seine Abnehmerstruktur zu diversifizieren, um nicht in die Abhängigkeit eines europäischen Quasi-Nachfragemonopols zu geraten. Der sich derzeit entwickelnde globale Markt für Flüssiggas (LNG) wird seinerseits zu einer stärkeren Diversifizierung der europäischen Beschaffungsstruktur führen. Dabei kann man zuversichtlich sein, dass sich der LNG-Markt (vorausgesetzt, es bestehen akzeptable Bedingungen für den Aufbau der erforderlichen Infrastruktur in Europa) auch ohne staatliche Unterstützung stark entwickeln wird: dies zeigen die Entwicklungen der letzten Jahre sehr deutlich.

Für Europa können aus den hier beschriebenen Entwicklungen insbesondere Probleme für die Erzeugung von Strom erwachsen, die sich derzeit bereits andeuten. Erforderlich sind zudem vor allem Investitionen in die Stromtransportinfrastruktur und weitere Maßnahmen zur Verbesserung des Marktdesigns in Deutschland und Europa.

3.2 Die Situation in Deutschland und Europa

Für die Absicherung der Stromversorgung in Europa zeichnet sich auf der Erzeugungsseite ein erheblicher Investitionsbedarf ab, der bewältigt werden muss, um dauerhafte Erzeugungsadäquanz zu sichern. Experten des Verbandes VGB PowerTech schätzen, dass der Strombedarf in den EU-25-Staaten von derzeitig etwa 3200 TWh auf 4.200 TWh im Jahr 2020 steigen wird. Anschaulich entspricht dies 167 Kernkraftwerkseinheiten, die je 1600 MW Kapazität haben 333 Steinkohlekraftwerken mit je 800 MW Leistung. In einem funktionierenden Marktmechanismus werden diese Kapazitäten auch errichtet, so dass keine physikalischen Knappheiten auftreten. Allerdings kann dies – und hier zeigen sich wieder die internationalen Interdependenzen – mit zeitweise stark ansteigenden Strompreisen einhergehen, weil die Kraftwerksbetreiber angesichts der enormen langfristigen Nachfrage nach Kraftwerksanlagen in der Welt (z.B. durch Indien und China) eine Vollkostendeckung nur unter vergleichsweise hohen Strompreisen erzielen können. Hier ist es für die politische Rahmensetzung erforderlich, von realitätsnahen Prämissen auszugehen und Investitionsanreize zu setzen. Die seitens einiger Repräsentanten der Bundesregierung vertretenen Szenarien für die Entwicklung des Stromverbrauchs bis 2020[8] können nach unserer Einschätzung kaum als realistisch angesehen werden. Dabei sind bei der aktuellen Entwicklung der Investitionsbedingungen Unterschiede zwischen den Erneuerbaren Energien und den konventionellen Energien deutlich erkennbar.

Die Erneuerbaren sind – dank intensiver staatlich induzierter Förderung – auf dem Vormarsch und werden die Stromproduktion zunehmend prägen. Gute

---

8 Vgl. EWI/prognos (2007).

Chancen für einen wirtschaftlichen Einsatz sind vor allem im Bereich Offshore-Wind zu sehen[9]. Ein großes Problem bleibt jedoch die Speicherung der fluktuierenden Einspeisung aus den Erneuerbaren Energien, um die von einer industriellen Ökonomie geforderte verlässliche Versorgung zu gewährleisten. Hier ist noch Pionierarbeit im Bereich der Speichertechnologie zu leisten; auch muss es weitere Fortschritte im Bereich virtueller Kraftwerke geben, bei denen mehrere Erzeugungsanlagen so kombiniert werden, dass die fluktuierende Einspeisung der Erneuerbaren im Portfolio des Betreibers durch rasch anzufahrende anderen Anlagen ausgeglichen werden kann. Auch global haben die Erneuerbaren erhebliches Potenzial, wobei darauf geachtet werden muss, dass Kapazitäten dort entstehen, wo es wirklich wirtschaftlich ist.

Auch die fossile Erzeugung hat für die Sicherung der Energieversorgung eine Zukunft – nicht nur in Ländern wie China und Indien. In Deutschland werden einige der weltweit effizientesten Kohle- und Gaskraftwerke errichtet. Die derzeit zu beobachtende weit gehende Ablehnung der Kohlekraft in der Öffentlichkeit ist nicht nur vor diesem Hintergrund unbegründet: da die Gesamtmenge der CO_2-Emissionen aus Industrie und Energie im Emissionshandelssystem staatlich vorgegeben ist, kann ein weiteres Kohlekraftwerk denkmöglich nicht zu einem Anstieg der europäischen Emissionen des Treibhausgases führen. Auch der „Regionalismus" bei der Festlegung von Einsparzielen ist bei einem Treibhausgas, bei dem es gleichgültig ist, wo es emittiert wurde, ineffizient. Der Emissionshandel führt bereits zu einer effizienten Internalisierung der sozialen Kosten, die durch die fossile Stromerzeugung verursacht werden. Dabei hat die kostenlose Vergabe der Emissionsrechte in den vergangenen Jahren zusätzlich noch dazu geführt, dass zusätzliche Anreize für den Bau effizienter neuer Kraftwerke geschaffen wurden, so dass eine gegebene Stromnachfrage mit weniger Kohle oder Gas befriedigt werden konnte. Dabei kompensierte die Gratiszuteilung werthaltiger Rechte einen Teil der Schwierigkeiten, die Kraftwerksinvestoren bei der Vollkostendeckung dadurch entstanden, dass die Investitionskosten immer weiter anstiegen. Dieser zusätzliche Investitionsanreiz entfällt nun mit der geplanten Vollauktionierung der Emissionsrechte, so dass sich – nicht zuletzt aufgrund einer Studie der Deutschen Energie-Agentur (dena)[10] – ein Engpass bei den deutschen Erzeugungskapazitäten am Horizont abzeichnet, der vermutlich zu temporär hohen Strompreisen führen wird, wie auch eine Studie des Energiewirtschaftlichen Institutes an der Universität Köln gezeigt hat[11]. Hier wird anhand von Modellrechnungen aufgezeigt, dass der Base-Preis für Strom bei Vollauktionierung bis 2020 um etwa 50%, im Business-as-usual-Fall um lediglich 15% ansteigen wird, weil es zu Kapazitätsverknappungen kommen wird, die auf zurückhaltenderes Investitionsverhalten zurückzuführen sind. Vor diesem Hintergrund kann es politisch angeraten sein, die Auktionierung nochmals zu überdenken. Dies auch mit Blick auf die internationalen Primärenergiemärkte und

---

9   Die EnBW investiert jetzt und in den kommenden Jahren etwa 3 Milliarden Euro in Offshore-Erzeugung in Nord- und Ostsee.
10 Vgl. dena (2008).
11 Vgl. EWI (2008).

die dort bestehenden Abhängigkeiten, denn ein Emissionshandelssystem mit restriktiver Mengenvorgabe und Auktionierung bevorzugt Investitionen in gasbetriebene Anlagen, da diese einen geringeren spezifischen CO_2-Ausstoß haben.

Die Kernkraft gehört auch in Zukunft zu einer effizienten und gesicherten Versorgung. Weltweit hat man das längst erkannt. Nach Angaben der World Nuclear Association befinden sich derzeit 34 Reaktoren mit einer Leistung von insgesamt mehr als 27 GW im Aufbau, davon derzeit vier (mit mehr als vier GW) in Europa (in Finnland, Frankreich und der Slowakei), mehrere Ausstiegsmoratorien und Wiedereinstiegsbeschlüsse wurden gefasst. Diese Technologie, die in Deutschland beinahe die Hälfte der Grundlast wirtschaftlich deckt, hat erhebliche Vorteile hinsichtlich Wirtschaftlichkeit und Verlässlichkeit. Der geplante Ausstieg aus der Kernenergie wird dagegen eher zur Verschärfung der erwähnten kapazitativen Probleme beitragen.

Einen entscheidenden Beitrag zur Schaffung von Versorgungssicherheit bilden die Strom- und Gasnetze. So können netzseitig erhebliche wirtschaftliche Potenziale durch den Ausbau der europäischen Übertragungsnetze gehoben werden, wenn dies etwa den europaweiten Ausgleich fluktuierender Erneuerbaren-Einspeisung gewährleistet. Auch erhöht es die Versorgungssicherheit, wenn europaweit Kraftwerkskapazitäten bereitstehen, um die Versorgung im Falle von Engpässen zu gewährleisten. Dies ist nur unter der Voraussetzung einer funktionierenden Stromtransportinfrastruktur möglich. Ob diese errichtet wird, hängt maßgeblich von den für das natürliche Monopol Netz zuständigen Regulierungsbehörden ab, die die Investitionsbedingungen für Netzanlagen schaffen. In Deutschland sind hier noch nicht alle Fragen gelöst. So gibt es derzeit bspw. noch Klärungsbedarf hinsichtlich der Ausgestaltung der von der deutschen Bundesnetzagentur zu genehmigenden Investitionsbudgets für Erweiterungs- und Umstrukturierungsinvestitionen im Transportnetz.

Eine geeignete Marktorganisation ist elementar für eine effiziente Versorgungssicherung. Auch hier kommt es auf die Prioritätensetzung an. Während die oben erwähnten Maßnahmen wie Ownership Unbundling oder Sonderkartellrecht sachlich unbegründet sind, kann noch manches im Hinblick auf die Schaffung eines integrierten europäischen Energiemarktes getan werden. Zahlreiche dieser Aktivitäten sind bereits in der Umsetzung, wie etwa die Einführung verbesserter Verfahren zur Bewirtschaftung knapper Grenzkuppelstellen. Über weitere Schritte wird derzeit nachgedacht. So gilt es, einen Allokationsfehler bei der Kraftwerksansiedlung zu beseitigen: Weil der Stromtransport für den Kraftwerksinvestor kostenlos ist, werden Kraftwerke insbes. dort angesiedelt, wo günstige Brennstoffbeschaffungsbedingungen herrschen, insbes. an der Küste und der Rheinschiene. Eine lastnahe Erzeugung, d.h. eine Erzeugung in der Nähe der Orte des Stromverbrauchs, wird dadurch nicht begünstigt – im Gegenteil: die Transportentfernungen und damit die Netzbelastungen nehmen immer weiter zu.

So kann eine marktverbessernde Maßnahme darin bestehen, lastnahe Ansiedlung von Kraftwerken so zu fördern, dass die volkswirtschaftlichen Kosten für Netz und Erzeugung minimiert werden.

4 Fazit

Die deutsche und europäische Energiepolitik benötigen eine konsistente Gesamtstrategie und eine effiziente Schwerpunktsetzung. Dies erscheint als ein Gemeinplatz, doch ist die Wirklichkeit derzeit noch weit von diesem Ideal entfernt. Zunächst zeigt alle Erfahrung, dass effiziente Energiemärkte, in denen auch gesellschaftliche Kosten der Energiebereitstellung (z.B. aufgrund der Emission von Klimagasen) internalisiert werden, die beste Gewähr für Effizienz liefern, weil sie wirtschaftliche Anreize schaffen, den Primärenergieeinsatz zu minimieren und moderne Erzeugungstechnologien zu implementieren. Es ist eine Errungenschaft der europäischen und deutschen Energiepolitik der vergangenen Jahre, schon einige Rahmenbedingungen für effiziente Märkte installiert zu haben. Ökologisch wie ökonomisch unsinnige Ressourcenverschwendung ist dagegen global vor allem auf jenen Märkten zu beobachten, in denen der Staat in die Funktionsweise des Marktes eingreift. Dies haben Länder wie China oder Russland erkannt. Sie beginnen damit, die heimischen Preise für Gas oder Kohle allmählich anzuheben und damit dem Niveau anzunähern, das den Knappheitsverhältnissen entspricht. Allein die Effizienz- und Klimaschutzbeiträge „wahrheitsgemäßer" Preise für Energieträger in diesen Ländern dürften immens sein. Weitere Schritte in Richtung globaler Marktentwicklung sind vonnöten, so z.B. die Entwicklung eines globalen CO_2-Marktes.

Neben der Anerkennung des Primates des Marktes ist jedoch auch eine adäquate Schwerpunktsetzung erforderlich. Es wird zu massiven Wohlfahrtseinbußen kommen, wenn politische Akteure angesichts der politökonomisch nachvollziehbaren Neigung zu spektakulären und eingriffsintensiven Einzelmaßnahmen die langfristige Versorgungssicherheit aus den Augen verlieren. Hier fehlt es derzeit noch an Abstimmung und konkreten Schritten – sowohl zwischen den Ressorts innerhalb der Bundesregierung, als auch mit der europäischen Ebene.

Literatur

Bundesnetzagentur (2007/2008): Monitoringberichte zur Entwicklung des Strom- und Gasmarktes, Bonn.

dena (2008): Kurzanalyse der Kraftwerks- und Netzplanung in Deutschland bis 2020, Berlin 15.04.2008.

EWI (2008): Auswirkungen der Emissionshandelsrichtlinie gemäß EU-Kommissionsvorschlag vom 23.01.2008 auf die deutsche Elektrizitätswirtschaft, Kurzexpertise im Auftrag des Ministeriums für Wirtschaft, Mittelstand und Energie des Landes Nordrhein-Westfalen, Köln.

EWI/prognos (2007): Energieszenarien für den Energiegipfel 2007, Köln/Basel.

Ellersdorfer, I./Swider, D. (2007): Marktmacht am deutschen Elektrizitätsmarkt: empirisch nachweisbar?, in: Energiewirtschaftliche Tagesfragen, Bd. 57 (2007), 11, S. 32–39.

IEA (2008): World Energy Outlook 2008, Paris.

Ockenfels, A. (2007): Strombörse und Marktmacht, Gutachten für das Ministerium für Wissenschaft, Wirtschaft und Verkehr des Landes Schleswig Holstein, Köln.

In varietate concordia – Strategie und Ziele der „neuen" EU-Energie und Klimapolitik

RA Stefan Lars- Thoren Heun- Rehn Mag. jur. LL.M.[1] und
RRef. Friederike Anna Dratwa Mag. Jur.[2]

1 Synopse

Traditionell fiel die Energiepolitik in der Europäischen Union in die alleinige Zuständigkeit der einzelnen Mitgliedstaaten. In den vergangenen Jahren sind jedoch die Europäische Kommission und die Einzelstaaten zu der Überzeugung gelangt, dass eine gemeinsame und abgestimmte strategische europäische Energiepolitik die effizienteste Art ist, den Herausforderungen zu begegnen, die heute die Energiepolitiken aller entwickelten Staaten weltweit kennzeichnen. Zu diesen Herausforderungen zählen die globale Erderwärmung, Versteppung und andere Umweltbedrohungen, Energiesicherheit, Energieeffizienz und die Wege die strategische Abhängigkeit von fossilen Energieträgern zu reduzieren. Getrieben ist diese Entwicklung auch von der Einsicht, dass es für die EU in den Feldern der Energiesicherheit und des Umweltschutzes immer bedeutsamer wird ihre politischen Anliegen gegenüber Drittstaaten mit einer gemeinsamen Stimme zu vertreten. Auch wenn die stark divergierenden Partikularinteressen der Einzelstaaten die Durchsetzung einer gemeinsamen Politik schwierig machen, wurden in den letzten Jahren signifikante Schritte hin zu einem kohärenten Ansatz in Schlüsselfeldern der Energiepolitiken geschafft. Die EU versucht dabei ihre Position als weltweiter Entwicklungsschrittmacher zu festigen, nicht zuletzt auch mit der Zielsetzung, die sich bietenden technologischen Marktchancen als First Mover für Exporte nutzen zu können.

---

1 Doktorand, betreut durch Prof. Jochum, Fachbereich Rechtswissenschaften, Universität Konstanz, Deutschland, lars.thoren.heun-rehn@uni-konstanz.de.
2 LL.M. Studentin (Oil and Gas Law) der Universität Aberdeen, Vereinigtes Königreich, friederike.dratwa.09@aberdeen.ac.uk.

2 Einleitung

Für Industriestaaten wie die Mitgliedstaaten der EU nimmt die Energiepolitik eine natürliche Schlüsselfunktion unter allen Politikfeldern ein. Lange Zeit waren die Debatten um das Für und Wider einer kohärenten Strategie der Gemeinschaft im Bereich Energie für die breite Öffentlichkeit von geringem Interesse. Im Zuge der verschärft geführten Klimadebatte, dem sich daran anknüpfenden Disput einzelner Mitgliedstaaten um den Ausstieg aus der Kernkraft und dem breiten Aufkommen der erneuerbaren Energien vollzog sich ein gewisser Wandel der öffentlichen Meinung hinsichtlich der Rolle, die der EU bei der Gestaltung der Energiezukunft zukommen könnte. Es sind also nicht erst die zwischenzeitlichen Preissteigerungen der Primärenergieträger an den internationalen Rohstoffmärkten und die im zweiten Winter nacheinander auftretenden akuten Verwerfungen in Osteuropa mit ihren möglichen Implikationen für die Energiesicherheit der EU, die das Thema in den Fokus der „europäischen Öffentlichkeit" rücken. Der folgende Beitrag wird die aktuellen Entwicklungslinien der Energiepolitiken der EU aufzeigen und einzelne Problemfelder aufgreifen, um sie kritisch zu bewerten.

3 Die Leitlinien der EU Energiepolitik

Energiepolitik in der EU liegt traditionell in der alleinigen Verantwortung und Jurisdiktion jedes einzelnen Mitgliedstaates. Unmittelbare Folge dieses lange sorgsam gehüteten einzelstaatlichen Hegemoniegebarens ist der offenkundige Mangel an gemeinsamen Ansätzen der EU Energiepolitik[3]. Beispielhaft seien hier die konträren Ansätze Frankreichs und Deutschlands genannt. Während Frankreich einen Großteil seiner Energieversorgung aus Atomstrom deckt[4], seine großen ehemals staatlichen Energieproduzenten effektiv dem innereuropäischen Wettbewerb entzieht und so Monopolgewinne in großem Ausmaß ermöglicht, die wiederum nicht zuletzt in den Kauf und Aufbau von Kapazitäten der französischen Versorger im europäischen Ausland fließen[5], gelingt es der deutschen Politik augenscheinlich nicht den Wettbewerb auf den heimischen Gas- und Strommärkten effektiv in Gang zu bringen. Unter anderem aus Furcht, den betroffenen deutschen Unternehmen einen Wettbewerbsvorteil zu nehmen, legt Deutschland keinen besonderen Wert auf durchgreifende Schritte gegen die Teilnehmer der Netzoligopole[6]. Letztlich greift so trotz vorgeblich entmonopolisierten Märkten der Wettbewerb nicht, wobei dies zu Lasten der Verbraucher geschieht, denen die

---

3 Jones, EU Energy Law, Volume II, S. 6; Aalto, The EU-Russian Energy Dialogue, S. 8 f.; Sioshansi/Pfaffenberger, Electricity Market Reform, An international Perspective, S. 265 ff.; Cameron, Legal Aspects of EU Energy Regulation, S. 35 f.
4 Roggenkamp / Redgwell / Del Guayo / Rønne, Energy Law in Europe, S. 1335.
5 Bielecki / Desta, Electricity Trade in Europe, Review of the Economic and Regulatory Changes, S. 54 f.
6 Cameron, Legal Aspects of EU Energy Regulation, S. 161; Sioshansi / Pfaffenberger, Electricity Market Reform, An international Perspective, S. 240 f.

positiven gesamtwirtschaftlichen Vorteile des Wettbewerbs vorenthalten bleiben[7]. Zudem bedient sich Deutschland zur Sicherung der Versorgung mit Gas in großem Umfang fast schon traditioneller bilateraler Lieferkontakte mit Norwegen und Russland[8], die die Etablierung einer potentiellen gemeinsamen europäischen Energieaußenpolitik erschweren. Deutschland hat zudem den Ausstieg aus der Atomenergie rechtsverbindlich auf den Weg gebracht, auch wenn die Entscheidung national fortwährenden politischen Angriffen mit dem Mindestziel der Verlängerung der festgelegten Restlaufzeiten ausgesetzt ist[9]. Diese Entscheidung steht im Gegensatz zu Bestrebungen anderer europäischer Länder, die zur gleichen Zeit neue Atomanlagen bauen und planen[10]. In diesem scherenschnittartig beschriebenen Gemenge bleibt wenig Entwicklungsraum für die Energiepolitik kleinerer Mitgliedstaaten, die ihre Interessen übergangen sehen und zu Recht auf Änderungen des modus operandi drängen, wenn die EU ihre ambitionierten Ziele der Vereinbarkeit von Umwelt und Wirtschaftlichkeit erreichen will. Unabhängig davon wie man diese jeweiligen nationalen Politiken bewertet, bleibt festzustellen, dass die EU insgesamt von diesem rivalisierenden Verhalten nicht profitiert. In den vergangenen Jahren hat sich die EU gleichwohl als Schrittmacher einer gemeinsamen Energiepolitik zunehmend profiliert, trotz der weiterhin bei den Mitgliedstaaten verbleibenden Umsetzungshoheit über die angestrebten Ziele. Die EU bezieht ihre politische Legitimation in diesem Bereich aus den globalen Herausforderungen, denen jeder Energieverbraucher und -produzent weltweit unterworfen ist. Zu diesen Herausforderungen zählen unter anderem die globale Erderwärmung, Versteppung und andere Umweltbedrohungen, Energiesicherheit, steigende Importabhängigkeit und die Notwendigkeit, die strategische Abhängigkeit von fossilen Energieträgern zu reduzieren. Getrieben ist diese Entwicklung auch von der Einsicht, dass es für die EU in den Feldern des nachhaltigen Umweltschutzes, der Energiesicherheit, Energieeffizienz, des Aufbaus und der Wettbewerbsfähigkeit eines gemeinsamen Marktes immer bedeutsamer wird, ihre politischen Anliegen gegenüber Drittstaaten mit einer gemeinsamen Stimme zu vertreten. Die Mitgliedstaaten haben sich aus diesem Grund das Ziel einer gemeinsamen europäischen Energiepolitik gesetzt, deren Kernanliegen nachfolgend kurz vorgestellt werden.

---

7   Green, EU Regulation and Competition Policy among the Energy Utilities, S. 19 f.
8   Aalto, The EU-Russian Energy Dialogue, S. 94 f. und 102 f.
9   Roggenkamp / Redgwell / Del Guayo / Rønne, Energy Law in Europe, S. 693 f.
10 Siehe dazu auch Paulsen / Zärgel, European Policy towards Central Asia, Bergedorf Round Table, Astana, S. 83 f. Großbritannien, Frankreich und Polen planen den Bau neuer Kernkraftwerke. In Finnland wird derzeit der erste europäische Druckwasserreaktor gebaut und Schweden ersetzt alte gegen neue Reaktoren, nach über 30 Jahren kategotischer Ablehnung der Kernkraft.

3.1 Der Weg hin zu einer verbrauchsarmen Energiewirtschaft

Mit der Hinwendung zu einer europäischen Energiepolitik betritt die EU kein Neuland. Im Gegenteil, sie greift auf ihre historischen Wurzeln, EGKS[11] und EURATOM[12], zurück. Die EGKS-Verträge formen den Nukleus, ohne den die heutige EU nicht existieren würde. Fragen der friedlichen Nutzung und strategischen Verteilung von Energie waren bereits 1951 Motor der europäischen Einigung. Der europäische Energiesektor wurde zu Beginn der europäischen Integration Mitte des 20. Jahrhunderts als besonders bedeutsames Politikfeld erkannt. Die Gründungsväter der Gemeinschaften strebten eine strategische Integration der Energiefelder unter anderem deswegen an, um hegemoniale Energiewettrennen wie zu Beginn der Weltkriege unmöglich zu machen. Aus dieser Zeit stammen die EGKS, EURATOM und die EWG, später die EG. Während die unterdessen ausgelaufene EGKS und die auch heute noch bedeutsame EURATOM spezifisch energierelevante Verträge sind, findet Energie bereits in der EWG keine weitere Erwähnung[13]. Bis zum Ende der 80er Jahre änderte sich an dieser Ausgangslage trotz vieler Versuche nichts Wesentliches[14]. Erst der EU Vertrag inkorporierte Energiepolitiken und gab den Mitgliedstaaten gemeinsame Grundlagen. Seither haben Rat, Parlament und Kommission viele Vorhaben auf den Weg gebracht, die aber nicht vergessen machen können, dass eine gemeinsame kohärente Energiepolitik noch immer nicht (auch nicht förmlich) erreicht werden konnte. Die ersten Schritte zielten auf die Ermöglichung eines freien Wettbewerbs zwischen den einzelnen Anbietern auf den verschiedenen Märkten ab[15], waren aber nicht von überzeugendem Erfolg gekennzeichnet, da die Ungleichgewichte zwischen kleinen und großen Marktteilnehmern zu deutlich waren[16].

Um das Anliegen der Verringerung der schädlichen Treibhausgase und der Reduzierung der strategischen Importabhängigkeit zu erreichen, hat es sich die EU zum Ziel gesetzt eine hocheffiziente und gleichzeitig CO_2-emissionsarme Energiewirtschaft zu werden. Dieser Anspruch wird durch die Formulierung verschiedener ambitionierter Zwischenziele unterstrichen und kumuliert in der Erklärung der Kommission aus dem Jahr 2007, in der die Leitlinien der zukünftigen Energiepolitik klar herausgestellt werden:

---

11 Bayer, Wurzeln der Europäischen Union, S. 79 f.; Grunwald, Das Energierecht der Europäischen Gemeinschaften, S. 12 f. und 39 f.; Rasch / Düwell, Anfänge und Auswirkungen der Montanunion auf Europa, S. 20 ff.; Haas, The Uniting of Europe, S. 103 ff.
12 Grunwald, Das Energierecht der Europäischen Gemeinschaften, S. 14 f. und S. 193 ff.; Dumoulin / Guillen / Vaïsse, L'énergie nucléaire en Europe, Des origines à Euratom S. 99 ff.; Cameron, Competition in Energy Markets: Law and Regulation in the European Union, S. 245 f.; European Commission, Euratom: 50 years of nuclear energy serving Europe, S. 15 ff.
13 Roggenkamp / Redgwell / Del Guayo / Rønne, Energy Law in Europe, S. 225 ff.; Grunwald, Das Energierecht der Europäischen Gemeinschaften, S. 17 ff.
14 Jones, EU Energy Law, Volume I, S. 1 f.
15 Cameron, Legal Aspects of EU Energy Regulation, S. 49 f.
16 Jones, EU Energy Law, Volume II, S. 415 ff.

„The point of departure for a European energy policy is threefold: combating climate change, limiting the EU's external vulnerability to imported hydrocarbons, and promoting growth and jobs, thereby providing secure and affordable energy to consumers."[17]

Der Entwurf der Kommission, der als das Herzstück der derzeitigen europäischen Energiepolitik gelten kann, strebt nichts weniger als die Initiierung einer neuen industriellen Revolution[18] an, um die ehrgeizigen Ziele ins Werk zu setzen. Um die erklärten Ergebnisse zu erreichen, werden hauptsächlich marktorientierte Lenkungsinstrumente, die Entwicklung neuer Technologien und weitere finanzielle Anreize eingesetzt. Zu den Lenkungsinstrumenten zählen als Kernstück das System des CO_2-Handels, Steuern und zuletzt Subventionen[19]. Der Technologiesprung soll hauptsächlich durch Verbesserungen in der Reduzierung der technologischen Abhängigkeit von fossilen Energieträgern, den Ausbau von energieeffizienteren Technologien und den vermehrten Einsatz erneuerbarer Energieträger gelingen. Energiesicherheit, Treibhauseffekt, erneuerbare Energien, Energieeffizienzsteigerung, Technologiefortschritte und der gemeinsame Markt, beziehungsweise das sektorale Wettbewerbsrecht sind, wie nachfolgend besprochen, Schlüsselfelder dieser Konzepte.

3.2 Energiesicherheit

Die Bedeutung verlässlicher Bereitstellung von Energie ist in modernen Gesellschaften nicht zu überschätzen. Die OPEC Ölkrise der 70er Jahre des 20. Jahrhunderts hat bereits deutlich gemacht, wie effektiv ökonomische Macht für politische Zwecke genutzt werden kann[20]. Insofern steht die EU durch die neuesten Zweifel an den energiepolitischen Zielen und Motiven Russlands[21] nicht vor gänzlich unbekannten Herausforderungen. Auf den Öl-, Elektrizitäts- und Gasmärkten bilden sich häufig natürliche Monopole[22], so dass die Politik die inner- und außereuropäischen Herausforderungen nie völlig auflösen können wird[23]. Der

---

17 Communication from the Commission to the European Council and the European Parliament, An energy policy for Europe, COM (2007) 1 final, S. 5.
18 Ebid.
19 Roggenkamp / Redgwell / Del Guayo / Rønne, Energy Law in Europe, S. 315 ff.; Cameron, Competition in Energy Markets: Law and Regulation in the European Union, S. 495 f.
20 Amineh, The Greater Middle East in Global Politics, S. 476 f.; Werring, EU Energy Law, S. 6.
21 Nichol, Politics and Economics of Russia and Eastern Europe, S. 59 ff.; Aalto, The EU-Russian Energy Dialogue, S. 44 ff.; Roggenkamp / Redgwell / Del Guayo / Rønne, Energy Law in Europe, S. 213 f.
22 Bielecki / Desta, Electricity Trade in Europe, Review of the Economic and Regulatory Changes, S. 184 f.; Roggenkamp / Redgwell / Del Guayo / Rønne, Energy Law in Europe, S. 267 f.; Green, EU Regulation and Competition Policy among the Energy Utilities, S. 3 f.
23 Jones, EU Energy Law, Volume I, S. 69 ff.; Bielecki / Desta, Electricity Trade in Europe, Review of the Economic and Regulatory Changes, S. 11 ff.

Umfang der Abhängigkeit der Mitgliedstaaten von einzelnen Energieträgern und die Schlussfolgerungen daraus werden in Teil 5 des Beitrags näher erörtert.

Kleinere Energiekrisen politischer, ökonomischer oder technologischer Natur ließen sich in den vergangenen drei Jahren europaweit beobachten, auch wenn sie die Mitgliedstaaten in deutlich unterschiedlichem Ausmaß und aus gänzlich unterschiedlichen Gründen getroffen haben. Mit Blick auf den teilweise ineffizienten Technologiestand oder den Infrastrukturinvestitionsstau einzelner Mitgliedstaaten, gehen Bedrohungen der Energiesicherheit nicht nur von außereuropäischen Quellen aus, sondern sind auch hausgemacht. Die fundamental unterschiedlichen Ausgangslagen einzelner EU-Länder hinsichtlich technologischer Voraussetzungen sowie Zugang zu Energiequellen respektive -versorgern und der ausgeprägte innereuropäische Wettbewerb der Mitgliedsländer untereinander, erschweren es der EU, eine effektive energiepolitische Solidargemeinschaft zu gründen. Gemeinsames Vorgehen ist für die neue Energiepolitik der EU deshalb ein Wert an sich. Ebenso betont die neue EU-Strategie die dauerhafte Diversifikation der Lieferanten, der Lieferwege der Primärenergie und den Aufbau von strategischen Energiereserven.

3.3 Reduzierung des Treibhauseffektes

Ausgehend von der Überzeugung, dass Treibhausgase aus dem Verbrauch fossiler Energiequellen einen wesentlichen Anteil an der menschengemachten Erderwärmung tragen, strebt die EU eine signifikante Reduzierung des europäischen Emissionsbeitrags an.

Abb. 1: Gewichtete Karte des Anstieges der weltweiten Carbon-Emissionen 1980 bis 2000[24]

---

24 © Copyright 2006 SASI Group (University of Sheffield) and Mark Newman (University of Michigan), siehe auch www.worldmapper.org.

Das Quantum der schädlichen Treibhausgase aus dem Primärenergieverbrauch inklusive der Verkehrsbeiträge in der EU soll dabei bei 80% liegen. Die EU hat dabei das verbindliche Ziel ausgegeben, bis zum Jahr 2020 die europäischen Emissionen um mindestens 20% zu senken (so genannte 2020-Ziele). 30% sollen es werden, wenn die EU es durch Verhandlungen schafft andere außereuropäische Industriestaaten zu einem gemeinsamen verbindlichen Reduktionsvertrag zu bewegen[25]. Das Spannungsfeld zwischen Ökonomie und Ökologie aufzulösen ist dabei notwendige Voraussetzung aller Anstrengungen, da nur so auch die notwendigen privaten Investitionen in die Erreichung der Ziele fließen werden und es nicht lediglich zu gesamtwirtschaftlich unerwünschten Produktionsverlagerungen außerhalb Europas kommt (Stichwort: Carbon Leakage)[26].

3.4 Regenerative Energien

Windenergie[27], Solarenergie, Geothermie, Gezeitenkraftwerke, Wärmepumpen, Wasserkraft, Biomasse und Biokraftstoffe[28] fasst man gemeinhin unter dem Synonym regenerative Energien zusammen[29]. Diese Techniken sind aufgrund ihres unterschiedlichen Wirkungsgrades, ihrer verschiedenen Einsatzmöglichkeiten und der bisher noch nicht in vollem Umfang gegebenen Wirtschaftlichkeit im Vergleich mit den klassischen Energiequellen auf politische und finanzielle Hilfestellungen durch die EU angewiesen[30]. Obwohl Streit über den kurzfristigen und langfristigen Beitrag der einzelnen Techniken zum Energiemix der EU besteht, sind sich doch alle Mitgliedstaaten einig, dass die regenerativen Energien einen nicht zu unterschätzenden Beitrag zur Erreichung der Umweltschutzziele wie auch der strategischen Entwicklung der Union liefern werden[31]. Neben den weitgehend unbestrittenen positiven Umweltaspekten fördert die EU durch den verstärkten Einsatz von regenerativen Energien die Autarkie von Energielieferungen aus Drittstaaten, mit den augenscheinlich positiven strategischen Folgen. Zusätzlich zur gesteigerten Versorgungssicherheit würde eine technologische Vorreiterrolle auch ökonomische Vorteile durch das Ausnutzen des First Mover Effektes auf ausländischen Märkten mit sich bringen[32]. Den Beharrungskräften der von etwaigen Belastungen besonders betroffenen Staaten kann so ein ökonomisches Gegengewicht gesetzt werden, das es ihnen ermöglicht, die Umstellung

---

25 Delbeke, EU Environmental Law, S. 254 f.
26 Siehe auch, Frondel / Schmidt / Vance, Emissions Trading: Impact on Electricity Prices and Energy-Intensive Industries, S. 13.
27 Siehe auch, Zillman / Redgwell / Omorogbe / Barrera- Hernández, Beyond the Carbon Economy, S. 287 ff.
28 Zur Definition und Bedeutung von Biokraftstoffen instruktiv, Zillman / Redgwell / Omorogbe / Barrera- Hernández, Beyond the Carbon Economy, S. 266 f.
29 Bielecki / Desta, Electricity Trade in Europe, Review of the Economic and Regulatory Changes, S. 286 f.
30 Roggenkamp / Redgwell / Del Guayo / Rønne, Energy Law in Europe, S. 375 ff.; Grunwald, Das Energierecht der Europäischen Gemeinschaften, S. 424 f.
31 Cameron, Competition in Energy Markets: Law and Regulation in the European Union, S. 571.
32 Werring, EU Energy Law, S. 15 f.

gesamtwirtschaftlich tragfähig zu machen. Die EU hat ihre Pläne auf eine griffige Formel gebracht, sie will den Anteil der erneuerbaren Energien am Gesamtenergiemix ausweislich ihrer Renewable Energies Roadmap[33] auf 20% bis zum Jahr 2020 anheben. Anhand der nachfolgenden EU Projektion aus dem Jahr 2004 ist deutlich der noch entwicklungsfähige Anteil der erneuerbaren Energien am gesamten Primärenergiegesamtaufkommen zu erkennen.

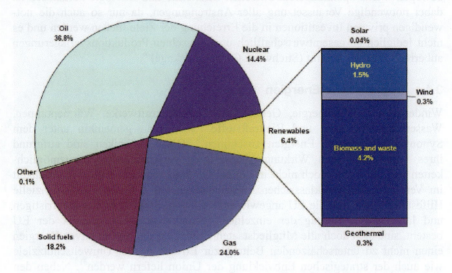

Abb. 2: Energiemix inklusive erneuerbarer Energien der EU-27 (2004)[34]

Selbst wenn die EU also die 2020 Ziele erreicht, wird der Hauptteil des Energiemix augenscheinlich nach wie vor von fossilen Energieträgern oder der Atomkraft getragen werden müssen. Dabei ist die Steigerung des Anteils auf 20% bis 2020 mitnichten ein Selbstläufer und kann nur gelingen, wenn politische, technologische und wirtschaftliche Maßnahmen optimal ineinander greifen, da die heterogenen Technologiefelder teilweise erst am Anfang ihrer Marktpenetration stehen.

3.5 Energieeffizienzsteigerung

Mit Umstellungen der Energieträger alleine lassen sich die Klimaziele einer 20%igen Reduzierung des Gesamtenergieeinsatzes bis 2020[35] nicht erreichen. Dieses ambitionierte Ziel lässt sich nur durch weit reichende Energieeffizienzsteigerungen über alle Verbrauchsstufen hinweg realisieren. Andererseits lassen sich durch Effizienzsteigerungen bereits mit den heute verfügbaren Techniken

---

33 COM (2006) 848 final.
34 Quelle: EU Kommission, EU Energy Policy Data, SEC (2007) 12.
35 Communication from the Commission Action Plan for Energy Efficiency: Realising the Potential, COM (2006) 545 final, S. 19 ff.

beachtliche Erfolge erzielen, die kostenneutral erhebliche Potentiale ausschöpfen[36]. Nicht ausgeschöpfte Potentiale bieten alle Energiearten über sämtliche Mitgliedstaaten der Union hinweg, weshalb Energieeffizienzsteigerungen den leichtesten Einstieg in die Ziele der 2020 Agenda bieten[37]. Die Hauptenergienachfrager, verarbeitendes Gewerbe, private Haushalte, Gebäudesubstanz und Verkehr, sind auch gleichzeitig die Sektoren mit den größten Einsparungsreserven. Die Industrie vertritt den Standpunkt, dass die Union lediglich das Ziel vorgeben sollte, um dem Markt die kostengünstigste Möglichkeit der Realisierung zu überlassen. Schon aus diesem Grund ist zwischen den einzelnen Interessengruppen die genaue Höhe des jeweiligen Beitrages stark umstritten, da insbesondere die Industrie die Kosten der zügigen Umstellungen scheut und einzelne Gruppen mit gewichtigen Gründen ihre Standpunkte vertreten. Auch wenn die Erfolge in diesem Bereich technologisch weniger spektakulär anmuten mögen und deshalb in der Diskussion vielfach weniger beachtet werden, so bietet die Effizienzsteigerung doch die unmittelbarsten Einsparmöglichkeiten, wenn die Frage der Verteilung dereinst vollständig geklärt worden ist. Die gesteigerte Aufmerksamkeit die diesem Feld zuteil wird, lässt zudem technologische Neuerungen erwarten, die zusätzliche Potentiale freisetzen sollten.

3.6 Technologiesprünge

Die Ziele der 2020 Agenda, wie beispielsweise der zuvor genannte Ausbau der erneuerbaren Energien oder auch die gesteigerte Energieeffizienz der bestehenden Techniken, basieren wesentlich auf unterstellten und erwarteten zukünftigen Technologiesprüngen in allen Bereichen der Energiewirtschaft. Die notwendigerweise durchzuführenden Investitionen in neue Technologien stellen einen gesamtökonomischen Ausgleich für die gleichzeitig zumindest kurzzeitig steigenden Kosten der Primärenergie dar, wenn es durch die europäischen Begleitprogramme gelingt, die europäische Industrie zum Motor der weltweiten Entwicklung zu machen. Erste Ansätze dazu lassen sich durch die in den vergangenen Jahren steigenden privaten und öffentlichen Aufwendungen einschlägiger Forschungs- und Entwicklungsetats wahrnehmen, die auch als Vorgriff auf die veränderten europäischen Marktchancen verstanden werden können. Gleichzeitig wird für die Akquisition strategisch wichtiger Firmen, beispielsweise im Sektor der erneuerbaren Energien, viel Geld ausgegeben[38]. Diese Ausgaben belegen gleichzeitig die Validität der vorgelegten europäischen Ziele, da hier nicht nur wohlfeile Pläne

---

36 Werring, EU Energy Law, S. 3 f.
37 Zillman / Redgwell / Omorogbe / Barrera- Hernández, Beyond the Carbon Economy, S. 67 f.
38 Aktuellstes Beispiel ist die Übernahmeschlacht um die Hamburger Repower Systems AG. Die indische Suzlon setzte sich mit einem kolportierten Kaufpreis von 1 Mrd. Euro als Käufer durch. Bis zuletzt stritten sich der Mehrheitseigentümer Suzlon und der rivalisierende Bieter, der französische Atomkonzern Areva sowie der Großaktionär Martifer, um die Kontrolle über Repower. Ein anderer Beleg dieser Entwicklung ist das Interesse der Beteiligungsfirma Blackstone an Meerwind vor Helgoland, einem projektierten Offshore-Windenergieanlagenpark.

geschmiedet werden, sondern tatsächlich in signifikantem Ausmaß privates Geld ausgegeben und angelegt wird. Für die EU als Ganzes liegt die Herausforderung darin, die Weltmarktführerschaft ihrer Firmen zu stärken und zu verteidigen, auch um den Abfluss strategischen Wissens über Schlüsseltechnologien zu verhindern. Ausgehend von der Annahme, dass in Zukunft weltweit alle entwickelten und sich noch entwickelnden Gesellschaften die gleichen energetischen und ökologischen Herausforderungen zu meistern haben werden, ist die durch ambitionierte Ziele untermauerte Forschungs- und Entwicklungsführerschaft der EU eine ökonomische Pflicht des 21. Jahrhunderts. Dies umso mehr, wenn man den Blick auf die positiven Beschäftigungsimpulse richtet, die die EU aus dem Aufbau erneuerbarer Energien jetzt schon ziehen konnte[39]. Den richtigen Mix aus Grundlagen- und anwendungsnaher Forschung zu finden, ist aus ökonomischer Perspektive der Schlüssel zum Gelingen dieser Pläne. Nur wenn es die EU durch ihre Förderprogramme und ökologischen Zielmargen schafft, die privatwirtschaftlichen Investitionen in entsprechendem Ausmaß anzustoßen, können technologische Entwicklungssprünge den erhofften Beitrag zum Erreichen der 2020 Ziele beitragen[40].

Mit Blick auf die durch die EU in letzter Zeit ausgegebenen Ziele der Energiepolitik lässt sich scherzhaft fragen, ob in Brüssel der Zahl 20 eine tiefere, gar mystische Bedeutung zukommt. Jedenfalls scheinen dies die Reduktions- und Steigerungsziele von jeweils 20% in jedem Feld der Energiepolitik bis zum Jahr 2020 nahe zu legen[41].

3.7 Gemeinsamer Markt und Wettbewerbsrecht

Während die rechtlichen Voraussetzungen für einen gemeinschaftsweiten Energiemarkt bereits Formen angenommen haben[42], die Konsumenten also grundsätzlich den Anbieter europaweit nach Kriterien wie Ökologie und Wirtschaftlichkeit frei wählen können, verbleibt die Umsetzung der Zugangskriterien in der Regie der einzelnen Mitgliedstaaten. In vielen Staaten ist aus politischen Gründen ein Marktversagen zu verzeichnen. Nota bene Deutschland hat bis zur effektiven Öffnung seiner Strom- und Gasmärkte noch Regulierungsbedarf und kann sich den Beharrungskräften der Energieversorger bei der Marktöffnung zur Zeit nicht entziehen. Die Oligopolisten haben es bisher gemeinschaftsweit verstanden ihre beherrschende Stellung zu nutzen und so den durch die EU avisierten freien

---

39 Siehe, European Wind Energy Association, Wind at Work, S. 7. Zur deutschen Beschäftigungssituation siehe, Kratzat / Edler / Ottmüller / Lehr, Kurz- und langfristige Auswirkungen des Ausbaus der erneuerbaren Energien auf den deutschen Arbeitsmarkt, Bruttobeschäftigung 2007, S. 2, und Kriedel, Beschäftigungseffekte durch den Ausbau der erneuerbaren Energien in Norddeutschland, S. 9 f.
40 Delbeke, EU Environmental Law, S. 256 f.
41 Communication from the Commission to the European Council and the European Parliament, An energy policy for Europe, COM (2007) 1 final.
42 Sioshansi / Pfaffenberger, Electricity Market Reform, An international Perspective, S. 240 f.; Bielecki / Desta, Electricity Trade in Europe, Review of the Economic and Regulatory Changes, S. 35 f.

Wettbewerb in Teilen zu unterminieren[43]. Während man den Unternehmen ihr Verhalten nicht zum Vorwurf machen kann, da Oligopolisten ihre Stellung niemals freiwillig selbst schwächen, liegt das Versagen des freien Marktes in der Verantwortung der nationalen Politiken. In den Systemen der freien Marktwirtschaft obliegt es dem Staat für die Rahmenbedingungen zu sorgen. Die verschiedenen Vorstellungen der Mitgliedstaaten ob des richtigen Rahmens und der Wettbewerb der verschiedenstaatlichen Marktteilnehmer erschweren bisher eine kohärentere Umsetzung der an sich vereinbarten EU Ziele. Es bleibt abzuwarten, inwieweit der Druck der Verbraucher bei phasenweise hohen Energiekosten hier zu politischem Einlenken führen wird. Erste Anzeichen des erhöhten Drucks seitens der EU sind unter anderem das Vorgehen gegen die deutschen Stromdurchleitungskosten[44]. Das Ergebnis dieses Kraftaktes wird das Tempo des Marktumbaus nicht nur in Deutschland maßgeblich bestimmen.

Der funktionierende Markt erfordert nicht nur die grundsätzliche ordnungsrechtliche Rahmensetzung, sondern auch ein, die Zielvorgaben effektiv begleitendes gemeinschaftsweites Kartell- und Wettbewerbsrecht[45].

Neben diesen Fragen stehen die technischen Rahmenbedingungen die für das Entstehen des funktionierenden Binnenmarktes ebenfalls bedeutsam sind, da der Handel im Binnenmarkt per Definition über Grenzen hinweg gemeinschaftsweit organisiert ist. Probleme machen insoweit die Besonderheiten der Stromerzeugung, da Strom sich nur sehr begrenzt vorhalten lässt[46]. Unterschiedliche technische Standards und verschiedene Netzkapazitäten der Mitgliedstaaten lassen einfache und schnelle Lösungen in dieser investitionsintensiven und von langen Vorlaufzeiten geprägten Wirtschaft nicht zu, weshalb eine zügige Einigung auf bestimmte Rahmenbedingungen für die Zielerreichung von überragender Bedeutung ist[47]. Private Investitionen in den Netzausbau werden sonst verschoben, schlimmstenfalls unterlassen, was wiederum gegebenenfalls der Versorgungssicherheit schadet. Das Ziel verbundener und integrierter EU-Energiemärkte wird nur dann erreicht, wenn alle Staaten bereit sind, den Marktzugang ohne Barrieren zu erlauben, und ihre Einzelinteressen zugunsten der Erreichung langfristiger Ziele zurückstellen. Dieses Vorgehen fällt verständlicherweise insbesondere solchen Ländern schwer, die bereits heute weit reichende Umbauten ihrer nationalen Energiesysteme vorweisen können und denen schwächere Gemein-

---

43 Jones, EU Energy Law, Volume I, S. 69 ff.; Bielecki / Desta, Electricity Trade in Europe, Review of the Economic and Regulatory Changes, S. 11 ff.
44 Sioshansi / Pfaffenberger, Electricity Market Reform, An international Perspective, S. 251 f.; Roggenkamp / Redgwell / Del Guayo / Rønne, Energy Law in Europe, S. 711 f.
45 Sioshansi / Pfaffenberger, Electricity Market Reform, An international Perspective, S. 49 f.; siehe dazu auch der Beitrag in diesem Band, von Koppenfels, Mehr Wettbewerb durch wirksame Entflechtung der Strom- und Gasversorgungsnetze, Das dritte Liberalisierungspaket zum Energiebinnenmarkt der Europäischen Union, S. 77 ff.
46 Cameron, Competition in Energy Markets: Law and Regulation in the European Union, S. 21 f.
47 Grunwald, Das Energierecht der Europäischen Gemeinschaften, S. 399 ff.

schaftsvorgaben die bereits erreichten Fortschritte, beispielsweise bei erneuerbaren Energien, verwässern.

4 Die Energiepolitik der EU im Spannungsfeld von Klima- und Umweltschutz

Energiepolitik und Umweltschutz nicht länger als Antagonismus aufzufassen, ist die entscheidende Wende, die die EU in den letzten Jahren vollzogen hat. Die Überwindung dieses überkommenen Postulates hat sich erst durch die immer drängenderen Zeichen der globalen Umweltverschmutzung durchgesetzt. Erkenntnisse des IPPC[48] und des UNEP auf internationaler Ebene haben das Bewusstsein für den Beitrag der Energieproduzenten und -nachfrager geschärft[49]. Begünstigt durch die steigenden Kosten der Primärenergie, um die ein globaler Wettbewerb auch der Schwellenländer entbrannt ist, haben sich die Organe der EU auf die Nachhaltigkeit der Energiepolitik verständigen können. Die EU hat es sich zur Aufgabe gemacht, als Motor der weltweiten Bemühungen für mehr Umweltschutz zu fungieren. Da sie dabei vielfach international auf wenig Gegenliebe stößt, versucht sie zur Not auch einseitig voranzugehen, um Drittstaaten durch eigene Vorleistungen zu überzeugen. Gänzlich uneigennützig ist sie dabei nicht, muss sie allerdings auch nicht sein (Lead-Marked-Effect). Aus der festen Überzeugung heraus einem global unumkehrbaren Trend zu größerem Schutz der Umwelt das Wort zu reden, kann man die Anstrengungen der EU auch als Versuch interpretieren, den technologischen Vorsprung den sich die Mitgliedstaaten der EU in verschiedenen Feldern der Umwelttechnologien über die Jahre erarbeitet haben, gewinnbringend und zukunftsweisend einzusetzen. Die erwarteten immensen Kosten des Umbaus der Netze und die innergemeinschaftlichen ökonomischen Härtefälle könnten so gesamtwirtschaftlich für die EU beherrschbar gemacht werden. Die EU setzt dabei hauptsächlich auf den First-Mover-Effekt. Ökonomisch betrachtet haben die Vorreiter eines nachgefragten Produktes einen Vorteil bei Kunden und im Wettbewerb. Die Wettbewerber können den Vorsprung nur mit erhöhten Anstrengungen, wenn überhaupt, ausgleichen. Andere Industrien, wie beispielsweise die Autoindustrie, und die zwangsweise Einführung von abgasreinigenden Katalysatoren können hier als Vorbild dienen. Dass dies auch für die weltweiten Energiemärkte in dieser Form behauptet werden kann, zeigen eindrucksvoll die Erfolge der europäischen Hersteller im Segment der erneuerbaren Energien; ihnen kommt dabei der Lead-Marked-Effekt zugute. Die Branche beschäftigt zudem von der Öffentlichkeit vielfach unbemerkt eine ständig

---

48 Das International Panel on Climate Change (IPPC) ist das wohl sichtbarste Ergebnis des World Summit on Sustainable Development in Rio de Janeiro 1992. Das IPPC arbeitet einzig auf der Basis weltweiter wissenschaftlicher Erkenntnisse, auf deren Grundlage unter anderem die Annahmen der UN Framework Convention on Climate Change fußen.

49 World Energy Assessment 2000, UNDP, abgedruckt in: Ottinger / Robinson / Tafur, Compendium of Sustainable Energy Laws, S. 9 f.

steigende Arbeitnehmerzahl[50]. So finden Ökologie und Ökonomie zwanglos zueinander. Dabei kommt den ökologischen Zielen der EU zugute, dass ökonomische Zwänge, wie die Maximierung der Energieeffizienz, in Zeiten hoher Ressourcenpreise und die damit ebenfalls verbundene Suche nach möglichst verbrauchsoptimalen Techniken zwangsläufig zu einer besseren Umweltbilanz führen. Berechtigte Opposition hat diese Bewegung hauptsächlich von solchen Energieverbrauchern zu erwarten, die ihr Geschäftsmodell keinesfalls zeitnah an die geforderten Veränderungen anpassen können oder die derart im weltweiten Wettbewerb stehen, dass jede Verteuerung ihrer Produkte durch neue Auflagen direkten Einfluss auf ihre Konkurrenzfähigkeit am Markt hat. Zu den potentiell wirksamsten und gleichzeitig in diesem Zusammenhang umstrittensten EU Steuerungselementen gehört der CO_2-Emissionshandel. Zum Sinn und Zweck des Emissionshandels wurde bereits umfassend veröffentlicht[51]. Richtigerweise muss eine nachhaltige EU Energiepolitik ihre Steuerungsinstrumente jedenfalls auf die oben beschriebene Gemengelage ausrichten, um besondere Härten zu vermeiden und gleichzeitig auch diese Verbraucher angemessen und gerecht an den externen Kosten ihrer Tätigkeit zu beteiligen[52]. Es wäre zudem fatal, wenn Europa besonders energieintensive aber in Europa gut regulierte Industrien in Länder mit vormodernen Umweltstandards drängen würde. Durch solche „Exporte" wäre dem globalen Umweltschutz kein Dienst erwiesen (Stichwort: Carbon Leakage), zumal die Produkte noch immer nachgefragt werden. An der gedanklich einfachsten Lösung, einer durch Einfuhrkontrollen ausgeglichenen Wettbewerbssituation selbst, lässt sich vielfach kaum etwas verändern, da die handelsrechtlichen Mechanismen der WTO wenig Raum für ökologische Strafzölle lassen[53]. Die EU tut sich ergo schwer damit, ein ausgeglichenes Spielfeld für die inner- und außereuropäischen Wettbewerber zu schaffen. Die Herausforderung der EU-Energiepolitik besteht deshalb darin, ihre Vorstellungen auf internationaler Bühne hörbarer zu machen und auch andere große Nachfrager auf ein tragfähiges System zu verpflichten. Angesichts der Fehlleistungen der internationalen Gemeinschaft, die sich mit dem Stichwort „Kyoto" bestens zusammenfassen lassen, machen die bisherigen Versuche einen Nachfolgeprozess ab dem Jahr 2012 anzustoßen wenig Mut[54]. Vor diesem Hintergrund tut die EU Recht daran mit gutem Beispiel voran zu gehen, um die Verhandlungen im Dezember 2009 in Kopenhagen offener zu gestalten. Insbesondere die als Energieverbraucher immer wichtiger werdenden Schwellen- und Entwicklungsländer lassen sich in neue internationale Vereinbarungen wohl nur dann einbinden, wenn die EU anhand wirksamer harter Emissionsreduktionen zeigen kann, dass es sich nicht lediglich um Alibiprojekte

---

50 Staiß / Kratzat / Nitsch / Lehr / Edler / Lutz, Erneuerbare Energien: Arbeitsplatzeffekte, Wirkungen des Ausbaus erneuerbarer Energien auf den deutschen Arbeitsmarkt, S. 122 f.
51 Roggenkamp / Redgwell / Del Guayo / Rønne, Energy Law in Europe, S. 317 f.
52 Frondel / Schmidt / Vance, Emissions Trading: Impact on Electricity Prices and Energy-Intensive Industries, S. 13.
53 Bielecki / Desta, Electricity Trade in Europe, Review of the Economic and Regulatory Changes, S. 299 f.
54 Delbeke, EU Environmental Law, S. 254 ff.

handelt, sondern die Industriestaaten tatsächlich in Vorleistung treten. Die Kommission geht mit dem Plan in die Verhandlungen, den Handel mit Verschmutzungszertifikaten auf alle Mitglieder der OECD bis 2015 auszudehnen und nach 2015 über den Mitgliedskreis der OECD hinaus auszubauen[55]. Ob der Kommissionsvorschlag, nahezu alle Entwicklungsländer bis 2020 in den Handel einzubinden, für diese attraktiv ist, bleibt fraglich. Bisher können sie Verschmutzungsrechte durch die Clean Development Mechanism (CDM) an Industriestaaten verkaufen, wenn sie eigene Projekte anlaufen lassen. Nach dem Kommissionsvorschlag soll CDM zugunsten eines nachhaltigeren und damit für die Entwicklungsländer gegebenenfalls kostenintensiveren Systems reformiert werden.

Abb. 3: Gewichtete Carbon Emmissionen 2003 weltweit[56]

Ohne die qualitative Einbeziehung der Entwicklungsländer werden jedoch die Reduktionsziele sicher verfehlt, da die Zunahme des CO_2-Ausstoßes dieser Länder droht die Einspaarungen der Industrieländer überzukompensieren. Viel wird in diesem Zusammenhang von der Positionierung der „kyotofernen" Industriestaaten USA und Australien abhängen, wobei die neue US-Administration positive Signale für eine Wiederbelebung der Gespräche gesendet hat. Wenn, wie durch die Kommission beabsichtigt, die Verbreiterung der „Bemessungsgrundlage", also die Ausweitung des CO_2-Handels auf den Flug- und Schiffsverkehr, gelänge, wäre dies ein wirklicher Fortschritt. Gleiches gilt für die angestrebte Aufnahme von Fluorkohlenwasserstoffen in das Kyotonachfolgeabkommen. Diese Kommissionspläne sind bedeutsam und setzen eine Landmarke für den Verhandlungsprozess. Ob aber, mit Blick auf das alleinige derzeitige politische Primat der Bekämpfung der Wirtschaftskrise, bei allen Verhandlungspartnern der gleiche Wille zu konstruktiven Lösungen vorhanden ist, wird sich zeigen müssen. Angesichts der

---

55 Siehe dazu, Towards a comprehensive climate change agreement in Copenhagen, COM (2009) 39 und SEC (2009) 102.
56 © Copyright 2006 SASI Group (University of Sheffield) and Mark Newman (University of Michigan), siehe auch www.worldmapper.org.

Barrikadenkämpfe um die Verhandlungsergebnisse von Posen sind ernste Zweifel angebracht.

In einem ersten konkreten Schritt zur Reform des EU Emissionshandels folgte der Industrieausschuss des Europäischen Parlaments Mitte September 2008 einem Vorschlag der Kommission, CO_2-Zertifikate für den Emissionshandel der Industrie ab 2020 komplett zu versteigern[57]. Bereits ab 2013 sollen die Mitgliedstaaten schrittweise weniger Emissionsrechte kostenlos zuteilen. Dabei sollen nur begrenzte Ausnahmen für besonders energieintensive Industrien zugelassen werden, falls bis 2010 keine internationale Einigung zum Klimaschutz zustande kommt. Sollten sich diese Pläne gegen den erklärten Widerstand weiter Teile der Industrie und einzelner Mitgliedstaaten durchsetzen lassen, hätte die EU zumindest eine gute Ausgangslage für harte Verhandlungen mit internationalen Partnern. Wie die Verhandlungen in Posen Ende 2008 gezeigt haben, ist es ohne Zweifel nicht leicht diejenigen Branchen und Einzelfirmen politisch zu identifizieren und wichtiger noch gerichtsfest von anderen abzugrenzen, denen Erleichterungen in welcher Form auch immer zukommen sollen. Zudem steht der Emissionshandel als Steuerungsinstrument logischerweise immer auch im Wettbewerb mit möglichen Investitionen in bessere Technologien durch die betroffenen Unternehmen. Es darf letztlich nicht so sein, dass sich durch den Emissionshandel die Innovationskraft, die ein gleichrangiges Ziel der neuen Energiepolitik ist, entscheidend negativ entwickelt. Aus diesem Grund wäre es überlegenswert, Kopplungshöchstgrenzen in die zu erwartenden Emissionspreise für einzelne Branchen einzusetzen. Diese würden dem Effekt entgegenwirken können, dass die verbrauchende Industrie nicht nur ihre eigenen Emissionsrechte am Markt beziehen muss, sondern gleichzeitig bisher schwer zu kalkulierende Kostensteigerungen durch den bereits vorher eingeführten zuteilungsfreien Emissionshandel der Energieproduzenten zu verkraften hat. Der ausschlaggebende Faktor, der über das Gelingen der nächsten Stufe des Emissionshandels entscheidet, ist, ob es zu einem tragfähigen Markt ohne Übertreibungen in jedwede Richtung kommen wird. Der Übergangszeitraum bis zum vollen Einsetzen des Emissionshandels in seiner reinen Form ist vergleichsweise großzügig gewählt, weshalb es der Industrie obliegt in der Zwischenzeit durch verstärkte Investitionen dem internationalen Wettbewerb gewachsen zu sein. Sollte sich zeigen, dass einzelne Unternehmen einer Branche diese Wende nicht schaffen, greift das Primat der politisch gewollten Energiewende. Nur wenn eine ganze Branche, wissenschaftlich belegbar, auf längere Übergangsphasen angewiesen ist, sollten flexible Rückvergütungen erfolgen dürfen. Das Zusammenspiel zwischen drohenden Abgaben und dem Rennen um verbrauchsärmere Technologien wird mit ziemlicher Sicherheit in der Übergangszeit zu erhöhten Investitionen in neue Anlagen führen und damit die EU gegebenenfalls ihren Reduktionszielen schneller näher bringen. Die Gefahr, bestimmte Branchen ganz aus der EU zu verdrängen, ist dabei allerdings nicht unerheblich. Gemessen an dem Wagnis, keine dem Umweltrisiko gegenüber angemessene Energiepolitik zu betreiben, ist

---

57 Zu den wirtschaftlichen und tatsächlichen Schwierigkeiten der Zuteilung siehe Delbeke, EU Environmental Law, S. 187 ff.

das Gesamtrisiko aber sicherlich politisch und ökonomisch vertretbar. Das hier nur der Emissionshandel besprochen wurde wirkt verkürzend, ist aber einzig dem Umfang der Arbeit geschuldet.

5 Versorgungssicherheit

Der Komplex der EU Versorgungssicherheit betrifft wie weiter oben dargestellt verschiedene heterogene Themengebiete. Energieversorgungssicherheit kann als Ausschluss jeder Gefahr oder Bedrohung für die Versorgungs- und Nachfrageseite der Energiemärkte durch Umwelt-, Technologie- oder Politikrisiken, die Markt- und dadurch Preisverzerrungen vermeidet, definiert werden[58]. Nachfolgend werden einzelne dieser Komplexe isoliert betrachtet.

Das inhaltlich ausführliche Green Paper der Kommission aus dem Jahr 2000 bildet für die Versorgungssicherheit der EU bis heute den konzeptionellen Leitfaden[59]. Dass alle Elemente der Versorgungssicherheit durch die EU als Kernstück ihrer Energiepolitik begriffen werden, zeigt nicht zuletzt die explizite Formulierung der Versorgungsicherheit als Ziel in Art. 194 b.) Lissabonner Reformvertrag. Auch wenn durch die Solidaritätsklausel und die geforderte Verknüpfung der Energienetze kein zwangsläufiger juristischer Mehrwert zu den bisherigen Postulaten zu verzeichnen ist, so sind doch neue politische Impulse durch die derart markante Bestätigung der taktischen Bedeutung der Energiesicherheit möglich.

Die strategischen Herausforderungen die vor der EU liegen sind unterdessen beachtlich. Nicht nur die Abhängigkeit der europäischen Industrien von unterbrechungsfreiem Zugang zu Öl und Gas sind von Bedeutung, auch die mögliche Preismacht der Lieferanten und die unterschiedlichen Anliegen der Mitgliedstaaten selbst, stellen die EU als Block vor erhebliche Probleme. Die Herkunftsquellen des EU Öl- und Gasverbrauchs zeigen eindeutig das energiepolitische Dilemma in dem sich die EU befindet.

---

58 So auch: Vinois, The Way towards an Energy Policy for Europe, Vierteljahreshefte zur Wirtschaftsforschung, 2007, Vol. 76, No. 1, S. 17 ff.; siehe auch Grunwald, Das Energierecht der Europäischen Gemeinschaften, S. 88 f. und Monaghan, Russian Oil and EU Energy Security, S. 2 f.
59 Green Paper, Towards a European strategy for the security of energy supply, COM (2000) 769 final.

Tabelle 1: Herkunftsquellen des EU Gas- und Ölverbrauchs 2004[60]

	Gas	Öl
Import aus Russland	24%	27%
Import aus Norwegen	13%	16%
Import aus Mittlerer Osten		19%
Import aus Algerien	10%	
Import aus Nord-Afrika		12%
Eigene Förderung	46%	21%
Andere Regionen	7%	5%

Die gemeinschaftsweiten Produktionsmengen lassen eine autarke Versorgung der EU bei weitem nicht zu, weshalb es entscheidend auf den Mix der Förderländern ankommt, um das Risiko eines politisch, ökonomisch oder technisch bedingten Förderausfalls zu kompensieren[61].

Abb. 4: Gewichtete Karte der Gas- und Kohleimporte weltweit[62]

---

60 Quelle: A European Strategy for Sustainable, Competitive and Secure Energy, March 2006, cf. doc. 7070/06 + ADD 1 (COM (2006) 105 final), An External Policy to Serve Europe's Energy Interests,
www.consilium.europa.eu/ueDocs/cms_Data/docs/pressdata/EN/reports/90082.pdf [20.06.2009]
61 Siehe auch, Sachs / Santorius, Fair Future, S. 85 f.
62 © Copyright 2006 SASI Group (University of Sheffield) and Mark Newman (University of Michigan), siehe auch www.worldmapper.org.

Bereits die übergroße Abhängigkeit auch nur eines EU Mitgliedstaates kann für die Gemeinschaft im Ernstfall einschneidende Konsequenzen haben, wenn dadurch die Energiepreisstabilität innerhalb der EU gestört wird. Es ist dieser Handlungsdruck, der die Einsicht der Mitgliedstaaten fördert, eine gemeinsame europäische Energiepolitik zu unterstützen, da sich in diesem Punkt eine starke Überschneidung nationaler und europäischer Interessen ergibt. Erfolge der EU in diesem Feld kommen in jedem Fall auch den vitalen nationalen Interessen der Einzelstaaten entgegen.

Manche Mitgliedstaaten wollen als Ausgleich für etwaige Lieferunterbrechungen eine europäische strategische Öl- und Gasreserve auf- und ausbauen, wie sie die USA und in gewissem Umfang wohl auch China unterhalten[63]. Andere wiederum begegnen dieser Strategie aus ökonomischen Gründen mit Skepsis[64]. Dieser Streit ist allerdings insgesamt von untergeordneter Bedeutung, da jedenfalls auch eine strategische Reserve keine im Ernstfall zu erwartenden mittel- und langfristigen Lieferengpässe abfedern könnte.

Während früher die Versorgung mit Öl im Fokus aller Bemühungen stand, hat heute die Gasversorgung Europas besonderes Gewicht erlangt. Die EU stellt für den Zeitraum der vergangenen Dekade eine starke Erhöhung der Nachfrage auf den europäischen Gasmärkten von 369 auf 510 Milliarden BCU pro Jahr fest. Gleichzeitig überschritten die nachgewiesenen Reserven um die Jahrtausendwende die Maximalleistung und werden stetig abnehmen, was aus ehemaligen Exportländern wie Großbritannien Nettoimporteure macht. Zusammengenommen wuchsen die Einfuhren über den gleichen Zeitraum von 161 auf 298 Milliarden Kubikmeter an[65].

Diese Entwicklung ist der Zunahme der Förderländer und unter diesen insbesondere der Kapazitätsexplosion in Russland geschuldet[66]. Die Organisationsstruktur des russischen Außenhandels ist faktisch nicht rein ökonomisch aufgebaut, sondern politisch gelenkt[67]. Gazproms Monopol[68] über den Handel mit

---

63 Zur strategischen Ölreserve siehe: Richtlinie des Rates, 2006/67/EG, zur Verpflichtung der Mitgliedstaaten, Mindestvorräte an Erdöl und / oder Erdölerzeugnissen zu halten. Grunwald, Das Energierecht der Europäischen Gemeinschaften, S. 310 ff.; zu China detailreich, Myers Jaffe / Lewis, Beijing's Oil Diplomacy, Survival, 2002, Vol. 44, No. 1, S. 115 ff.
64 Roggenkamp / Redgwell / Del Guayo / Rønne, Energy Law in Europe, S. 313 f.; Grunwald, Das Energierecht der Europäischen Gemeinschaften, S. 312 f.
65 Quelle unter anderem: Green Paper on a European Strategy for Sustainable, Competitive and Secure Energy, COM (2006) 816 final.
66 Aalto, The EU- Russian Energy Dialogue, S. 25 ff. und S. 146 ff.
67 Dazu an Stelle Vieler, Grigoryev: „Russia has the world's largest proven reserves of natural gas – at forty-eight trillion cubic meters – an amount that comprises over a quarter of the world's proven reserves. Russia provides Europe with a quarter of its gas needs. The Russian gas industry is dominated by OAO Gazprom (Gazprom), a publicly traded company in which the government holds a majority stake of fifty-one percent. Gazprom is considered a monopolist because it owns all of the high pressure interregional pipeline network as well as nearly seventy-five percent of low pressure distribution networks. It owns about half of Russia's proved reserves of natural gas and all the main gas processing facilities, as well as a legal export monopoly. Private

Europa bringt zwar einerseits eine gewisse Verlässlichkeit mit sich, da nur mit einem starken Partner verhandelt werden muss der verbindliche Zusagen machen kann. Andererseits birgt das russische Gasvehikel immer auch die Gefahr politischer Einflussnahme, wie jüngst bei den ukrainisch-russischen Turbulenzen um Gasentnahmen zu sehen[69]. Gazproms Monopol schaltet zudem den Wettbewerb potentiell rivalisierender russischer Leistungserbringer aus[70]. Vor diesem Hintergrund wäre es wünschenswert, Russland verstärkt den konkreten wechselseitigen Nutzen der Europäischen Energiecharta (Energy Charta Treaty) näher zu bringen[71]. Andere Förderländer, wie Norwegen und Algerien, haben neue Projekte angeschoben, sind sich ihrer gestärkten Position innerhalb der Gemeinschaftslieferanten aber zunehmend bewusst, weshalb die EU ihre traditionell guten ökonomischen Beziehungen zu diesen Ländern stärken muss. Der Gastransport ist bis dato hauptsächlich leitungsgebunden. Die großen Liefermengen bündeln sich bisher auf wenigen Leitungsbahnen[72]. Aus diesem Grund haben die aus den russischen- und kaukasischen[73] sowie arabischen[74] Förderregionen geplanten oder im Bau befindlichen Fernleitungen überragende strategische Bedeutung, nicht nur für die EU selbst, sondern auch für die Lieferanten[75].

Anhand der bestehenden und noch im Bau befindlichen Pipelines lassen sich deutlich die strategischen Ränkespiele[76] nachzeichnen, die den Energiemarkt typischerweise dominieren. Die Nord Stream Gasleitung wird unter Umgehung der bisherigen Haupttransitländer Polen, Weißrussland und Ukraine russisches Gas, hauptsächlich aus dem riesigen Shtokman Feld, direkt nach Greifswald an der deutschen Ostseeküste liefern. Obgleich in einer weiteren Ausbaustufe auch Schweden an das Netz angeschlossen werden könnte und gegebenenfalls ein

---

companies do own reserves, but because the domestic price is regulated by the state, and export is forbidden, their participation in the industry is comparatively small.", Grigoryev, The Russian gas industry, its legal structure, and its influence on world markets, Energy L.J., 2008, S. 126.
68 Aalto, The EU- Russian Energy Dialogue, S. 184 ff.
69 Nichol, Politics and Economics of Russia and Eastern Europe, S. 59 ff.; Hauser / Kernic, European Security in Transition, S. 155 f.; Sherr, James (2007): Energy Security: At Last, A Response from the EU, S. 4 und Monaghan, Russian Oil and EU Energy Security, S. 4 f.
70 Sherr, Energy Security: At Last, A Response from the EU, S. 3.
71 Grunwald, Das Energierecht der Europäischen Gemeinschaften, S. 553 ff.; Vinois, The Way towards an Energy Policy for Europe, Vierteljahrshefte zur Wirtschaftsforschung, 2007, Vol. 76, No. 1, S. 23; siehe dazu aber auch die treffende Analyse von Khiar, EU-Energiepolitik – Vergangene und zukünftige Entwicklungen im Bereich der Versorgungssicherheit mit Erdgas, ELR, 2007, S. 5 f.
72 Aalto, The EU-Russian Energy Dialogue, S. 70 f.
73 Aufschlussreich zu den Energievorkommen dieser Region, Amineh, The Greater Middle East in Global Politics, S. 354 f.
74 Roggenkamp / Redgwell / Del Guayo / Rønne, Energy Law in Europe, S. 220.
75 Paulsen / Zärgel, European Policy towards Central Asia, Bergedorf Round Table, Astana, S. 81 f.; Aalto, The EU- Russian Energy Dialogue, S. 57 f.
76 Paulsen / Zärgel, European Policy towards Central Asia, Bergedorf Round Table, Astana, S. 72 ff.

Weitertransport in andere Länder Westeuropas denkbar ist, wird der bilaterale Ausbau der deutsch-russischen Lieferverbindungen durch die übergangenen Transitländer und die an geringerem russischen Einfluss interessierten kleineren EU Länder als Affront angesehen. Nord Stream stehen rivalisierende Gasleitungen im Südosten Europas (Nabucco, BTC[77], Süd-Kaukasien Pipeline, usw.) entgegen, die ebenfalls um Marktanteile ringen. Das Nabucco Konsortium wird durch die österreichische OMV geleitet. Aus der Türkei über Bulgarien, Rumänien und Ungarn nach Österreich soll Nabucco Gas aus dem kaspischen Raum, Zentralasien und dem Nahen Osten an Russland sowie der Ukraine vorbei nach Europa leiten. Als Abnehmer kommt neben Österreich und Italien unter anderem auch Deutschland in Betracht. Russland kontert diese Pläne mit der Überlegung, das Gazprom South Stream Projekt[78] verstärkt voranzutreiben, womit sich überdeutlich die Frage stellt, woher die Gasmengen für die projektierten Leitungen aus dieser Region überhaupt kommen sollen[79]. Dass Aserbaidschan, Turkmenistan und langfristig der Irak bedeutende Liefermengen beitragen, will Russland unbedingt verhindern und bietet den Vertrieb über die eigenen Leitungen an. Ob die EU sich mit diesem Projekt durchsetzen kann, selbst wenn es endlich gelingt die Finanzierung zu garantieren, ist völlig offen. Ohne zumindest zum jetzigen Zeitpunkt politisch fern liegende Liefermengen aus dem Iran, scheinen einige dieser Leitungen nicht rentabel betrieben werden zu können, weshalb die Frage, welches Leitungsprojekt realisiert werden wird, auch langfristige politische Implikationen für die Region mit sich bringt.

Der Ausgang des Leitungsmonopolys ist von entscheidender Bedeutung für die Versorgungssicherheit der EU. Kommt es zu einem Marktgleichgewicht der Importeure, wird die EU alle Vorteile des Wettbewerbs unter den Anbietern ausschöpfen können. Kann aber ein Konsortium eine Marktmacht aufbauen, die bestimmte Abnehmerländer, beispielsweise Polen, dem Wettbewerb entzieht, kommt es zu Preisanstiegen für diese Regionen, die der EU als Ganzem schaden. Angesichts des finanziellen Einsatzes und der langen Vorlaufzeit die derartige Projekte benötigen, ist es für die Interessen der EU wichtig, den Druck auf die beteiligten Mitgliedsländer zu erhöhen, faire systemische Abnahmebedingungen für alle Mitgliedstaaten sicherzustellen.

Neben die leitungsgebundenen Reserven tritt der vermehrte Einsatz von LNG[80]. Der Bau von LNG-Terminals in ganz Europa ist einerseits eine neue Einfallsroute für Lieferanten, deren geographische Lage andere Lieferwege bisher verschlossen hat. Aus diesem Grund übt die weitere Verbreitung von LNG diversifizierende Effekte auf die EU-Gasmärkte insgesamt aus und sollte deshalb auch weiterhin politisch unterstützt werden. Andererseits öffnet sich allen LNG Produzenten natürlich auch ein neuer weltweiter Markt für ihr Gas, da LNG ehedem

---

77 Hauser / Kernic, European Security in Transition, S. 157 f.
78 Neben Gazprom ist die italienische ENI wesentlich an South Stream beteiligt. Italien tritt damit in Konkurrenz zu Österreich (Nabucco) bei dem Versuch Gasknotenpunkt zu werden.
79 Monaghan, Russian Oil and EU Energy Security, S. 9 f.
80 Liquefied Natural Gas.

pipelinegebundene Gasvorräte auf einen Schlag weltweit handelbar macht. Durch diese Marktöffnung kann sich der Preis vormals hauptsächlich an der EU-Nachfrage orientierter Exporte empfindlich verteuern, was wiederum die Versorgungssicherheit bedroht. Eine gangbare Lösung für die EU könnte in der Förderung langfristiger Lieferverträge bei gleichzeitiger substanzieller finanzieller Beteiligung der Förderländer an der europäischen Infrastruktur liegen, um den Lieferanreiz an Drittstaaten zu verringern[81]. Dieser Weg bietet sich insbesondere bei arabischen und asiatischen LNG-Produzenten an.

Bereits 2004 hat sich der Rat der EU in der Council Directive 2004/67/EC[82] mit dem Szenario eines möglichen mitgliedstaatlichen Versorgungsengpasses und entsprechenden Gegenmaßnahmen befasst. Fünf Jahre später ist eine Anpassung an neue Ziele überfällig.

Auch wenn Gas EU-weit stark an Bedeutung gewonnen hat, so gilt dies doch nur in relativen und nicht in absoluten Zahlen, weshalb die Versorgung der EU mit Ölprodukten nicht weniger bedeutsam geworden ist. Nach wie vor sind der Verkehr, die chemische Industrie und der private Verbrauch signifikante Größen für die Ölnachfrage[83]. Die IEA sagte noch 2008 einen möglichen Anstieg der weltweiten Ölnachfrage um 1,9% pro Jahr über die nächsten Jahre voraus[84], wobei unterstellt wird, dass der langfristige Trend nicht durch die derzeitige Wirtschaftslage dauerhaft gebrochen wird.

Abb. 5: Gewichtete Karte der weltweiten Nettoimporte raffinierter Ölimporte 2003[85]

---

81 Buchan, The Threat Within: Deregulation and Energy Security, Survival, 2002, Vol. 44, No. 3, S. 110.
82 http://www.energy.eu/directives/l_12720040429en00920096.pdf [20.06.2009].
83 Siehe, Green Paper, Towards a European strategy for the security of energy supply, COM (2000) 769 final.
84 Medium-Term Oil Market Report (MTOMR) – July 2008.
85 © Copyright 2006 SASI Group (University of Sheffield) and Mark Newman (University of Michigan), siehe auch www.worldmapper.org.

Wenn es stimmt, dass der zwischenzeitliche Ölpreisanstieg 2008 seine Ursache nicht nur in kurzfristigen auf Spekulationen basierenden Nachfragespitzen hat, sondern tatsächlich eine valide Beurteilung der Kapitalmärkte reflektiert, die den Produzentenländern absprechen, die zukünftige Nachfrage adäquat bedienen zu können, dann muss es das Primat jeder verantwortungsvollen europäischen Politik sein, sich den Zugriff auf möglichst viele Ressourcen langfristig zu sichern.

Wie bereits mit Blick auf die Gasmärkte der EU ausgeführt, strebt Russland auch bei Ölexporten einen dominierenden Einfluss auf die Liefermärkte der EU an. Gazprom wird dazu konsequent durch die bevorstehenden Aufkäufe von Lukoil und Surgutneftegas zu einer allumfassenden Energiemacht aufgebaut[86]. Dieser aus russischer Sicht logische Schritt muss die EU zu vorsichtigem Handeln zwingen. Das Beziehungsgeflecht zwischen Lieferant und Nachfrager ist komplex, basiert aber im Wesentlichen auf einer quid pro quo Formel, die im Falle Russlands mit positiven Vorzeichen für die EU versehen ist. Zwar bezieht die EU 27% ihres Öls aus Russland, andersherum ist die EU mit 60% der weitaus größte Abnehmer russischen Öls. Eine allzu grobe Vorgehensweise Russlands würde die eigenen Finanzen empfindlich stören, da Petroeinnahmen die Basis der neuen relativen Stärke Russlands bilden[87]. Solange diese gegenseitige Abhängigkeit sich nicht entscheidend zu Lasten der EU verschiebt und Russland weiterhin keinen wesentlichen Zugang zu den Endvertriebskanälen der EU besitzt, ergo also auch keine Kotrolle über die gesamte Wertschöpfungskette ausübt, kann die Gemeinschaft Russland bei Verhandlungen auf Augenhöhe begegnen. Erfolgreich ist sie aber nur dann, wenn sie sich dieser Stärke auch bewusst ist und als Einheit beispielsweise die Ratifizierung der Energy Charter[88] durch Russland verhandelt.

Wie oben dargestellt setzt die EU zu einem großen Teil auf erneuerbare Energien um den Energiemix vom morgen zu gestalten, ist aber auch in Zukunft auf einen großen Anteil traditioneller Energien angewiesen. Die Importe in die EU werden sogar noch gesteigert werden müssen, da die gemeinschaftseigene Produktionsquote ihren Förderhorizont überschritten hat. Erneuerbare Energien sind vor diesem Hintergrund unverzichtbar im Streben nach Energiesicherheit. Ohne einen möglichst umfassenden Ausbau, erstrebenswerterweise über den nun vereinbarten Rahmen hinaus, fällt die EU im globalen Ringen um Energieressourcen womöglich entscheidend zurück.

Ein wesentlicher Beitrag zur Versorgungssicherheit und ökonomischen Stabilität der Energiemärkte wäre eine verlässlichere Datenbasis über Angebot und Nachfrage. Ein Teil der entstandenen Spekulationsblase bei Öl- und Gasprodukten ist auf Unklarheiten über die zukünftige Nachfrage und gesicherte Reserven der Produzenten zurückzuführen. Wenn zumindest eine international verbindliche Übereinkunft zu den Bewertungsmaßstäben von gesicherten Reserven bestehen würde, wäre ein Teil der die Preisstabilität gefährdenden Bewertungsübertrei-

---

86 Grigoryev, The Russian gas industry, its legal structure, and its influence on world markets, Energy L.J., 2008, S. 131.
87 Nichol, Politics and Economics of Russia and Eastern Europe, S. 30 ff.
88 http://www.encharter.org; siehe auch Aalto, The EU-Russian Energy Dialogue, S. 11 f.; Roggenkamp / Redgwell / Del Guayo / Rønne, Energy Law in Europe, S. 145 ff..

bungen aus dem Markt genommen. Diese Anforderung an die Produzenten ließe sich überdies kostenneutral einführen.

Einige Staaten setzen auf Atomstrom als Lösung aller Energieprobleme der EU[89]. Ob Atomenergie eine angemessene Alternative für die EU sein kann, muss ungeachtet der Betriebsrisiken zumindest so lange stark bezweifelt werden, wie es keine saubere Entsorgungsmöglichkeit gibt. Konkrete Pläne, die Atomenergie auszubauen, verstoßen unserer Auffassung nach gegen den auch in den EU-Verträgen angelegten Vorsorgegrundsatz und sollten nicht weiter verfolgt werden.

6 Zusammenfassung und Ausblick

Der Beitrag hat gezeigt, dass im Feld der Gas- und Ölversorgungssicherheit der EU noch viele Hürden zu überwinden sind. Die Ausgangslage ist komplex, geht es doch nicht zuletzt um die Frage wie und mit wem die EU über die kommenden Jahrzehnte hauptsächlich Energiehandel betreiben wird[90]. Die anstehenden Investitionen in Transportinfrastruktur und Verteilernetze haben gewaltige finanzielle Ausmaße und werden über lange Zeit den Verlauf des Energiehandels bestimmen. Gleichzeitig drängen neue Technologien in den Markt, die zusammen mit den Anstrengungen der EU zur Effizienzsteigerung der Gesamtsysteme neue Dynamik in die tradierten Erzeugungs- und Vertriebsstrukturen bringen wird. Ob sich die EU mit ihren Plänen zur Ausweitung des CO_2-Handels international durchsetzen wird, muss sich erst zeigen. Angesichts der veränderten politischen Ausgangslage in den USA stehen die Chancen jedoch gut, ein kohärentes und belastbares System in der internationalen Gemeinschaft anlässlich der Kyoto-nachfolgekonferenz in Kopenhagen Ende 2009 zu implementieren. Gleichzeitig läuft die EU Gefahr durch zu zögerliches Handeln die Meinungs- und Marktführerschaft an die USA zu verlieren. Insbesondere die konkreten Bestrebungen verschiedener EU Staaten verstärkt auf Atomstrom zur Lösung energetischer Engpässe setzen zu wollen, verwässern die ambitionierten 2020-Ziele. Weitere Rückschritte, wie die massiven politischen Zugeständnisse im Rahmen des CO_2-Handels zu Gunsten einzelner, besonders energieintensiver Industrien und veralteter osteuropäischer Produktionsanlagen, kann sich die EU nicht leisten, da sie sonst Gefahr läuft, die ökonomischen Anreize der energie- und umweltpolitisch besonders engagierten EU-Staaten zu dezimieren. Die politische Akzeptanz des Grundsatzes EU-weiter gleichmäßiger Belastung durch die Auktionierung der Verschmutzungsrechte hat angesichts dieser Ausnahmen Schaden genommen. Überaus positiv ist hingegen die Verabschiedung der EU-Richtlinie zur Förderung erneuerbarer Energien, die erstmals rechtsverbindliche Zielmarken für alle Mitgliedstaaten festsetzt. Dass bis 2020 zumindest 20 % des gesamten Energieverbrauches der EU aus erneuerbaren Energien bestritten werden muss, verlangt von den Mitgliedstaaten entschlossenes Handeln. Gleichzeitig sind sie verpflichtet,

---

89 Siehe dazu auch Zillman / Redgwell / Omorogbe / Barrera- Hernández, Beyond the Carbon Economy, S. 336 f.
90 Siehe auch, Sachs / Santorius, Fair Future, S. 88 f.

die erforderliche Netzinfrastruktur auszubauen und etwaige administrative Hürden für den Ausbau erneuerbarer Energien zu beseitigen. Da nun endlich auch ein konkreter Zeitrahmen für die Überwachung der nationalen Aktionspläne durch die EU-Kommission vorliegt, erhöht sich der notwendige Druck zu substantiellen Handlungen. Die derzeitige prekäre weltwirtschaftliche Lage kann ohne Zweifel ein Hindernis für die Umsetzung der ambitionierten 2020-Ziele werden. Andererseits könnte gerade diese Krise die Chance zu einer grundlegenden industriepolitischen Neuausrichtung bieten, wenn die EU die Möglichkeiten nutzt, in der Energiewirtschaft durch gezielte Förderung von Energieinfrastrukturprojekten einen Anstoß zu beschleunigtem Wandel zu befördern. In jedem Fall werden die kommenden Monate für die zukünftige Ausrichtung der Energiepolitiken der EU von entscheidender Bedeutung sein.

7 Executive Summary

Energy policy in the European Union has traditionally been a domain exclusively reserved for the individual member states. Over the last years the European Commission and the member states have, however, reached the view that a common and concerted strategic European energy policy is and will be the most efficient way to tackle the challenges that are faced by developed states across the world in the context of energy and energy policy. These challenges include global warming, desertification and other environmental threats, energy security, energy efficiency and finding ways to reduce the significant dependency on fossil fuels. This development is also driven by a realisation that in relation to matters such as energy security and the protection of the environment it is increasingly more important that the EU speaks with a single voice in political and policy debates with third party states. Though the often significantly divergent interests of the individual member states make the implementation of a common policy difficult, over the last few years important steps have been taken towards establishing a coherent basis for a number of key areas of energy policy. The EU is seeking to establish its activities and approach as a global benchmark for development, not least with the intention of being able to take advantage of technological market developments and thus use the first mover effect in relation to exports. This contribution has demonstrated that in relation to gas and oil supply security the EU still has a number of hurdles to overcome. The starting position is complicated, not least as to the question of how and with whom the EU will primarily be conducting energy trading over the coming decades. The investments that need to and will be made in areas such as transport infrastructure and distribution networks involve wide reaching financial commitment and will for a long time determine how energy trade is to be conducted. At the same time new technologies are thronging into the market, which, together with the EU's efforts to increase efficiency and develop common systems, are introducing new dynamics to traditional ways of thinking about production and distribution structures. Whether the EU will be able to implement its plans in relation to extending its CO_2-trading-scheme internationally still remains to be seen. In light of the new US administration, there is now perhaps a better chance that a coherent system for how the international community is to follow up on the Kyoto treaty can be found and implemented at the Copenhagen conference at the end of 2009. At the same time the EU faces the danger that it may lose the position it currently enjoys as a moral and market leader to the USA if it is too hesitant or cautious. In particular, the steps taken by a number of EU states to promote atomic energy as a solution for the energy problem waters down the 2020 goals. The EU cannot afford further political setbacks such as the concessions made in the context of its CO_2-trading-scheme to antiquated Eastern European production plants and to certain heavy industries with high energy consumption. There is a real risk that such concessions will curb the political will of member states who are politically engaged in energy and environmental matters as they see their returns pale against the financial investment that they have to make, which increasingly benefit environmental offenders. On the other hand, positive developments include the passing of an EU directive for the promotion of energy from renewable sources coming into effect in mid 2009. This now sets legally binding targets for all member states. Decisive action by all will be needed to meet the 2020 target that at least 20% of the total energy consumption of the EU should be from renewable sources. At the same time states are obliged to build out the necessary network infrastructure and to remove any administrative hurdles which might impede the development of renewable energy. The necessary pressure on states to ensure real action is secured by there finally being a timetable set for the implementation of national action plans, supervised by the European Commission. The current global economic situation will no doubt present considerable problems for the implementation of the 2020 goals. On the other hand this crisis may present the EU with an opportunity to give the industry a new direction by targeting financial and political support for specific energy infrastructure products, to create a focused impetus for change. The next months will be of decisive importance for the future orientation of EU energy policy and politics.

Literatur

Aalto, Pami (2008): The EU- Russian Energy Dialogue, Ashgate, Aldershot, 978-0-7546-4808-6

Amineh, Parvizi (2007): The Greater Middle East in Global Politics, Social Science Perspectives on the Changing Geography of the World Politics, Brill, Leiden, 978-90-04-15859-7

Bayer, Nikolaus (2002): Wurzeln der Europäischen Union, Visionäre Realpolitik bei Gründung der Montanunion, Röhrig Universitätsverlag, St. Ingberg, 3-86110-301-X

Bielecki, Janus / Desta, Melaku Geboye (2004): Electricity Trade in Europe, Review of the Economic and Regulatory Changes, Kluwer Law International, Den Haag, 90-411-2279-6

Buchan, David (2002): The Threat Within: Deregulation and Energy Security, Survival, 2002, Volume 44, No. 3, S. 110

Cameron, Peter Duncanson (2007): Competition in Energy Markets: Law and Regulation in the European Union, 2. Auflage, Oxford University Press, Oxford, 978-0-19-928297-5

Cameron, Peter Duncanson (2005): Legal Aspects of EU Energy Regulation; Implementing the new Directives on electricity and gas across Europe, Oxford University Press, Oxford, 0-19-927963-2

Delbeke, Jos (2006): EU Environmental Law, Volume IV, The EU Grennhouse Gas Emissions Trading Scheme, Claeys & Casteels, Leuven, 90-776440-75

Dumoulin, Michel / Guillen, Pierre / Vaïsse, Maurice (1994): L'énergie nucléaire en Europe, Des origines à Euratom, Peter Lang, Bern, 3-906751-62-7

European Commission (2007): Euratom: 50 years of nuclear energy serving Europe, Office for Official Publications of the European Communities, Luxembourg, 92-79-03678-5

European Wind Energy Association (2009): Wind at Work, Wind energy and job creation in the EU, EWEA, Brüssel

Frondel, Manuel / Schmidt, Christoph / Vance, Colin (2008): Emissions Trading: Impact on Electricity Prices and Energy-Intensive Industries, RWI – Ruhr Economic Papers, Essen, 978-3-86788-088-6

Green, Richard (2007): EU Regulation and Competition Policy among the Energy Utilities, Institute for Energy Research and Policy, University of Birmingham, Birmingham

Grigoryev, Yuli (2007): The Russian gas industry, its legal structure, and its influence on world markets, Energy L.J., S. 125

Grunwald, Jürgen (2003): Das Energierecht der Europäischen Gemeinschaften: EGKS-EURATOM-EG, Grundlagen, Geschichte, Geltende Regelungen, De Gruyter Verlag, Berlin, 3-89949-078-9

Haas, Ernst (2004): The Uniting of Europe, Political, Social, and Economic Forces, 1950-1957, University of Notre Dame Press, Notre Dame, 0–268–04347–7

Hauser, Gunther / Kernic, Franz (2006): European Security in Transition, Ashgate, Aldershot, 978–0–75464961–8

Jones, Christopher (2006): EU Energy Law, Volume I, The Internal Energy Market, 2. Auflage, Claeys & Casteels, Leuven, 90–776440–83

Jones, Christopher (2007): EU Energy Law, Volume II, EU Competition Law and Energy Markest, 2. Auflage, Claeys & Casteels, Leuven, 978–90–776–441–02

Khiar, Idir Laurent (2007): EU-Energiepolitik – Vergangene und zukünftige Entwicklungen im Bereich der Versorgungssicherheit mit Erdgas, European Law Reporter, S. 2

Kratzat, Marlene / Edler, Dietmar / Ottmüller, Marion / Lehr, Ulrike (2008): Kurz- und langfristige Auswirkungen des Ausbaus der erneuerbaren Energien auf den deutsche Arbeitsmarkt, Bruttobeschäftigung 2007 – eine erste Abschätzung-, Forschungsvorhaben des Bundesministeriums für Umwelt, Naturschutz und Reaktorsicherheit, Berlin

Kriedel, Norbert (2008): Beschäftigungseffekte durch den Ausbau der erneuerbaren Energien in Norddeutschland, (HWWI) Hamburgisches WeltWirtschaftsInstitut, Hamburg, ISSN 1861–504X

Myers Jaffe, Amy / Lewis, Steven (2002): Beijing's Oil Diplomacy, Survival, Volume 44, No. 1, S. 115

Nichol, Ulric (2006): Politics and Economics of Russia and Eastern Europe, Nova Science Publishers, New York, 978–1–60021–317–5

Ottinger, Richard / Robinson, Nicholas/Tafur, Victor (2005): Compendium of Sustainable Energy Laws, Cambridge University Press, Cambridge, 978–0–521–84526–7

Paulsen, Thomas / Zärgel, Jörg (2007): European Policy towards Central Asia, Bergedorf Round Table, Astana, Edition Körber Stiftung, Berlin, 978–3–89684–366–1

Rasch, Manfred / Düwell, Kurt (2007): Anfänge und Auswirkungen der Montanunion auf Europa, Die Stahlindustrie in Politik und Wirtschaft, Klartext Verlag, Essen, 978–3–89861–806–9

Roggenkamp, Martha / Redgewell, Catherine / Del Guayo, Iñigo/ Rønne, Anita (2007): Energy Law in Europe, 2. Auflage, 978–0–19–921719–9

Sachs, Wolfgang / Santorius, Tilman (2007): Fair Future – Resource Conflicts, Security + Global Justice, Zed Books, London, 978-1-84277-728-2

Sherr, James (2007): Energy Security: At Last, A Response from the EU, Conflict Studies Research Center, London

Sioshansi, Fereidoon / Pfaffenberger, Wolfgang (2006): Electricity Market Reform, An international Perspective, Elsevier, Amsterdam, 978–0–08045–030–8

Staiß, Frithjof / Kratzat, Marlene / Nitsch, Joachim / Lehr, Ulrike / Edler, Dietmar / Lutz, Christian (2006): Erneuerbare Energien: Arbeitsplatzeffekte, Wirkungen des Ausbaus erneuerbarer Energien auf den deutschen Arbeitsmarkt, Bundesministerium für Umwelt, Naturschutz und Reaktorsicherheit, Berlin

Vinois, Jean-Arnold (2007): The Way towards an Energy Policy for Europe, Vierteljahrshefte zur Wirtschaftsforschung, Volume 76, No. 1, S. 17

Werring, Luc (2006): EU Energy Law, Volume III, EU Environmental Law, Energy Efficiency and Renewable Energy Sources, Claeys & Casteels, Leuven, 90–776440–32

Zillman, Donald / Redgwell, Catherine / Omorogbe, Yinka / Barrera-Hernández, Lila (2008): Beyond the Carbon Economy, Oxford University Press, Oxford, 978–0–19–953269–8

Teil III

Der globale Wettbewerb um energetische Ressourcen

Zwei-Wege-Strategie für Europas Energiesicherheit

Dr. Joachim Pfeiffer MdB[1]

1 Einleitung

Der Zugang zu und die Bereitstellung von Energie sind für die Wettbewerbsfähigkeit der deutschen Wirtschaft von entscheidender Bedeutung. Wohlstand, Arbeitsplätze und eine prosperierende Wirtschaft kann es nur geben, wenn ausreichend Energie zur Verfügung steht. Diese herausragende Bedeutung der Energie als zentrales Element für die gesamte Weltwirtschaft und insbesondere für wachsende und hoch entwickelte Volkswirtschaften ist an zahlreichen Stellen in der letzten Zeit diskutiert worden.

So stieg der weltweite Primärenergieverbrauch in 2007 um 2,4% an[2]. Der Energiehunger in Ländern wie China und Indien, deren Volkswirtschaften sich durch ein konstant hohes Wachstum auszeichnen, nimmt dementsprechend ständig zu. Der Primärenergieverbrauch in Indien stieg beispielsweise im vergangenen Jahr um 6,8% an. Indien verzeichnete damit den drittgrößten Volumenanstieg weltweit nach den Vereinigten Staaten und China[3]. Chinas Wirtschaft wuchs im Durchschnitt der letzten beiden Jahrzehnte um beachtliche 9,5%[4] und infolgedessen stieg auch sein Primärenergieverbrauch um 7,7% an, so dass China für die Hälfte des Anstiegs des weltweiten Primärenergieverbrauchs verantwortlich ist[5].

Deutschland wiederum zählt aufgrund seines hohen ökonomischen Entwicklungsstandes gemessen an dem pro Kopf-Energieverbrauch weltweit zu den größten Energieverbrauchern. Der Primärenergieverbrauch Deutschlands lag im Jahre 2007 bei 13.842 Petajoule. Mit einem Anteil von 34% war das Mineralöl 2007 nach wie vor der wichtigste Primärenergieträger. Danach folgen Erdgas (23%), Steinkohle (14%), Braunkohle (12%) und die Kernenergie mit 11%[6].

---

1 Mitglied des Deutschen Bundestages, Vorsitzender der CDU-Fraktion im Verband Region Stuttgart und Beisitzer im Landesvorstand der CDU Baden-Württemberg.
2 BP (2008): Statistical Review of World Energy. Paris.
3 International Energy Agency (2007): World Energy Outlook 2007. Paris.
4 OECD (2005): Economic Survey of China 2005. Paris.
5 International Energy Agency (2007): World Energy Outlook 2007. Paris.
6 Bundesministerium für Wirtschaft und Technologie. „Primärenergieverbrauch Deutschland 2007".

Aufgrund dieser herausragenden Bedeutung der Energie kommt auch der Energiepolitik eine immer wichtigere Aufgabe zu. Gleichzeitig ist die EU zu 50% von Energieimporten abhängig[7]. Der Bericht der EU-Kommission aus dem Jahr 2006 über die Versorgungssicherheit der EU geht sogar davon aus, dass die Abhängigkeit der EU von Energieimporten von 50 auf 70% im Jahr 2030 steigen wird. Dies wiederum zeigt, dass der Energieaußenpolitik große Aufmerksamkeit geschenkt werden muss, um wirtschaftliches Wachstum in Europa weiterhin gewährleisten zu können.

Im Folgenden werden nun die zentralen Herausforderungen der Energiepolitik und deren Lösungen dargestellt. Es wird für ein Energiesicherheitskonzept plädiert, das Wettbewerbsfähigkeit, Nachhaltigkeit und Versorgungssicherheit in ihrer wechselseitigen Abhängigkeit berücksichtigt und damit pragmatisch und ideologiefrei die energiepolitischen Herausforderungen unserer Zeit beantwortet.

2 Die Rahmenbedingungen der Energiepolitik im 21. Jahrhundert

Trotz aller alternativen Bemühungen werden fossile Energieträger bei der Energieversorgung bis auf weiteres die wichtigste Rolle spielen. Europas eigene Öl- und Gasreserven werden noch vor 2010 das Fördermaximum erreicht haben. Für die EU bedeutet dies, dass ihre Abhängigkeit von Energieimporten von derzeit 50 auf 70% im Jahr 2030 steigen wird. In 2030 wird die EU 90% ihres Erdölbedarfs und 70% ihres Erdgasbedarfs importieren müssen[8].

Deshalb wächst die Abhängigkeit der EU und Deutschlands von Energieimporten aus politisch instabilen Regionen. Rund 70% der gesicherten Weltreserven konventionellen Öls und 65% aller Gasreserven lagern in der sog. „strategischen Ellipse", d.h. in der Region zwischen dem Persischen Golf, dem Kaspischen Meer bis nach Westsibirien. Das Kartell der Organisation Erdöl Exportierender Länder (OPEC) wird künftig wieder an Bedeutung gewinnen.

Eng verknüpft mit dem bestehenden Energiesystem ist der Klimawandel – eine zentrale Herausforderung für das 21. Jahrhundert. Die CO_2-Emissionen werden laut Schätzung der Internationalen Energieagentur (IEA) bis 2030 weltweit um rund 60% ansteigen, wenn nicht die stark wachsenden Schwellenländer in den Klimaschutz einbezogen werden[9].

Eine Reihe wirtschaftlicher, ökologischer und die Energiesicherheit gefährdender Herausforderungen erfordern sowohl Mut zur Durchsetzung einer kohärenten (Energie-) Außenpolitik der EU-Mitgliedstaaten als auch entschlossenes, nach innen gerichtetes Handeln.

---

http://www.bmwi.de/BMWi/Navigation/Energie/mineraloelversorgung,did=159756.ht ml?view=renderPrint
7 Europäische Kommission [KOM (2006)105]: Grünbuch. Eine europäische Strategie für nachhaltige, wettbewerbsfähige und sichere Energie. Brüssel.
8 Ebd.
9 International Energy Agency (2008): World Energy Outlook 2008. Paris.

2.1 Hohe Energiepreise – ein Zeichen für das Ende fossiler Ressourcen?

Primärenergieträger wie Öl, Erdgas und Kohle werden international gehandelt. Erdölpreise übernehmen eine Leitfunktion für die übrigen Energierohstoffpreise, die in den letzten Jahren rasant gestiegen sind. In Deutschland, wie in zahlreichen weiteren EU-Staaten, ist der Erdgaspreis gegenwärtig über langfristige Lieferantenverträge an den Heizölpreis und damit auch indirekt an den Erdölpreis gekoppelt.

Die letzten 20 Jahre waren von dem Bewusstsein geprägt, dass keine Engpässe in der Versorgung mit Energierohstoffen existieren. Rohstoffmärkte waren über lange Zeit im Wesentlichen Käufermärkte. In der Periode von 1986 bis 1998 hielt sich der Rohölpreis in einem Korridor zwischen 15 und 20 Dollar pro Barrel. Ende der 1990er Jahre stürzte der Preis sogar auf zehn Dollar pro Barrel ab. Energierohstoffe konnten zu jeder Zeit auf den Weltmärkten in ausreichenden Mengen und zu vertretbaren Preisen beschafft werden. Dieser Zustand hat sich grundlegend gewandelt. Die Perspektive der weltweiten Versorgung mit Energierohstoffen ist nunmehr durch einen Verkäufermarkt geprägt. Ende 2007 kletterte der an den Spotmärkten gehandelte Rohölpreis der wichtigsten Sorten auf über 100 Dollar pro Barrel. Aufgrund der Kopplung des Gaspreises an den Ölpreis resultierten daraus im Jahr 2008 drastische Gaspreiserhöhung für Haushalts- und Industriekunden bei zahlreichen Anbietern. Laut Angaben des Internet-Verbraucherportals Verivox hat sich Gas im Herbst 2008 für Haushaltskunden um durchschnittlich 7,6 % verteuert[10].

Sind die Preissteigerungen nun ein Zeichen dafür, dass der Weltwirtschaft bald das Erdöl und -gas ausgeht? Unbestritten ist, dass die fossilen Energieträger endlich sind. Über die tatsächlich noch verfügbaren Rohölressourcen bestehen in Fachkreisen jedoch unterschiedliche Auffassungen. Dabei ist es wichtig, zwischen konventionellen Erdöl- und Erdgasvorkommen (Kohlenwasserstoffe, die mit klassischer Fördertechnik wirtschaftlich gewonnen werden können) und nicht-konventionellen Vorkommen zu unterscheiden. Zu den letzteren zählen Schweröle, Ölsande und Ölschiefer bzw. Gashydrate, Aquifer und Kohle-Flözgase. Die nicht-konventionellen Vorkommen können nicht mit herkömmlicher Technik exploriert werden. Ein Blick auf die statische Reichweite (sie wird ermittelt, indem man die bekannten Reserven durch die aktuelle Förderung dividiert) der endlichen Energieträger zeigt, dass die Reserven an konventionellem Erdöl und Erdgas noch über 40 Jahre zur Verfügung stehen[11]. Ein kurz- oder mittelfristig bevorstehendes Ende der Ressource Öl droht mithin nicht und da die statische Reichweite von Erdgas nochmals länger ist, kann dies nicht als Begründung für die aktuellen Preisausschläge herhalten[12].

---

10 „Gaspreiserhöhung. Ab Juli zahlen die ersten schon 200 Euro mehr." Süddeutsche Zeitung, 11.06.2008.
http://www.sueddeutsche.de/finanzen/artikel/996/179446/print.html
11 International Energy Agency (2008): World Energy Outlook 2008. Paris.
12 Bundesministerium für Wirtschaft und Technologie (2006): Verfügbarkeit und Versorgung mit Energierohstoffen. Kurzbericht. Berlin.

Ein Blick in die Vergangenheit zeigt sogar, dass sich für Erdöl und Erdgas die statische Reichweite in den letzten Jahrzehnten eher als Konstante denn als abnehmende Größe erwiesen hat. Die Gründe sind verbesserte Ausbeuteraten bei bestehenden Rohstoffvorkommen und neu entdeckte Potenziale aufgrund der Energiepreisentwicklung: Bei steigenden Energiepreisen werden aus den vermuteten Ressourcen wirtschaftlich nutzbare Reserven, wodurch sich deren Reichweite vergrößert[13].

Eine physisch bedingte Verknappung für die künftige Versorgung mit Energierohstoffen bis zum Jahr 2030 und wahrscheinlich noch weit darüber hinaus ist derzeit aus den bekannten Reserven und Ressourcen nicht ableitbar.

Das Ende des Ölzeitalters wurde schon wiederholt vorhergesagt. Doch bislang sind die Vorhersagen nicht eingetreten. Im Umkehrschluss bedeutet dies aber nicht, dass man sich keine Gedanken über Alternativen zum Erdöl machen muss. Im Gegenteil muss die Energiepolitik das Ziel verfolgen, die deutsche Volkswirtschaft langfristig unabhängiger als heute von fossilen Primärenergieträgern zu machen. Denn die aktuelle Gefahr für die Preisentwicklung und die Versorgungssicherheit in Deutschland und Europa ist im Strukturwandel der globalen Energierohstoffmärkte begründet. Die gegenwärtig hohen Energierohstoffpreise sind kein temporäres Problem, sondern sie reflektieren grundlegend veränderte wirtschaftliche und politische Rahmenbedingungen.

2.2 Strukturwandel der globalen Energierohstoffmärkte

Insbesondere die dynamische Wirtschaftsentwicklung in den bevölkerungsreichen Schwellenländern China und Indien hat zu einer Hausse an den globalen Energie- und Rohstoffmärkten geführt. Bislang konnte die zunehmende Energienachfrage dieser Länder zum großen Teil durch deren heimische Energievorkommen abgedeckt werden, doch bleibt es – wie gemeinhin angenommen wird – beim wirtschaftlichen Aufschwung im asiatischen Raum, dann werden sich die Energiehandelsströme zu Lasten der klassischen Industrieländer in diese Region verlagern. China, seit 1993 Nettoimporteur von Rohöl, ist mittlerweile nach den USA zum zweitgrößten Energieverbraucher aufgestiegen. Seit 1990 ist Chinas Primärenergieverbrauch um über 70% gestiegen und wird sich mit dem angestrebten Wirtschaftswachstum bis 2020 wahrscheinlich verdreifachen. 20% des weltweiten Verbrauchsanstiegs in den letzten 30 Jahren entfallen allein auf dieses Land[14]. Bereits im Mai 2004 musste die IEA aufgrund der Entwicklungen in China die Prognose der weltweiten Rohölnachfrage nach oben korrigieren. Das Wachstum war fast doppelt so hoch wie im Durchschnitt der vorangegangenen fünf Jahre. Nahezu ein Drittel war dabei auf die Ölnachfrage Chinas zurückzuführen.

Der künftige weltweite Bedarf an Energierohstoffen führt zu einer Neuordnung der Nachfrageschwerpunkte. Nach den Prognosen der IEA wird sich die Welt-

---

13 International Energy Agency (2005): Resources to Reserves. Oil & Gas Technologies for the Energy Markets of the Future. Paris.
14 International Energy Agency (2007): World Energy Outlook 2007. Paris.

energienachfrage bis 2030 um 60% erhöhen[15]. Die Bedeutung der Industrieländer (Länder der Organisation für Wirtschaftliche Zusammenarbeit und Entwicklung, OECD) für den Weltenergiemarkt wird kontinuierlich abnehmen (von 55% Anteil am Energieverbrauch in 2003 auf unter 44% in 2030). China wird innerhalb dieses Zeitraums alleine soviel zusätzliche Energie benötigen wie die gesamte OECD. China und zahlreiche andere heutige Schwellenländer wie Indien und Brasilien werden künftig die Nachfrage bei einzelnen Energieträgern dominieren[16].

Neben der globalen Nachfragesteigerung sind Kapazitätsengpässe bei der Produktion bzw. das vollständige Verschwinden freier Förderkapazitäten ein drängendes Problem der globalen Ölmärkte. Freie Förderkapazitäten können zur Stabilisierung der Weltrohölversorgung mobilisiert werden, sollte die Produktion eines oder mehrerer Exportländer ausfallen. Doch auf dem aktuellen Niveau von weniger als einem% der weltweiten Produktion lässt sich ausreichende Stabilisierung nicht mehr gewährleisten. Abgebaut wurden die Kapazitäten als Folge des niedrigen Weltrohölpreisniveaus von teilweise unter zehn Dollar je Barrel Ende der 1990er Jahre. In dieser Phase der Konsolidierung innerhalb der Ölbranche versuchten Energiekonzerne und Förderländer Kosten abzubauen[17]. Angesichts der niedrigen Preise und damit mäßigen Ertragsaussichten haben sie auch Investitionen in langfristige Kapazitätserhöhungen in die Zukunft verschoben. Seitdem hat sich ein immenser Investitionsbedarf für neue Infrastruktur angestaut, sowohl im Bereich Exploration als auch beim Transport über Pipelines und insbesondere bei den Raffinerieanlagen.

2.3 Geopolitische Einschränkungen eines funktionierenden Welthandels mit Energieressourcen

Grundsätzlich gilt, dass die beste Politik für Versorgungssicherheit ein funktionierender Markt ist. Aufgrund des Börsenhandels mit Erdöl sollte man davon ausgehen, dass der globale Handel mit Energierohstoffen den Prinzipien eines freien und fairen Wettbewerbsmarkts folgt. Im Falle der wichtigen Energierohstoffe Öl und Erdgas gibt es allerdings drastische, politisch bedingte Abweichungen von einem funktionierenden Markt.

Bedeutende Nachfrager wie China sichern über staatliche Intervention und Regulierung ihren Energieressourcenzugang über bilaterale Vereinbarungen ab[18]. Der wachsenden Nachfrage nach überregional gehandelten Energierohstoffen steht eine Konzentration der Energiereserven in einzelnen Regionen gegenüber. Dies gilt insbesondere für Erdöl und Erdgas. Zudem ist weltweit, insbesondere in Russland, Venezuela und Iran, eine Rückkehr zur Verstaatlichung und National-

---

15 International Energy Agency (2007): World Energy Outlook 2007. Paris.
16 Global Public Policy Institute (2007): Energy Dragons Rising. Global Energy Governance and the Rise of China and India. Conference Report, Berlin.
17 Victor, David G. und Eskreis-Winkler, Sarah (2008) „In the Tank. Making the most of Strategic Oil Reserves." Foreign Affairs 87, 4:70-83.
18 Deutsche Bank Research (2006): China's Commodity Hunger. Implications for Africa and Latin America. Frankfurt am Main.

isierung der Energieversorgung zu beobachten[19]. Die Mehrzahl der Rohstoffexporteure (so etwa Russland und Saudi-Arabien) handelt entgegen den Regeln des freien Marktes und nutzt den Rohstoffexport als Instrument der Außenpolitik[20]. Dies führt zu Marktverzerrungen, baut Handelshemmnisse auf und kann letztlich zu Marktversagen führen. In Russland spüren ausländische Investoren schon seit einigen Jahren die Bemühungen heimischer Behörden, den extraktiven Sektor unter die größtmögliche Kontrolle ihrer staatlichen Energiekonzerne zu bringen. Im Jahr 2006 wurde Royal Dutch Shell unter fadenscheinigen umweltrechtlichen Gründen die Mehrheitsbeteiligung für die Entwicklung des zukunftsträchtigen Sachalin-II Projektes entzogen und stattdessen die Rolle des Juniorpartners und Technologie-Dienstleisters zugewiesen[21].

Ein weiteres Problem ist, dass viele Produzentenländer nicht ausreichend in den Ausbau ihrer Förderkapazitäten investiert haben. Dies gilt insbesondere für Russland und Saudi-Arabien, wodurch grundsätzlich Versorgungsrisiken entstehen[22]. Politische und administrative Barrieren erschweren den Zufluss ausländischen Kapitals. Dadurch besteht die Gefahr, dass die Produktion nicht in ausreichendem Maße erweitert werden kann, um die Weltenergienachfrage zu decken.

Im Erdgasbereich beschränkt die mangelhafte internationale Transportinfrastruktur den Wettbewerb. Der EU-Binnenmarkt bezieht rund 66% seiner Erdgasimporte aus Russland und 29% aus Algerien[23]. Beide Anbieter weisen im internationalen Wettbewerb nicht die besten Konditionen auf. Westsibirien ist weiter weg, produziert teurer und birgt weniger Reserven als die südkaspische Region zusammen mit der Golf-Region. Doch bislang bezieht Europa mangels Infrastruktur aus der Golf-Region kein Erdgas. Könnten diese Möglichkeiten zusätzlich erschlossen werden, hätte Europa einen einzigartigen Standortvorteil gegenüber den Nachfrageregionen Nordamerika und Ostasien, weil 80% der Welterdgasreserven in einer mit Pipelines wirtschaftlich erreichbaren Entfernung liegen. Der Bau von LNG-Terminals in einigen Ländern Europas wird im ersten Schritt zu einer Verbesserung der Liquidität im europäischen Gasmarkt führen.

---

19 „Ölindustrie in Venezuela verstaatlicht." Fokus 02.05.07.
   http://www.focus.de/finanzen/news/energie_aid_55064.html
20 „Russland wirft Ukraine Gas-Diebstahl vor." Spiegel Online 01.01.2006.
   http://www.spiegel.de/wirtschaft/0,1518,393077,00.html
21 „Gazprom strikes $7.45bn Sakhalin-2 deal." Financial Times.21.12.2006.
   http://us.ft.com/ftgateway/superpage.ft?news_id=fto122120061351578993
22 Global Public Policy Institute (2008): Global Energy Governance and the Transatlantic Agenda. Conference Report, Berlin.
23 Goldthau, Andreas (2007): „Gas Produzenten rücken zusammen. Der GECF-Forum und die Erfolgaussichten einer Gas-OPEC." SWP-Aktuell 26/2007.

3 Zwei-Wege-Strategie für die europäische Energiepolitik

Angesichts der genannten Fakten nimmt die Versorgungssicherheit heute wieder einen wachsenden Stellenwert ein. Zentrale Antwort darauf ist die Diversifizierung. Nur mit einem ausgewogenen Mix können Schwierigkeiten einzelner Energieträger problemlos überwunden werden. Ein ideologisch motivierter Ausstieg – egal aus welchem Energieträger – gefährdet die Versorgungssicherheit in Deutschland und Europa.

Kernelement einer nachhaltigen Energiepolitik ist die Schaffung einer marktwirtschaftlichen Wettbewerbsordnung. Ein funktionierender Energiemarkt mit attraktiven und fairen Rahmenbedingungen führt zu einer Vielzahl von Anbietern, Bezugsquellen und Energieträgern und damit zu wettbewerbsfähigen Preisen. Nur dort, wo die Kräfte des Marktes augenscheinlich versagen (z.B. bei natürlichen Monopolen im Netzbereich oder bei der Klimavorsorge), sollte der Staat regulierend eingreifen.

Um dies zu erreichen muss die europäische Energiepolitik zwei Richtungen – einen nach innen und einen nach außen gerichteten Weg – verfolgen, um eine nachhaltige Energieversorgung umzusetzen.

3.1 Handlungserfordernisse nach innen

Nach innen gilt es, den europäischen Binnenmarkt für Strom und Gas zu verwirklichen und gemeinsame Ziele bei Energiesicherheit, Klimaschutz, Energieeffizienz und Wettbewerbsfähigkeit solidarisch umzusetzen.

Vollendung des Binnenmarkts für Strom und Gas: Der Wettbewerb für Strom und Gas hat sich seit Beginn der Liberalisierung dynamisch entwickelt. Dennoch sind weitere Anstrengungen erforderlich. Der Ausbau von Infrastruktur, die im Rahmen der europarechtlichen Regelungen möglichst frei zugänglich sein soll, und integrierte Netze einschließlich der Integration erneuerbarer Energien, sind wichtige Voraussetzungen für die effektive Verwirklichung des Binnenmarkts. Die EU-Kommission hat mit dem dritten Binnenmarktpaket dafür den Weg vorgezeichnet.

Energieeinsparung forcieren: Um Energieimportabhängigkeit entscheidend zu verringern, müssen alle wirtschaftlichen Potenziale zur Energieeinsparung und rationellen Energienutzung ausgeschöpft werden. Insbesondere in der Altbausanierung liegen hochwirtschaftliche, bisher nicht ausreichend genutzte Potenziale. Um diese zu nutzen, müssen bestehende finanzielle Anreize marktwirtschaftlich weiterentwickelt und in ein unbürokratisches und technologieoffenes Marktanreizprogramm überführt werden. Ebenso können die Förderung der Weiterentwicklung konventioneller und alternativer Antriebstechnologien (mobile Brennstoffzelle) und ein höherer Anteil biogener/synthetischer Kraftstoffe den Verbrauch von Mineralölen vermindern.

Nutzung heimischer fossiler Energieressourcen: Aus Gründen der Versorgungssicherheit sollten heimische fossile Ressourcen wie Braunkohle – soweit sie wirtschaftlich sind – weiterhin genutzt werden. Dabei sollten auch Forschungsaktivitäten forciert werden, damit diese Energieträger künftig einen klimaschonenderen Beitrag zur Energieversorgung leisten können. Dabei werden innovative CCS-Technologien (Carbon Capture and Storage) zur Option, CO_2-Emissionen aus Großkraftwerken deutlich zu reduzieren. Das CO_2 wird dazu in den Kraftwerken abgetrennt und in geologischen Formationen, z.B. erschöpfte Öl- und Erdgasfelder oder Salzwasser führende Schichten des tieferen Untergrundes eingelagert. Dabei sind hohe Anforderungen an die langfristige Sicherheit und Dichtheit der Speicherstätten einzuhalten. Die Bundesregierung sieht weitere Förderung von Forschung und Entwicklung im Bereich CCS vor und unterstützt die Pläne der deutschen Energiewirtschaft für Demonstrationsanlagen zum Nachweis der technischen, wirtschaftlichen und umweltverträglichen Machbarkeit der CCS-Technologielinie nachdrücklich[24].

Kernenergieoption offen halten: Der Ausstieg aus der Kernenergie sollte überdacht werden und darf als Option für einen zukünftigen Energiemix mit einem wachsenden Anteil erneuerbarer Energien nicht ausgeschlossen werden. Nur so besteht die Chance, die EU-Klimaziele umzusetzen, ohne gleichzeitig die Versorgungssicherheit zu gefährden. Kernenergie kann einen effizienten Beitrag zur Klimavorsorge leisten und als Brücke hin zu einem künftigen Energiemix mit einem wachsenden Anteil erneuerbarer Energien dienen. Mit Diversifizierung kann Versorgungssicherheit verbessert werden. Nur mit einem ausgewogenen Mix können Schwierigkeiten einzelner Energieträger problemlos überwunden werden. Ein ideologisch motivierter Ausstieg, egal aus welchem Energieträger, gefährdet die Versorgungssicherheit in Deutschland. In Hinblick auf den Klimaschutz spart die CO_2-arme Kernenergie gegenüber einem Mix aus Kohle- und Erdgasstrom heute rund 150 Millionen Tonnen CO_2 im Jahr ein[25]. In Kombination mit dem Ausbau der erneuerbaren Energien, Effizienzsteigerungen und Investitionen in moderne konventionelle Kraftwerke kann bis 2020 über 60% des Stroms CO_2-frei produziert werden.

Deutschland ist derzeit von 150 Kernkraftwerksblöcken umgeben und von den Regierungen gibt es keine Anzeichen diese auszuschalten. Im Gegenteil: Laufzeitverlängerungen in den Niederlanden, Belgien und der Schweiz, Neubaupläne in Frankreich, Großbritannien und Italien sind vorgesehen. Das vorzeitige Abschalten der 17 deutschen Meiler mit weltweit vorbildlichen Sicherheitsstandards mindert das Risiko für die deutsche Bevölkerung so gut wie nicht. Deshalb darf eine Debatte über eine Laufzeitverlängerung kein Tabu mehr sein.

Steigerung der Wettbewerbsfähigkeit erneuerbarer Energien: Erneuerbare Energien sind ebenso wichtig, um den Energiemix zu diversifizieren. Dabei ist das Erneuerbare-Energien-Gesetz (EEG) zum Motor der Entwicklung der erneuerbaren Energien im Strombereich geworden. Mit einem Anteil von 14,2% am gesamten Bruttostromverbrauch hat Deutschland bereits im Jahr 2007 das Ziel der

---

24 Gemeinsamer Bericht des BMWi, BMU und BMBF für die Bundesregierung (2007): Entwicklungsstand und Perspektiven von CCS-Technologien in Deutschland. Berlin.
25 Bundesministerium für Wirtschaft und Technologie (2008): Sichere, bezahlbare und umweltverträgliche Stromversorgung in Deutschland. Geht es ohne Kernenergie? Berlin.

Bundesregierung für das Jahr 2010 (12,5%) weit überschritten[26]. Innerhalb der vergangenen fünf Jahre hat sich der Anteil erneuerbarer Energien am Endenergieverbrauch in Deutschland auf 8,6% verdoppelt. Ihr Anteil am Bruttostromverbrauch liegt mittlerweile bei 14,2%, vor sechs Jahren war der Anteil erst halb so groß. Gleichzeitig muss ihre Wirtschaftlichkeit verbessert werden, damit sie sich zukünftig selbstständig am Markt behaupten können.

Ideologiefreie und technologieoffene Energieforschung: Forschung muss indes technologieoffen ausgerichtet sein und sich auf alle Energieoptionen auf Basis konventioneller und erneuerbarer Energien erstrecken. Der rückläufige Trend bei staatlichen Forschungsmitteln muss umgekehrt werden. Internationale Forschungskooperationen gilt es voranzutreiben. Unter anderem könnten Kooperationen auch Rohstoffexportländern helfen, ihre Ökonomien zu diversifizieren.

3.2 Intensivierung der Energieaußenbeziehungen der EU

Nach außen gilt es, die Interessen gemeinschaftlich und damit wirksamer zu vertreten. Der Hohe Repräsentant für die Gemeinsame Außen- und Sicherheitspolitik der EU, Javier Solana, und die EU-Kommission haben bereits ihre Empfehlungen zur Intensivierung der Energieaußenbeziehungen dargelegt. Demnach sollte der Dialog der EU mit wichtigen Lieferanten-, Transit und Verbraucherländern unter stärkerer Einbeziehung der Mitgliedstaaten im Rahmen eines kooperativen Ansatzes verbessert werden.

Es sollten Verhandlungen über eine Energievereinbarung im Rahmen der Nachfolgeverhandlungen zum Partnerschafts- und Kooperationsabkommen zwischen der EU und Russland aufgenommen werden. Dabei sind vor allem Grundsätze der Reziprozität des Marktzugangs zu berücksichtigen und umzusetzen.

Energiethemen sollen auch im Rahmen der Europäischen Nachbarschaftspolitik stärker berücksichtigt werden. Dabei könnte die Energiegemeinschaft Südosteuropa auf weitere Länder der europäischen Nachbarschaft ausgeweitet werden. Durch den Export von Binnenmarktregeln in Nachbarregionen würden einheitliche Regelungsräume geschaffen und könnten Investitionen in Wachstumsmärkte erleichtert werden. Auch Norwegen könnte angeboten werden, Mitglied der Energiegemeinschaft Südosteuropa zu werden, um Investitionen in die Öl- und Gasförderung zu erleichtern. In Hinblick auf den Mittelmeerraum sollte der Energiedialog mit Nordafrika, insbesondere mit Algerien, verstärkt werden.

Des Weiteren sollte der strategische Energiedialog der EU mit den USA vertieft werden, ebenso die Dialoge der EU mit China und Indien sowie mit Schwellenländern. Insgesamt sollten die EU-Außenbeziehungen so gestaltet werden, dass Energieversorgung, Handels- Entwicklungs- und Klimapolitik effizient miteinander verknüpft werden.

---

26 Bundesministerium für Umwelt, Naturschutz und Reaktorsicherheit (2008): Erneuerbare Energien in Zahlen – nationale und internationale Entwicklung. Berlin.

4 Fazit

Die Verabschiedung eines Energieaktionsplans auf dem EU-Frühjahrsgipfel 2007 war ein wichtiges Ziel der deutschen EU-Präsidentschaft. Dieser Aktionsplan soll die Ziele des Lissabon-Prozesses voranbringen, den Herausforderungen des Klimawandels Rechnung tragen und die Basis für einen gemeinsamen europäischen Ansatz für die außenpolitische Dimension von Energiepolitik bilden.

Innerhalb dieses europäischen Kontextes muss die deutsche Energiepolitik im Wesentlichen drei Ziele verfolgen: die Liberalisierung der globalen Energiemärkte, die weitere Diversifizierung der Importländer und Transportrouten, und als drittes und wichtigstes Element die Stabilisierung der Energiebeziehungen durch einen permanenten und breiten Dialog sowie durch die graduelle Integration mit wichtigen Lieferanten und Transitländern. Denn gegenseitige Abhängigkeiten schaffen Sicherheit. Die skizzierte Zwei-Wege-Strategie ist hierfür der Pfad, der beschritten werden muss.

Literatur

BP (2008): Statistical Review of World Energy. Paris.

Bundesministerium für Umwelt, Naturschutz und Reaktorsicherheit (2008): Erneuerbare Energien in Zahlen - nationale und internationale Entwicklung. Berlin.

Bundesministerium für Wirtschaft und Technologie (2006): Verfügbarkeit und Versorgung mit Energierohstoffen. Kurzbericht. Berlin.

Bundesministerium für Wirtschaft und Technologie (2008): Sichere, bezahlbare und umweltverträgliche Stromversorgung in Deutschland. Geht es ohne Kernenergie? Berlin.

Deutsche Bank Research (2006): China's Commodity Hunger. Implications for Africa and Latin America. Frankfurt am Main.

Gemeinsamer Bericht des BMWi, BMU und BMBF für die Bundesregierung (2007): Entwicklungsstand und Perspektiven von CCS-Technologien in Deutschland. Berlin.

Europäische Kommission [KOM (2006) 105]: Grünbuch. Eine europäische Strategie für nachhaltige, wettbewerbsfähige und sichere Energie. Brüssel.

Global Public Policy Institute (2007): Energy Dragons Rising. Global Energy Governance and the Rise of China and India. Conference Report, Berlin.

Global Public Policy Institute (2008): Global Energy Governance and the Transatlantic Agenda. Conference Report, Berlin.

Goldthau, Andreas (2007): Gas Produzenten rücken zusammen. Der GECF-Forum und die Erfolgaussichten einer Gas-OPEC. SWP-Aktuell 26/2007.

International Energy Agency (2005): Resources to Reserves. Oil & Gas Technologies for the Energy Markets of the Future. Paris.

International Energy Agency (2007): World Energy Outlook 2007. Paris.

International Energy Agency (2008): World Energy Outlook 2008. Paris.

OECD (2005): Economic Survey of China 2005. Paris.

Victor, David G. und Eskreis-Winkler, Sarah (2008): In the Tank. Making the most of Strategic Oil Reserves. Foreign Affairs 87, 4:70-83.

Energieaußenpolitik im Rahmen der Europäischen Union[1]

Staatssekretär Heinrich Tiemann

Nachdem im ersten Themenblock des 5. Konstanzer Forums die Frage gestellt wurde, ob Ökonomie und Ökologie in Europa vereinbar sind – und ich habe mir sagen lassen, dass diese Frage positiv beantwortet wurde – haben Sie sich im zweiten Themenblock der Frage zugewandt, ob der deutsche bzw. der europäische Energiemarkt – so wie er sich heute darstellt – „fit für die Zukunft" ist. Ich hoffe, auch diese Antwort ist positiv ausgefallen.

Ich gebe in diesem Zusammenhang gerne zu, dass wir noch nicht alle Fragen geklärt haben, unter welchen Bedingungen der deutsche oder ein europäischer Energiemarkt künftig funktionieren soll. Wir sind aber dabei, dies zu tun. Im deutschen Rahmen ist das Integrierte Energie- und Klimapaket zentraler Baustein dafür. Im europäischen und im internationalen Rahmen haben uns die erfolgreichen deutschen G8- und EU-Präsidentschaften in 2007 entscheidend weiter gebracht.

Auch die kommende französische EU-Präsidentschaft, mit der wir uns zurzeit auch zum Thema Energie intensiv abstimmen, wird sich explizit mit dem Thema der europäischen Energieversorgungssicherheit beschäftigen. Auch die EU-Kommission wird sich schon bald mit einem zentralen Konzeptpapier dazu zu Wort melden.

Ich möchte mich deshalb, im Rahmen des III. Themenblocks des Forums, der sich mit dem globalen Wettbewerb um energetische Ressourcen beschäftigt, vor allem auf die relevanten außenpolitischen Fragen, die sich uns beim Thema Energieversorgungssicherheit stellen, konzentrieren.

Energiefragen stehen ganz oben auf der internationalen Agenda, insbesondere auf der von Bundesaußenminister Steinmeier. Jeden Tag können wir in den uns bekannten Zeitungen lesen, dass Energie zentrales Thema internationaler Politik ist. Sei es als Thema im Zusammenhang mit der Frage der weltweiten Energieversorgungssicherheit, sei es als Thema im Zusammenhang mit dem Klimawandel oder sei es auch im Zusammenhang mit der Frage, wie die Staaten, die über viele

---

1 Abgedruckte Rede (leicht gekürzt) von Staatssekretär Heinrich Tiemann auf dem 5. Konstanzer Europakolloquium – Energiewirtschaft in Europa – vom 6.–8. Juni 2008 an der Universität Konstanz.

Energieressourcen verfügen, mit diesen Ressourcen umgehen und wie die abhängigen Staaten auf die sich entwickelnden Machtkonstellationen reagieren.

Das Thema Energie wird uns noch für viele Jahrzehnte intensiv beschäftigen; und zwar solange, bis wir unsere Abhängigkeit von fossilen Brennstoffen entscheidend reduziert haben. Dies heißt implizit aber auch: es liegt in hohem Maße in unseren eigenen Händen, wie sich künftige Energieknappheiten auf unser Wirtschafts- und Sozialsystem auswirken.

Energie ist ein drängendes Thema und es ist auch klar, dass die Entscheidungen, die wir heute treffen – und auch die, die wir heute nicht treffen – in erheblichem Maße die Optionen bestimmen werden, die uns im Rahmen unserer Energiepolitik in Zukunft bleiben. Umso wichtiger ist es, sich klar darüber zu sein, welche Konstanten die künftigen Entwicklungen auf den Energiemärkten bestimmen werden.

Ich glaube, dass wir es im Kern mit drei Mega-Trends im Bereich der globalen Energiepolitik zu tun haben, die wir auch nicht mehr ändern können.

Erstens wird die Nachfrage nach Energie weltweit – und zwar beschleunigt – zunehmen.

Bis zum Jahre 2050 wird sich die Nachfrage nach Energie verdoppeln. Hauptgründe sind Anstieg der Weltbevölkerung und das rasante Wirtschaftswachstum vor allem in Asien, das zu mehr Wohlstand und damit auch zu mehr Nachfrage nach Energie führt. Dies hat erhebliche außenpolitische Relevanz.

Schon heute können wir feststellen, dass die reine Erwartung, dass die Nachfrage nach Energie steigt, in den internationalen Märkten erratisches und spekulatives Verhalten auslöst – sei dies beim Ölpreis, oder bei anderen Rohstoffen – mit erheblichen Auswirkungen z.B. auf die Welternährungslage.

Aber auch das Verhalten einiger Staaten, v.a. derer, die über die Ressourcen verfügen, gibt schon heute zuweilen Anlass zur Sorge. Es ist also kein Wunder, dass die Schlagwörter, mit denen wir uns in der heutigen Energiedebatte auseinandersetzen, wie „Peak-Oil" oder den „Wettlauf um Energie" oder auch das schöne Wort der „Stromlücke", uns immer wieder begegnen.

Zweitens glaube ich, dass die Tage in denen wir sehr einfach Öl und Gas gefördert haben und in denen wir es auch zu sozialverträglichen Preisen bezahlen konnten, langsam vorüber sind.

Kosten für Energie werden in zunehmendem Maße größere Anteile der zur Verfügung stehenden Einkommen abschöpfen.

Dies liegt einerseits daran, dass die Investitionen die heute nötig sind, um neue Öl- und Gasfelder zu finden oder neue technische Wege zu finden, um fossile Brennstoffe zu gewinnen, z.B. über Ölsande, Unmengen von Geld verschlingen. Alleine diese Explorationskosten und Entwicklungskosten werden dafür sorgen, dass Öl und Gas teuer bleiben und ich befürchte den Höhepunkt dieser Entwicklung haben wir noch nicht gesehen. Der Druck auf Regierungen, die Besteuerung fossiler Brennstoffe zu senken, wird zunehmen.

Andererseits werden wir trotz aller Anstrengungen noch länger von fossilen Brennstoffen abhängig bleiben – nur leider sind auch erneuerbare Energien noch nicht billig genug und können heute fossile Brennstoffe noch nicht im nötigen Maß ersetzen.

Wir müssen uns dennoch damit abfinden: das Ölzeitalter geht seinem Ende entgegen – dies behaupten sogar einige große Ölkonzerne selbst. Die Nachfrage übersteigt schon heute die jährlichen neuen Funde um ein Vielfaches. Wir leben von der Substanz. Oberstes Ziel muss deshalb jetzt sein, den besten Weg, der vor allem ein friedlicher sein muss, in die postfossile Zeit zu finden.

Der dritte große Trend ist, dass durch die Verbrennung von fossilen Brennstoffen, unser Klima zunehmend beeinträchtigt wird. Insbesondere wenn, wie es teilweise schon geschieht, Kohle als attraktive Alternative anstelle von Öl und Gas genutzt wird, um Abhängigkeit von Öl und Gas zu verringern und Energieversorgungssicherheit zu erhöhen. Alleine in China geht jede Woche ein neues Kohlekraftwerk ans Netz. Die politischen wirtschaftlichen und auch sicherheitspolitischen Implikationen veränderter Klimarahmenbedingungen sind uns allen bewusst, wir können Sie schon heute beobachten.

Überflutete Inseln im Pazifik, die Menschen zur Migration treibt, schmelzende Gletscher und auch die Verschiebung der Klimazonen, mit allen damit einhergehenden Veränderungen in den Lebensräumen sind Entwicklungen, deren Auswirkungen wir so gering wie möglich halten müssen.

Die Europäische Union hat mit Ihren weit reichenden Beschlüssen zugunsten einer integrierten Klima- und Entwicklungspolitik weltweit die Vorreiterrolle übernommen. Unter deutscher Präsidentschaft hat der Europäische Rat im März 2007 ehrgeizige Ziele für die Reduzierung klimaschädlicher Emissionen, für Energieeffizienz (bis 2020 20% des Energieverbrauchs), erneuerbaren Energien (20%) und für eine sichere Energieversorgung festgelegt. Sie werden von einem konkreten Energieaktionsplan untermauert.

Das von der EU-KOM am 23. Januar 2008 vorgestellte Energie- und Klimapaket umfasst eine Entscheidung zur Aufteilung der Klimaziele auf die Mitgliedstaaten, eine überarbeitete Emissionshandelsrichtlinie, eine Richtlinie zu erneuerbaren Energien und eine Richtlinie zur Kohlendioxidabscheidung und -speicherung. Es sind dies richtige und wichtige Schritte. Entscheidend ist aber, dass dieser Weg von allen eingeschlagen wird.

Die von mir aufgezeigten Entwicklungen machen klar, dass wir an mehreren Fronten gleichzeitig aktiv werden müssen. Wir müssen einerseits dafür sorgen, dass Energie keine Machtwährung wird, dass Energie nicht zu einem bestimmenden Faktor in der internationalen Politik wird. Zweitens müssen wir dafür sorgen, dass genug Energie zur Verfügung steht, um die Wirtschaftskreisläufe am Laufen zu halten. Und drittens müssen wir dafür sorgen, dass die Verbrennung von fossilen Brennstoffen nicht unwiderrufliche Schäden an der Umwelt unseres Planeten hervorruft und unsere eigenen Lebensgrundlagen zerstört.

Alle mir bekannten Energieszenarien, die sich mit den zukünftigen Entwicklungen beschäftigen, zeigen, dass spätestens ab 2020 die Spannungen auf den Weltenergiemärkten zunehmen werden. Dies wird sich unmittelbar auch auf die sicherheitspolitische Lage auswirken.

Schon heute können wir beobachten, dass die Macht derjenigen, die Energieressourcen haben, zunimmt. Und einige dieser Staaten werden bereit sein, diese Macht strategisch einzusetzen.

Die Frage, mit der wir uns im Rahmen deutscher Aussenpolitik beschäftigen müssen ist, wie gehen wir damit um und was sind unsere Optionen?

Erstens: es wird keine einfachen Lösungen geben. Speziell Deutschland und Europa werden mittelfristig eher noch weiter zunehmend abhängig sein von Energieimporten. Umso wichtiger ist es, dass wir es schaffen, mit unserer Außenpolitik eine Situation zu vermeiden, in der eine solche Abhängigkeit uns Politikoptionen nimmt. Wir dürfen nicht zum Spielball werden.

Zweitens scheint mir klar zu sein, dass es nicht die „eine große Lösung" geben wird. Wir werden an verschiedenen Fronten arbeiten müssen. Wir werden uns beschäftigen müssen mit Energieeinsparungen, Energieeffizienz, mit erneuerbaren Energien und zwar weltweit. Wir werden uns beschäftigen müssen mit CO_2-Einlagerung, mit dem Ausbau bestehender Energieinfrastruktur und auch mit der Frage, wie wir Energie vernünftig speichern können.

Und drittens scheint mir klar zu sein, dass es keine europäische Insellösung geben kann. Wir brauchen eine verlässliche Energieaußenpolitik, die auf internationaler Kooperation, Vertrauen und Diskussion beruht.

In praktischer Umsetzung heißt das, dass wir dafür sorgen müssen, dass auch auf den internationalen Märkten Marktprinzipien gelten, das Investitionen geschützt werden, dass wir gemeinsam Krisenmechanismen erarbeiten und dass die Transparenz der Märkte erhöht wird, wo nötig. Und auch dass wir sehr konkret die bestehenden Energienetze überall dort ausbauen, wo es notwendig ist, um internationale Energieversorgungssicherheit zu erhöhen oder zu stabilisieren.

Dabei ist entscheidend, dass wir noch stärker als bisher global governance im Energiebereich in den dafür zuständigen internationalen Organisationen betreiben. Die IEA, das IEF, das zuletzt am 21. und 22. April in Rom getagt hat, das VN-System insgesamt, aber vor allem auch die EU sind Organisationen, die Verbraucher, Produzenten und Transitstaaten zusammenbringen müssen, um möglicherweise steigende Spannungen auf den internationalen Energiemärkten in friedliche Bahnen zu lenken.

So wird der 5. EU-OPEC Energiedialog am 24. Juni sich sehr intensiv mit der Frage der Höhe der Ölpreise, Aktivitäten zur CO_2-Abscheidung und Speicherung aber auch mit dem Aufbau eines OPEC-EU Energietechnologiezentrums beschäftigen. Ich meine, dies sind wiederum Schritte in die richtige Richtung.

Deutschland und die EU können insgesamt mit Zuversicht und Selbstbewusstsein auf die vor uns liegenden energie- und klimapolitischen Herausforderungen blicken. Wir haben in der europäischen Union mit 500 Millionen Verbrauchern den größten und damit attraktivsten und wohl auch den am weitesten entwickelten Binnenmarkt der Welt. Wir haben in unserer Nachbarschaft einen Großteil der globalen Energiereserven, vor allem bei Gas. Langfristige Lieferverträge, die vor kurzem erst verlängert worden sind bis weit in die nächste Dekade hinein bieten hohe Versorgungssicherheit.

Entscheidend ist auch, dass wir in Europa ein einzigartiges technologisches Knowhow besitzen, das in Zukunft den entscheidenden Beitrag zu unserer Energiesicherheit leisten wird – ob im Bereich der Erneuerbaren Energien, des Wasserstoffkreislaufes oder anderer Technologien, die den Weg in das nachfossile Zeitalter ebnen können.

Entscheidend ist dabei, dass wir die Entscheidungen hin zu diesen Technologien heute treffen müssen – nicht morgen. Wir brauchen einen wachsenden Anteil erneuerbarer Energien im Energiemix, wir brauchen neue technische Lösungen kurzfristig auch bei der Förderung von Öl und Gas, unter immer schwierigeren geologischen Bedingungen. Hier müssen wir ansetzen.

Ganz entscheidend ist jedoch, dass wir unsere Stärken einsetzen, um unsere Abhängigkeit von fossilen Brennstoffen in den nächsten Jahren deutlich und dann immer deutlicher zu reduzieren. Nur dann werden wir uns die politischen und v. a. außenpolitischen Spielräume erhalten können, in denen eine vernünftige unabhängige Politik betrieben werden kann. Die Bundesregierung hat mit dem Beschluss für das Integrierte Energie- und Klimapaket, in dem 29 Maßnahmen für mehr Energieeinsparung, Steigerung der Energieeffizienz und allgemein der Steuerung der Allokation von Ressourcen, beschlossen wurden, Maßstäbe gesetzt.

Alle entscheidenden Ansätze für eine sichere Energiezukunft sind integriert: Einsparungen, Effizienzsteigerungen, Forschungsanstrengungen.

Wie können wir unsere Stärken am Besten auf internationaler Ebene umsetzen? Ich möchte hier einige politische Leitlinien formulieren, mit denen wir meinen, die Energieversorgungssicherheit in Europa maximieren zu können.

Erstens scheint es mir entscheidend, dass eine europäische Energiepolitik kontinuierlich dafür sorgen muss, dass bestehende Energiepartnerschaften weiter ausgebaut werden. Darum begrüße ich es außerordentlich, dass die EU-Kommission nunmehr den Auftrag erhalten hat, mit Russland ein neues Partnerschafts- und Kooperationsabkommen zu verhandeln. Es ist geplant, dass die Verhandlungen offiziell am 4. Juli beginnen.

Es wird ein Abkommen sein, das aus unserer Sicht ein besonderes Augenmerk auf die Energiepartnerschaft richten muss. Wir haben gesehen, dass sich die Energiepartnerschaft mit Russland in der Vergangenheit bewährt hat. Und zwar für beide Seiten. Wir sollten sie nicht leichtfertig aufs Spiel setzen. Im Gegenteil: Eine Verdichtung des Austausches auf allen Gebieten, weit über die Energiewirtschaft hinaus liegt in europäischem Interesse.

Entscheidend ist, dass sich die europäische und die russische Energiewirtschaft weiter vernetzen – auf gleicher Augenhöhe und zu fairen Bedingungen für beide Seiten. Wir sind wichtiger Partner für Russland im Energie- und Stromsektor, bei der Steigerung der Energieeffizienz im heimischen Verbrauch, bei der Modernisierung der Infrastruktur und der Diversifizierung der Wirtschaft insgesamt.

Ich denke, wir sollten hier auch bei schwierigen Diskussionen – und die gibt es auch im Zusammenhang mit Russland immer wieder – weiter auf bewährte Partnerschaft setzen und nicht die schnelle Schlagzeile suchen. Ich denke, dafür ist die Partnerschaft zu wichtig – für beide Seiten.

Unsere Energieaußenpolitik ist auf vielfältige Bezugsquellen ausgerichtet. Die Frage ist deshalb nicht ob, sondern wie wir unsere Energiebeziehungen mit Russland weiter ausbauen und langfristig stabil gestalten können. Dazu gehört auch, neue Energieinfrastruktur zu bauen, um Versorgungssicherheit zu erhöhen. Neue Pipelineprojekte wie Nabucco, Nordstream aber auch Southstream gehören dazu. Russland ist dabei, seine Wirtschaftskraft nach dem tiefen Fall in den 90er Jahren, mit Hilfe von Energieexporten auf den Stand westeuropäischer Wirtschaften zu bringen. Russland wird – entsprechendes Energiepreisniveau vorausgesetzt – noch 40–50 Jahre Zeit haben, sich mit Hilfe der Erlöse aus seinen Energieexporten zu restrukturieren und zu stabilisieren.

Zweitens muss eine europäische Energiepolitik weiter daran arbeiten, neben der Energiepartnerschaft mit Russland, neue Liefer- und Kooperationsräume zu erschließen. Dazu gehört neben Nord- und Westafrika auch der Kaspische Raum und Zentralasien. Die unter deutscher EU-Präsidentschaft beschlossene EU-Zentralasien-Strategie hat das Thema Energie sehr prominent auf die Agenda gesetzt.

Wir wollen unseren Partnern in Zentralasien helfen, ihre Energiepolitiken zu entwickeln, durch einen geordneten Rechtsrahmen, der Investitionssicherhit bietet, Umweltbedingungen respektiert und zur wirtschaftlichen und sozialen Entwicklung der Region beiträgt.

Der Rückenwind, den wir insbesondere aus der Privatwirtschaft erhalten haben, zeigt, dass wir mit der Zentralasien-Strategie einen wichtigen Impuls zum richtigen Zeitpunkt setzen konnten. Es gilt nun ihn weiter auszubauen und die dort beschlossenen prinzipiellen Entwicklungen in sehr konkrete Projekte umzusetzen.

Energiedialoge der Bundesregierung mit einzelnen Staaten der Region unterstützen die auch dort gewünschte enge wirtschaftliche Anbindung an die EU.

Auch die energiepolitischen Wirtschaftsbeziehungen zu Afrika müssen ausgebaut werden. Schon heute sind die Steigerungsraten der Ölförderung im Golf von Guinea beachtlich. Hier besteht großes Potential. Minister Steinmeier hat bei mehreren Reisen nach Afrika immer wieder auch das Thema Energie und entsprechende Energiepartnerschaften mit Europa sehr prominent angesprochen.

Unter deutscher EU-Präsidentschaft wurden die Voraussetzungen für die Ende Dezember 2007 beschlossene Energiepartnerschaft „EU-Afrika" als konkrete Ausgestaltung der „Gemeinsamen Strategie Afrika-EU" geschaffen.

Bezeichnend für unseren Ansatz – sowohl den deutschen als auch den europäischen – ist es, dass hier eine echte Partnerschaft „auf Augenhöhe" begründet wird. Es geht darum, sowohl unsere Energieversorgung zu sichern als auch den Staaten Afrikas den Zugang zu Energie zu ermöglichen. Afrika wird nicht mehr auf die Rolle des Rohstofflieferanten reduziert.

Drittens bedeutet aus meiner Sicht Energiesicherheit, Sicherheit sowohl für Konsumenten als auch für Produzenten und Transitstaaten gleichermaßen. Sicherheit die am ehesten durch einen kooperativen und einen auf Recht basierenden Ansatz erreicht werden kann. Auch dies ist ein europäisches Markenzeichen.

Die von der Europäischen Union initiierte Energiegemeinschaft, die in Südosteuropa für eine Angleichung der Rechtsnormen und technischen Standards an EU-Recht im Energiebereich eintritt, zeigt, was das ganz konkret heißen kann.

Wichtig ist dabei auch, dass zukünftig Transitstaaten wie die Ukraine oder die Türkei, aber auch Produzenten wie Norwegen durch einen Beitritt zur Energiegemeinschaft an den europäischen Regulierungsraum herangeführt werden können. Dies verbessert Rechtssicherheit für Energieinvestitionen und erleichtert damit auch große Infrastrukturvorhaben etwa beim Pipelinebau oder bei der Errichtung transnationaler Stromnetze. Sie ist somit ein nicht zu unterschätzender Beitrag auch für die Versorgungssicherheit in der gesamten Europäischen Union.

Solche sehr konkreten Projekte sind Bestandteil der von mir vorhin geforderten globalen governance im Energiebereich.

Viertens muss eine gemeinsame europäische Energiepolitik durch technologische Entwicklung dafür sorgen, dass Versorgungssicherheit erhöht wird. Wir brauchen über das siebte EU-Forschungsrahmenprogramm hinaus mehr Gelder für die Energieforschung und ich hoffe, dass dann auch viele deutsche Unternehmen sich daran beteiligen und davon profitieren können. Ohne umfassende Forschung und Förderung im Bereich Energie werden wir langfristig unsere Abhängigkeiten von fossilen Brennstoffen nur marginal verringern können. Das deutsche Einspeisegesetz, das in gewisser Weise und indirekt auch die Forschung in den Unternehmen fördert, stößt übrigens weltweit auf allergrößtes Interesse und wird teilweise schon kopiert.

Fünftens wird es entscheidend sein, dass wir das Thema Energiepolitik weltweit auch bei unserem Treffen mit Drittstaaten immer wieder vorbringen. Bei unseren Gesprächen mit China und Indien stehen schon heute die Themen Energie- und Klimapolitik immer wieder ganz oben auf der Agenda. Und das ist auch notwendig. China und Indien sind schon heute bestimmende Faktoren der globalen Energienachfrage. Dieser Trend wird sich weiter verschärfen. Die globale Nachfrage zeigt, dass China nach Schätzung der IEA die USA im Jahr 2010 als größter Energienachfrager ablösen wird. Auch Indien vermeldet ein rasanten Nachfrageanstieg.

Viele Schätzungen gehen davon aus, dass Indien bis 2025 unter die Top 3 der globalen Ölimporteure aufsteigen wird. Entscheidend ist, dass wir allen Staaten mit denen wir energiewirtschaftlich zu tun haben eine faire Partnerschaft anbieten. Neben unseren berechtigten Energiebedürfnissen, die wir auch immer wieder in die Diskussion einbringen, stellen wir fest, dass das Interesse an deutschen und europäischen Energiekonzepten enorm ist. Das gilt für die europäische Fördertechnologie, z.B. in Küstennähe, genauso wie für den Einsatz Erneuerbarer Energien oder die Durchsetzung von Umweltnormen.

Es liegt im strategischen Interesse der europäischen Union hier verstärkt Angebote zur Zusammenarbeit zu machen. Es gilt, intelligente Politikkonzepte zu verbinden mit der Erschließung neuer Lieferräume um langfristig die Energiesicherheit für Europa zu stabilisieren.

Eine kluge, eine vorausschauende europäische Energiepolitik strahlt weit über die Europäische Union und Brüssel hinaus. Wir können mit einer Energieaußenpolitik, wie ich sie skizziert habe, zeigen:

- dass der europäische Weg der Zusammenarbeit und des friedlichen Interessenausgleichs zukunftsweisend ist.
- dass wir bei internationalen Energiebeziehungen auf faire Partnerschaften und Nachhaltigkeit setzen.
- und dass wir angesichts verstärkter Energie- und Rohstoffkonkurrenz auf die Stärke des Rechts und nicht auf das Recht des Stärkeren setzten.

Versorgungssicherung aus der Perspektive eines Regionalversorgers

Dr. Werner Brinker[1]

1 Einleitung

Über viele Jahre hinweg profitierten deutsche Verbraucher von einer Versorgung, die in punkto Zuverlässigkeit im europäischen und weltweiten Vergleich ihresgleichen suchte. Als Folge wurde Versorgungssicherheit in Deutschland quasi zur Selbstverständlichkeit. Seit jedoch das Energiepreisniveau kontinuierlich steigt und empfindliche Höhen erreicht hat, ist Energie zu einem Topthema geworden und findet höchste Beachtung in den Medien und in der nationalen und internationalen Politik. Ereignisse wie die Ukraine/Russland-Krise haben in Erinnerung gerufen, wie abhängig Deutschland aller Bemühungen zum Trotz noch immer von ausländischen fossilen Energiereserven ist. Und das dauerhaft hohe Energiepreisniveau macht eindringlich bewusst, dass diese Reserven begrenzt und zudem weltweit sehr begehrt sind.

Erneuerbare Energien können die Abhängigkeit von fossilen Ressourcen zwar begrenzen, sind jedoch, wie Biomasse, ebenfalls nicht unbegrenzt oder, wie Wind- und Sonnenenergie, nicht kontinuierlich verfügbar. Deshalb ist es so wichtig, mit intensiver Forschung und Entwicklung die Effizienz- und Energiesparpotenziale zu heben, die gerade in den Bereichen Energieerzeugung und -verwendung noch in erheblichem Umfang vorhanden sind.

Erneuerbare Energien sollen laut Integriertem Klima- und Energieprogramm der Bundesregierung bis 2020 bis zu 30% der Stromerzeugung in Deutschland decken. Zusätzlich sollen 25% der Stromerzeugung aus KWK gedeckt werden. Im Umkehrschluss bedeutet das aber: Mindestens 45% des Stroms müssen weiterhin konventionell erzeugt werden. Um den zukünftigen Strombedarf zu decken und um die ehrgeizigen Klimaschutzziele zu erfüllen, sind hohe Investitionen in neue Kraftwerke, auch in konventionelle Kraftwerke, sowie in die Entwicklung neuer, klimaschonender Technologien dringend erforderlich. Zugleich bedingen der deutliche Ausbau der erneuerbaren Energien und der Neubau konventioneller Kraftwerke einen erheblichen Investitionsbedarf auch in neue Netze und in den Umbau der bestehenden Netze.

---

1 Vorsitzender des Vorstandes der EWE AG, Oldenburg.

Der Umbau der Energieversorgung auf allen Ebenen erfordert neben enormen Investitionen auch Zeit. Durch immer mehr Auflagen und Vorgaben erhöht jedoch die Politik laufend den Druck auf die Energiewirtschaft und schränkt die Handlungsspielräume der Unternehmen zunehmend ein. Zudem erschweren lange und aufwändige Genehmigungsverfahren auf der einen Seite und der – nach der Devise: „not in my own backyard" – wachsende Widerstand in der Bevölkerung gegen neue Kraftwerke und Leitungen auf der anderen Seite den Umbau der Energieversorgung in der gebotenen kurzen Frist.

Aufgabe der Energieversorgungsunternehmen ist es, eine möglichst sichere, preiswerte und umweltgerechte Versorgung mit Energie zu gewährleisten. Die öffentliche Diskussion konzentriert sich in weiten Teilen auf Preis- und Umweltaspekte und scheint die Versorgungssicherheit als eher brancheninternes Problem zu betrachten. Es ist höchste Zeit, dass sich das ändert. Eine Energieversorgung in der gewohnten hohen Qualität ist eben nicht selbstverständlich.

EWE als großer international tätiger Regionalversorger hat schon frühzeitig die Weichen gestellt, um den Herausforderungen von Politik und Wettbewerb, Klimaschutz und Ressourcenknappheit zu begegnen. Schon vor Jahrzehnten begann EWE mit der Verkabelung des Stromverteilnetzes und setzt moderne Leittechnik zur Steuerung der Netze ein. Als erstes deutsches Unternehmen schloss EWE einen Erdgasimportvertrag mit den Niederlanden und baut auch heute auf langfristige Partnerschaften mit Energielieferanten, auf Erdgasspeicher und in geringem Umfang auch auf eigene Explorationserfolge. Schon seit Ende der 1980er Jahre engagiert sich EWE für die Weiterentwicklung der Windenergietechnologie und ist maßgeblich an der Errichtung des ersten deutschen Offshore-Windparks alpha ventus beteiligt. Darüber hinaus forciert EWE die Erforschung und Entwicklung innovativer Energietechnologien wie der Brennstoffzelle, leistungsfähiger Photovoltaikelemente oder innovativer Möglichkeiten der Energiespeicherung.

Auf dem Weg in eine sichere und zukunftsfähige Energieversorgung sind Forschung, Entwicklung und der breite Einsatz innovativer Technologien eine „conditio sine qua non". Dafür müssen die verfügbaren Kräfte gebündelt und durch verlässliche, investitionsfreundliche und international verbindliche Rahmenbedingungen gefördert werden. Nur so kann der notwendige Umbau der Energieversorgung bewältigt werden.

2 Wirtschaftliche und politische Rahmenbedingungen des Energiemarktes

Die *Liberalisierung* der Energiemärkte als Folge der EG-Binnenmarktrichtlinien Strom (1996) und Gas (1998) und ihre Umsetzung in nationales Recht durch die Novellierung des Energiewirtschaftsgesetzes im April 1998 veränderten die *rechtlichen Rahmenbedingungen* der Energiewirtschaft nachhaltig.

Die Binnenmarktrichtlinien Strom und Gas wurden 2003 durch die so genannten Beschleunigungsrichtlinien fortgeführt. Im Juli 2005 traten sowohl das Gesetz zur Neuregelung des Energiewirtschaftsrechts als auch die Verordnungen über Netzzugang und Netzentgelte in Kraft. Damit wurde der Bundesnetzagentur die *Regulierung* im Bereich der Elektrizitäts- und Gasversorgung übertragen. Aufgabe der Behörde ist es, einen diskriminierungsfreien Netzzugang zu gewährleisten und die von den Unternehmen erhobenen Netzentgelte zu kontrollieren. Eine wesentliche Regelung stellt in diesem Zusammenhang das Unbundling dar, die gesellschaftsrechtliche Entflechtung des Netzbereiches von den übrigen Funktionen eines Energieversorgungsunternehmens. Die Liberalisierung führte in Deutschland zu einer Reihe von Unternehmenszusammenschlüssen auf allen Ebenen der Energiewirtschaft. Seit 2006 findet verstärkt eine Konsolidierung auf europäischer Ebene statt.

Die nationale und europäische *Energiepolitik* steht im Zeichen von Klimaschutz, Energieeffizienz und erneuerbaren Energien. Sie ist zudem von weiteren Regulierungsvorhaben geprägt. Anfang 2008 brachte die Bundesregierung wesentliche Teile des 2007 beschlossenen integrierten Klima- und Energieprogramms auf den Weg. Der Bundestag verabschiedete Novellen des Erneuerbare-Energien-Gesetzes (EEG-Novelle) und des Kraft-Wärme-Kopplungs-Gesetzes (KWKG-Novelle). Danach soll der Anteil erneuerbarer Energien an der Stromversorgung bis zum Jahr 2020 auf 30% steigen und danach kontinuierlich weiter erhöht werden. Der Anteil von Strom aus KWK-Anlagen soll im gleichen Zeitraum von derzeit rund 12% auf 25% gesteigert werden. Das neue Erneuerbare-Energien-Wärmegesetz (EEWärmeG) regelt, dass bei der Wärmeerzeugung in Neubauten künftig verstärkt erneuerbare Energieträger genutzt werden sollen. Weitere im Klima- und Energieprogramm genannte Maßnahmen wie die Novelle der Energieeinsparverordnung sollen ebenfalls noch 2008 umgesetzt werden.

Ihre Netzentgelte müssen Strom- und Gasnetzbetreiber bereits seit 2006 genehmigen lassen. Zum 1. Januar 2009 wird jedoch die geltende Regelung der genehmigten Netzzugangsentgelte durch die *Anreizregulierung* abgelöst. Danach wird die Bundesnetzagentur künftig nicht mehr einzelne Kostenpositionen der Netzbetreiber kontrollieren, sondern über einen bundesweiten Effizienzvergleich zwischen den Unternehmen Potenziale zur Effizienzsteigerung ermitteln. Diese Effizienzwerte haben dann unmittelbare Auswirkungen auf die Höhe der genehmigten Netzerlöse.

Zur Ermittlung der Erlösobergrenze und zur Genehmigung von Investitionsbudgets werden mit Einführung der Anreizregulierung neue Eigenkapitalzinssätze herangezogen. Im Juli 2008 legte die Bundesnetzagentur die Eigenkapitalzinssätze im Strom- und Gasnetzbereich einheitlich auf 9,29% vor Steuern für Neuanlagen fest. Die Altanlagen werden mit 7,56% vor Steuern verzinst. Die sich daraus ergebenden Renditen sind jedoch deutlich niedriger und liegen deutlich unter den erzielbaren Netzrenditen in anderen Ländern.

Die EU-Energieminister verständigten sich im Oktober 2008 in Luxemburg auf das Dritte Energiebinnenmarktpaket. Das Paket soll faire Marktbedingungen für mehr Konkurrenz auf Europas Strom- und Gasmärkten schaffen. Dies soll einen Anstieg der Energiepreise langfristig dämpfen. In dem Paket sind Richtlinienentwürfe enthalten, bei denen es um die Frage der eigentumsrechtlichen Entflechtung der Stromtransport- und Erdgasfernleitungsnetze (Ownership Unbundling) geht. Zudem sind im Rahmen des Dritten Energiebinnenmarktpakets Regelungen für den Zugang zu Erdgasspeichern (einschließlich einer rechtlichen Entflechtung) sowie die Einrichtung einer europäischen Regulierungsbehörde vorgesehen.

Zu den Zielen der Richtlinienentwürfe gehört es, Energieproduktion und -vertrieb wirksam vom Betrieb der Übertragungsnetze und Fernleitungen zu trennen. Dafür sieht dieser noch im Gesetzgebungsverfahren befindliche Entwurf drei verschiedene Modelle vor: das Ownership Unbundling, den ursprünglich von der Kommission vorgeschlagenen Independent System Operator (ISO) und den zum Independent Transmission Operator (ITO) verschärften sogenannten Dritten Weg, der vor allem von Deutschland und Frankreich vorangetrieben worden war. Dieser Dritte Weg sieht vor, dass die Konzerne ihre Netze behalten dürfen, sofern diese in einer separaten Gesellschaft unter Auflagen geführt werden. In anderen Ländern, in denen die Energiefirmen bereits zerschlagen wurden, soll eine Schutzklausel verhindern, dass reine Fernleitungsnetzbetreiber von anderen integrierten Energiekonzernen übernommen werden können. Der Schutz bezieht sich aber nicht auf die dortigen Energieerzeuger und lokalen Verteilnetze.

Außerdem wollen die EU-Politiker eine europäische Regulierungsbehörde, eine sogenannte Energieagentur, einrichten. Jeder Mitgliedstaat verfügt derzeit über eine Regulierungsbehörde, die den Wettbewerb auf dem jeweiligen Strom- und Gasmarkt überwacht und die Öffnung des nationalen Marktes fördert. Angedacht ist, dass alle Behörden künftig unabhängiger von der Energiebranche und der Regierung entscheiden sollen. Die europäische Behörde soll die Zusammenarbeit der einzelnen nationalen Regulierungsbehörden betreuen und überwachen. Für bestimmte grenzüberschreitende Angelegenheiten bekommt sie eigene Befugnisse. Darüber entscheidet der Regulierungsrat, in dem alle nationalen Regulierungsbehörden vertreten sind.

Insgesamt sorgen die in weiten Teilen noch unsicheren Rahmenbedingungen der EU-Politik für ein *investitionsunfreundliches Klima*. Die Vorschläge und Pläne zur Umsetzung der ehrgeizigen politischen Ziele lassen auch für die kommenden Jahre eine noch restriktivere Entwicklung erwarten.

3 Versorgungssicherheit in Deutschland

Mit 21,5 Minuten pro Jahr und Kunde weist Deutschland die mit Abstand geringsten *Stromausfallzeiten* in Europa aus, im Netzgebiet von EWE liegt dieser Wert sogar bei weniger als fünf Minuten. Zum Vergleich: In Italien fällt der Strom für durchschnittlich 76 Minuten aus, das Land liegt damit im Mittel aller verglichenen Länder. Am längsten ist die Ausfalldauer mit 157 Minuten pro Kopf und Jahr in Irland. Das ist einer der Gründe, warum die Bundesnetzagentur in ihrem Monitoringbericht 2008 die Versorgungssicherheit der *Elektrizitätsversorgung* in Deutschland als hoch einstuft. Kurz- bis mittelfristig stehen dem Bericht zufolge auch ausreichend Erzeugungskapazitäten zur Verfügung: In den kommenden zwölf Jahren gehen demnach Kraftwerke mit einer Gesamtkapazität von 30,5 Gigawatt vom Netz, im Gegenzug werden neue Kraftwerke gebaut oder deren Bau beantragt. Kritisch sieht die Behörde allerdings die zunehmenden

Akzeptanzprobleme bei Kohlekraftwerken und die damit verbundene Verhinderung des Baus neuer Erzeugungskapazitäten. Versorgungsengpässe schließt die Bundesnetzagentur deshalb ab 2015 nicht aus.

Investitionsbedarf sieht die Bundesnetzagentur auch für den Ausbau der *Netze* und Übertragungskapazitäten, davon ausgehend, dass es zukünftig zu einer noch deutlicheren räumlichen Trennung von Erzeugung und Verbrauch kommen wird. Hauptgründe sind die räumliche Verlagerung der Erzeugungsschwerpunkte weg von zentralen hin zu dezentralen Erzeugungsstrukturen sowie der Zuwachs von Einspeisungen aus Anlagen, die erneuerbare Energien nutzen: Ein wachsender Windstromanteil kommt aus dem Norden und Nordosten Deutschlands, verbraucht wird der Strom aber vor allem im Westen und Süden. Darüber hinaus bildet sich ein neuer Erzeugungsschwerpunkt für konventionelle Kraftwerke im Norden und Osten Deutschlands. Zudem würden durch einen Kernenergieausstieg die Stromerzeugungskapazitäten in Bayern und Baden-Württemberg zurückgehen. Schließlich wird der Ausbau von Netzkapazitäten an den Grenzen zu den Nachbarländern Deutschlands politisch forciert, um dem europaweiten Stromhandel neue Impulse zu geben.

Die Investitionen der deutschen Stromwirtschaft in Kraftwerke und Netze betrugen 2007 nach ersten Berechnungen 6,7 Milliarden Euro. Für 2008 rechnet der Bundesverband der deutschen Energiewirtschaft (BDEW) mit einem weiteren Anstieg auf 8,9 Milliarden Euro. Derzeit sind 60 größere Kraftwerksprojekte mit einer Gesamtleistung von 34.500 Megawatt und einem Investitionsvolumen von rund 38 Milliarden Euro in Planung, die bis 2018 in Betrieb gehen sollen. Aufgrund unsicherer Rahmenbedingungen ist jedoch noch unklar, ob die Stromversorger die geplanten Investitionen auch in vollem Umfang realisieren können. Einige Kraftwerksprojekte wurden bereits eingestellt, Gründe waren einerseits die mangelnde Wirtschaftlichkeit aufgrund stark gestiegener Baukosten oder Gasbezugspreise, andererseits der öffentliche Widerstand. Zudem ist nicht abzusehen, wie sich die CO_2-Zertifikatepreise ab dem Jahr 2013 entwickeln werden.

Die Bundesnetzagentur warnt in einem Bericht an den Bundestag auch vor vermehrten Netzausfällen, wenn sich der Bau neuer Stromleitungen weiter verzögern sollte. Deshalb will die Bundesregierung die Rahmenbedingungen für den dringend erforderlichen Ausbau der Stromübertragungsnetze durch ein Gesetz zur Beschleunigung des Ausbaus der Höchstspannungsnetze verbessern, das sich derzeit im Gesetzgebungsprozess befindet. Ohne den raschen Netzausbau wird der geplante Ausbau des Anteils der erneuerbaren Energien an der Stromerzeugung nicht gelingen.

Um die Sicherheit der *Erdgasversorgung* zu bewerten, betrachtet die Bundesnetzagentur in ihrem Monitoringbericht 2008 die verfügbaren inländischen und internationalen Bezugsquellen sowie die Speicher- und Importkapazitäten sowie die Investitionen der Fernleitungs- und Verteilnetzbetreiber.

Nach wie vor ist die *Importabhängigkeit* Deutschlands bei Erdgas mit 85% außerordentlich hoch. Der größte Teil des importierten Erdgases stammte 2007 nach Angaben des BDEW aus Russland (37%). Zweitgrößter Lieferant war Norwegen mit 26%, an dritter Stelle lagen die Niederlande mit 18%, lediglich

15% stammen aus inländischer Förderung. Die statische Reichweite der im Inland gewinnbaren Erdgasreserven wird mit zwölf Jahren angegeben. Einen weiteren inländischen Beitrag zur Gasversorgung leistet die Verwertung von Biomasse und daraus hergestelltem Biogas.

Die *Speicherkapazität* der insgesamt 46 deutschen Erdgasspeicheranlagen betrug Ende 2007 fast 20 Milliarden Kubikmeter Arbeitsgas, das entspricht etwa einem Fünftel des derzeitigen Jahresverbrauchs. Nach derzeitigem Stand sind bundesweit 15 weitere Untertagespeicher mit einem Arbeitsgasvolumen von mehr als drei Milliarden Kubikmetern im Bau oder in Planung. Auch die Importkapazitäten sollen bis 2020 deutlich erhöht werden, unter anderem durch den Bau der sogenannten Ostsee-Pipeline von Russland nach Deutschland, durch die jährlich rund 55 Milliarden Kubikmeter Erdgas nach Deutschland fließen sollen.

Die Gaswirtschaft investierte nach Einschätzung des BDEW insgesamt rund 1,8 Milliarden Euro. Nach Schätzung der Bundesnetzagentur flossen in den Neubau, Ausbau, Erweiterung und Erhalt der Infrastruktur rund 950 Millionen Euro.

4 Regionale Energieversorgung am Beispiel der EWE AG

4.1 Die EWE AG als Infrastruktur- und Energiedienstleister

Regionale Energieunternehmen sind innerhalb des europäischen Verbundsystems das Bindeglied zwischen Fern-/Transportnetzbetreibern und lokalen Verteilern. Mit dem Betrieb von Energieversorgungsnetzen schaffen sie wichtige infrastrukturelle Voraussetzungen in ihren Versorgungsgebieten.

Mit einem Konzernumsatz von 4,7 Milliarden Euro (2007) und mit über 5.000 Mitarbeitern gehört EWE zu den großen Energieunternehmen in Deutschland. Im jährlichen Unternehmensranking der Nord/LB zählt EWE regelmäßig zu den umsatzstärksten Unternehmen in Niedersachsen und in der nordwestlichen Region.

Aus seinen Kernkompetenzen, dem effizienten Management komplexer Strom-, Erdgas- und Telekommunikationsnetze, hat der EWE-Konzern ein breites *Multi Utility* Angebot rund um Energie, Umwelt, Gebäudemanagement, Telekommunikation und Informationstechnologie entwickelt.

Zum EWE-Konzern gehören die EWE AG mit Sitz in Oldenburg als Muttergesellschaft sowie zahlreiche Tochtergesellschaften, Mehr- und Minderheitsbeteiligungen. Sie bieten Dienstleistungen des EWE-Konzerns im Inland, in Polen und in der Türkei an.

Die EWE AG versorgt im *nordwestlichen Niedersachsen* die Region zwischen den Flüssen Ems, Weser und Elbe mit Energie und Telekommunikationsdienstleistungen. Das Erdgasversorgungsnetz umfasst über die Ems-Weser-Elbe-Region hinaus weitere Gebiete im Osten des Landes Brandenburg und im Norden Mecklenburg-Vorpommerns sowie Landesteile Polens. Die Strom-, Erdgas- und Telekommunikationsnetze haben zusammen eine Länge von über 160.000 km und werden von der Netzgesellschaft EWE NETZ GmbH betrieben.

Fast 400 Kommunen in der Ems-Weser-Elbe-Region erhalten *Strom* von der EWE AG. Insgesamt beliefert EWE rund eine Million Stromkunden, darunter 22 Stadtwerke. In der Region hat EWE ein flächendeckendes Erdgasversorgungsnetz aufgebaut. An das mittlerweile rund 54.000 Kilometer lange Netz sind über 80% aller Haushalte angeschlossen. EWE versorgt insgesamt mehr als 771.000 Kunden mit Erdgas. EWE gehört zu den wenigen Anbietern in Deutschland, die Erdgas selbst importieren und Privathaushalte direkt, ohne weitere Zwischenhändler, beliefern. In geringem Umfang ist EWE auch selbst in der Produktion tätig. Darüber hinaus zählt EWE zu den führenden Betreibern von *Erdgasspeichern* in Deutschland.

Die EWE AG betreibt Kavernenspeicheranlagen in Nüttermoor und Huntorf (Niedersachsen) sowie in Rüdersdorf (Brandenburg) mit einer Speicherkapazität von zusammen rund 1,3 Milliarden m^3. Zahlreiche Kavernen vermietet EWE als Speicherdienstleister an andere Unternehmen. Die Speicher tragen wesentlich zur sicheren Erdgasversorgung bei. Darüber hinaus können hier am Markt vorhandene und günstig angebotene Erdgasmengen zwischengelagert und bei Bedarf abgerufen werden.

Eigentümer der EWE AG sind indirekt, über Beteiligungsgesellschaften, 21 Städte und Landkreise aus dem Ems-Weser-Elbe-Gebiet. Zudem soll die Energie Baden-Württemberg AG (EnBW AG) als weiterer Gesellschafter und als strategisch wichtiger Partner weitere Wachstumsmöglichkeiten eröffnen. Die Beteiligung muss noch vom Bundeskartellamt genehmigt werden.

4.2 Auswirkungen der Rahmenbedingungen auf den EWE-Konzern

Auch der EWE-Konzern nutzte in den vergangenen Jahren Chancen der *Liberalisierung* und wuchs durch Übernahme von oder Beteiligungen an Stadt- und Verteilerwerken. Von strategischer Bedeutung waren 2004 der Erwerb von 49% der Stimmrechte an der swb AG, Bremen und eines 47,9%igen Anteils am Ferngasunternehmen VNG AG, Leipzig. Die swb-Beteiligung stärkte die regionale Marktstellung beider Unternehmen, da das Versorgungsgebiet des Bremer Stadtwerks mitten in der von EWE versorgten Region liegt und das Unternehmen eigene Kraftwerke betreibt. Die Beteiligung an VNG als Erdgasimporteur und international tätigem Ferngasunternehmen trägt zur Sicherung der Beschaffungswege bei.

Die voranschreitende Liberalisierung des europäischen Gasmarktes eröffnet EWE auch im Bereich *Erdgasspeicherung* neue Chancen. Dafür baut EWE seine vorhandenen Kapazitäten aus und schafft neue Kapazitäten an strategisch interessanten Standorten. In Kooperation mit Wingas baut EWE neue Kavernen in Jemgum (Ostfriesland), und in Moeckow (Mecklenburg-Vorpommern) sollen neue Speicher nahe des zukünftigen Anlandepunktes der geplanten Ostseepipeline entstehen.

Die EWE NETZ GmbH gehört zu den effizientesten Strom- und Gasnetzbetreibern in Deutschland. In einem bundesweiten Effizienzvergleich der Bundesnetzagentur hat der Oldenburger Netzbetreiber nicht nur im Strom-, sondern auch im Gasbereich für alle Druckstufen und Netzgebiete den höchstmöglichen

Effizienzwert von 100 % erreicht. Die Effizienzwertermittlung für die Strom- und Gasnetze ist Voraussetzung für die Festlegung der individuellen Erlösobergrenzen der Netzbetreiber und damit die Basis der zum 1. Januar 2009 beginnenden Anreizregulierung. Aus den Erlösobergrenzen werden dann die *Netzentgelte* gebildet. Jedoch soll die bestehende Qualität eines Netzes erst in der zweiten Regulierungsperiode ab 2014 zwingend berücksichtigt werden. Betreiber von Netzen mit hoher Qualität wie EWE würden dadurch im Effizienzvergleich mit anderen Unternehmen benachteiligt. Diese Einschränkungen würden es für EWE in Zukunft schwierig machen, im bisherigen Umfang in die hohe Netzqualität zu investieren.

Netzkosten machen zusammen mit den Kosten der Abrechnung rund ein Drittel des gesamten EWE-Strompreises und rund 20 % des Gaspreises aus. In der ersten Regulierungsperiode kürzte die Bundesnetzagentur die Entgelte von EWE NETZ für die Nutzung des Stromverteilnetzes im 1- und 20- kV-Bereich um 5,9 %, die Gasnetzentgelte um durchschnittlich 5,4 %. Damit lagen diese *Kürzungen* deutlich unter den Kürzungen bei anderen deutschen Netzbetreibern – im Durchschnitt kürzte die Bundesnetzagentur die Entgelte in der ersten Periode um 12 % oder insgesamt 2,5 Milliarden Euro. In der zweiten Regulierungsrunde 2008 musste EWE NETZ im Strombereich weitere Kürzungen um durchschnittlich 4,7 % hinnehmen, die Gasnetzentgelte wurden hingegen nicht gekürzt.

Dennoch: Netzbetreiber, die *Investitionen* in ihre Versorgungsinfrastruktur schon seit Jahrzehnten mit langfristiger, vorausschauender Perspektive tätigen und dadurch bereits ein sehr hohes Effizienzniveau erreicht haben, können solche drastischen Kürzungen nicht mehr in gleichem Maße durch Effizienzsteigerungen ausgleichen. Die Politik sollte deshalb bei der Anwendung dieses Wettbewerbsinstruments nicht aus den Augen verlieren, dass mit sinkender Marge auch die Mittel und Anreize für Investitionen in die Infrastruktur sinken. Damit steht mit zunehmendem Kostendruck in Frage, ob die Netzbetreiber langfristig den bestehenden hohen Sicherheitsstandard gewährleisten können.

Für die Investitionen der Netzbetreiber ist es von existenzieller Bedeutung, dass sie auch in Zukunft ihre Kapitalkosten erwirtschaften können. Grundvoraussetzung dafür ist eine angemessene Kapitalrendite und ein entsprechender Eigenkapitalzinssatz. Die neuen erhöhten Zinssätze sind ein Schritt in die richtige Richtung. Aber auch mit den neuen Eigenkapitalzinssätzen können bei realistischen Annahmen lediglich Renditen von maximal 4,1 % beim Strom und maximal 3,94 % beim Gas erwirtschaftet werden. Das hat Professor Ballwieser von der Universität München in einem Gutachten für den BDEW ermittelt. Im Ausland werden höhere Netzrenditen erzielt. Das führt zu einem erheblichen *Wettbewerbsnachteil* für die gesamte Branche – etwa im Hinblick auf potenzielle Kapitalgeber.

Da der *Kostendruck* im Rahmen der Anreizregulierung weiter zunehmen wird, wird die EWE NETZ GmbH gezwungen sein, den Aufwand zu verringern und Personal- und Organisationsstrukturen, Arbeitsabläufe, Materialeinkauf und auch die Auftragsvergabe an Vertragsfirmen auf den Prüfstand zu stellen. Die Investitionen und Unterhaltungskosten werden Schritt für Schritt verringert werden müssen. Vertragsfirmen werden zukünftig zunehmend für Serviceleistungen und weniger für reine Bauleistungen eingesetzt.

Für einen funktionierenden Erdgasmarkt sind auch die Erdgasspeicher von großer Bedeutung. Deshalb strebt die EU einen Ausbau der *Gasspeicherkapazitäten* an. Jeder Speicher ist aufgrund seiner geologischen und technischen Voraussetzungen ein Unikat, mit sehr unterschiedlichen Bau- und Betriebskosten. Das Investitionsrisiko ist nicht nur wegen des Investitionsbedarfs von 200 Millionen bis 1 Milliarde Euro pro Projekt enorm, auch die geologischen Gegebenheiten und die umfangreichen administrativen und ökologischen Anforderungen an solche Projekte gefährden deren Durchführbarkeit. Diese Risiken müssen durch Gewinne gedeckt werden können. Eine Regulierung der Entgelte für Erdgasspeicher nimmt diesen Anreiz und gefährdet den notwendigen Ausbau der Gasspeicherkapazitäten in Europa. Eine formalistische Verrechtlichung der Zugangsregelungen zu Gasspeichern nach den Vorschlägen der Kommission schafft jedoch ein *negatives Investitionsklima*. Zudem stellt sich die Frage, wie eine Regulierungsbehörde zu „vergleichbaren" Speicherentgelte für so unterschiedliche Speicheranlagen kommen will.

Die geplanten Eingriffe der Kommission in den Erdgasspeichermarkt sind Eingriffe in bereits bestehende *Wettbewerbsstrukturen*. Dabei setzen die über 40 europäischen Speicherbetreiber die freiwillig aufgestellten Richtlinien (Guidelines for Good TPA Practice for System Operators), die den Zugang zu Gasspeichern für Dritte regeln, konsequent und pragmatisch um. Neue Projekte, wie zum Beispiel die von EWE in Moeckow geplante Speicheranlage, zielen ausschließlich auf die Vermarktung der Gasspeicherkapazitäten an Dritte ab. Gerade im Hinblick auf eine zunehmende Importabhängigkeit ist es für die sichere Versorgung der EU mit Erdgas entscheidend, ob der europäische Erdgasmarkt zukünftig attraktive Rahmenbedingungen für Investoren und Händler bietet.

5 Strategien zur Sicherung der künftigen Energieversorgung am Beispiel der EWE AG

5.1 Intelligente Netze als Voraussetzung für Sicherheit und Effizienz

Das EWE-Stromnetz gehört mit einer Ausfallzeit von weniger als fünf Minuten pro Kunde und Jahr zu den zuverlässigsten in Europa. Ein wichtiger Grund für die hohe Zuverlässigkeit des EWE-Stromnetzes ist, dass es zu 98% *unterirdisch verlegt* und damit vor Witterungseinflüssen geschützt ist.

Betrieben wird es von der größten Tochtergesellschaft des EWE-Konzerns, der Netzgesellschaft EWE NETZ GmbH mit rund 1.400 Beschäftigten. Das Unternehmen übernimmt die Betriebsführung, Instandhaltung, Wartung und den Ausbau der Netzinfrastruktur sowie den Netzvertrieb. Darüber hinaus betreibt EWE NETZ Trinkwassernetze und ein weit verzweigtes Kommunikationsnetz zur Steuerung und Überwachung der Energienetze.

Bereits Anfang der siebziger Jahre begann EWE, für das Verlegen von Leitungen in die Erde externe Baufirmen einzusetzen. Große Aufgaben standen bevor: der flächendeckende Ausbau des Erdgasnetzes und die unterirdische Verkabelung des gesamten Stromnetzes. Nach dem Motto „ein Graben, drei Medien" wurden dabei neben Strom- und Gasleitungen auch Kommunikations- und Fernwirkleitungen mitverlegt. Der Einsatz dieser vertraglich gebundenen Baufirmen wurde wesentlicher Bestandteil einer neuen, weitsichtigen *Netzphilosophie*, deren Ziel eine sehr hohe Versorgungsqualität und -sicherheit und zugleich eine kostengünstige Versorgung ist. Durch die Auftragsvergabe schuf EWE einen Preis- und Leistungswettbewerb unter den externen Dienstleistern. Gleichzeitig konnte eigenes Personal Schritt für Schritt sozialverträglich abgebaut werden. Betriebliche Abläufe wurden ebenso standardisiert wie der Materialeinsatz. Qualität und Effizienz konnten auf diese Weise eine sehr erfolgreiche Verbindung eingehen.

Zu der weit überdurchschnittlich hohen Versorgungszuverlässigkeit bei EWE NETZ trug insbesondere die unterirdische Verkabelung der Stromnetze bei, die im Weser-Ems-Gebiet schon 1997 abgeschlossen wurde, das heißt: alle Mittel- und Niederspannungsleitungen waren verkabelt. Mit zunehmender Verkabelung sank die Zahl der Störungen von Jahr zu Jahr deutlich. Nur in der Weser-Elbe-Region, die 1998 durch die Fusion mit der Überlandwerk Nord-Hannover AG als Versorgungsgebiet hinzukam, sind noch einige Kilometer Freileitungen vorhanden. Der *Verkabelungsgrad* liegt hier bei rund 96%. Ziel von EWE NETZ ist es, auch im Gebiet zwischen Weser und Elbe möglichst schnell eine vollständige Verkabelung zu erreichen.

EWE NETZ plant, steuert und überwacht den Bau und Betrieb von Versorgungsanlagen, und die Vertragsfirmen führen die Arbeiten aus. Sie bauen nicht nur die Versorgungsanlagen, zum Beispiel Leitungen oder Hausanschlüsse, sondern sie inspizieren, warten, reparieren und erneuern auch die Anlagen. Stark vorangetrieben hat der Netzbetreiber die effiziente Nutzung der neuen Informations- und Kommunikationstechnologien, um mit den Vertragsfirmen „papierlos" zu kommunizieren. Regelmäßige, intensive Schulungen der Vertragsfirmenmitarbeiter sichern und optimieren die *hohen Qualitätsstandards*.

EWE gehörte zu den ersten regionalen Energieversorgungsunternehmen, das für seine Netzsteuerung eigene Fernwirktechnik einsetzte und seine Infrastruktur für die Entwicklung neuer, marktfähiger TK- und IT-Dienstleistungen nutzte. Seit den 80er Jahren verlegt das Unternehmen beim Ausbau des Erdgasnetzes auch Leerrohre für den Aufbau eines Lichtwellenleiternetzes. Dabei entstanden Leitungskapazitäten, die weit über den EWE-eigenen Bedarf hinausgehen. Allein das *TK-Netz* der EWE AG umfasst heute mehr als 13.200 km Lichtwellenleiter- und 14.600 km Kupferkabel und ist damit heute eines der leistungsstärksten und sichersten in Deutschland.

Inzwischen geht die Bedeutung des Geschäftsbereichs I+K weit über seinen – im Vergleich zum Energiegeschäft noch geringen – Beitrag zum Konzernumsatz hinaus. Er ist ein dynamischer Wachstumsträger und darüber hinaus ein strategisches Herzstück des EWE-Konzerns. Die intelligente Infrastruktur ist eine solide Grundlage, um die hohen Anforderungen der zukünftigen Energieversorgung technisch zu bewältigen. Die moderne IT-Infrastruktur von EWE ist außerdem die Grundlage für eine Reihe energienaher IT-Anwendungen, die der EWE-Konzern über seine 100%ige Tochter BTC erfolgreich vermarktet.

5.2 Versorgungssicherheit und Klimaschutz

Jeder Schritt in Richtung eines der Ziele *Klimaschutz, Preiswürdigkeit und Versorgungssicherheit* hat unmittelbare Konsequenzen für die jeweils anderen beiden. Strengere rechtliche und politische Vorgaben haben die Wechselwirkungen der drei Ziele weiter intensiviert. Ein Beispiel hierfür ist der Handel mit Emissionszertifikaten als zusätzliches Kostenelement der Energieproduktion. Eine zeitgleiche 100%ige Erfüllung aller drei Ziele ist somit nicht möglich. Innerhalb des energiepolitischen Zieldreiecks ist der Schutz des Klimas und der Umwelt nicht nur eines von drei Zielen, sondern ein kritischer Engpass. Vor allem die Kohlendioxidemission wird für die Erderwärmung verantwortlich gemacht. Schwer wiegende Störungen des Klimasystems lassen sich nach heutigem Kenntnisstand nur verhindern, wenn der Anstieg auf maximal 2° Celsius begrenzt werden kann.

„The planet is becoming dangerously warm, the world's oil and natural gas reserves are running out and the world's population will rise from 6.5 to 8.2 billion in 2030: electricity demand will double". Dieses Zitat aus dem UN Climate Report 2007 macht deutlich, dass die Anforderungen an eine zukunftsfähige Energieversorgung nur in internationaler Zusammenarbeit von *Wirtschaft, Politik und Wissenschaft* bewältigt werden können. Der Weltklimarat (IPCC) kommt in seinem vierten Klimabericht zu dem Schluss, dass die Erderwärmung bereits heute nicht mehr zu stoppen ist, sondern lediglich abgemildert werden kann. Die Internationale Energie-Agentur (IEA) prognostiziert, dass der weltweite Verbrauch von Primärenergie – und damit auch die Emission Klima schädigender Gase – von 2005 bis 2030 um durchschnittlich 1,8% pro Jahr steigt. Das Szenario geht davon aus, dass die Regierungen rund um den Globus an ihrer derzeitigen Politik festhalten – mit der Folge, dass der weltweite Energieverbrauch 2030 weit über 50% höher sein könnte als heute. Das Potsdam-Institut für Klimafolgenforschung konstatierte im Herbst 2008 mit Hinweis auf neue Studien, das Ausmaß und die Geschwindigkeit der klimabedingten Veränderungen würden im vierten Klimabericht sogar noch unterschätzt.

In die öffentliche Debatte bringt sich auch EWE aktiv ein. Als Grundlage hierfür dient die Vision der Energieversorgung im Jahre 2030, die EWE gemeinsam mit renommierten Wissenschaftlern der Fraunhofer-Allianz Energie, der TU München und des Bremer Energie Instituts entwickelt hat und mit weiteren Wissenschaftlern ständig weiterentwickelt. Quintessenz sind zehn Thesen, aus denen Handlungsempfehlungen ableitet wurden. Diese sogenannten *Bullensee-Thesen* sind zugleich richtungsweisend für die strategische Ausrichtung des EWE-Konzerns im Bereich Energie. Mit Blick in die Zukunft wird es demnach notwendig sein, noch mehr Energie zu sparen, die Energieeffizienz deutlich zu steigern und erneuerbare Energien stärker auszubauen. Diese drei Bereiche, auch kurz E^3 genannt, bilden den Kern der Strategie.

Im Dezember 2007 einigten sich knapp 190 Länder auf einen Fahrplan für ein neues UN-Klimaschutzabkommen, die so genannte Bali Roadmap. Die Kyoto-Staaten, zu denen auch Deutschland gehört, wollen ihre Emissionen bis 2020 um 25 bis 40% senken. Einige Länder, unter ihnen die USA als großer Treibhausemittent sowie rasant wachsende Volkswirtschaften wie China und Indien, lehnen bindende Reduktionsziele jedoch derzeit noch ab. Sie unterzeichneten die Klimarahmenkonvention, die lediglich auf die Empfehlungen des Weltklimarates verweist. Ein neues Klimaschutzabkommen soll bis 2009 ausgehandelt werden und das Kyoto-Protokoll ablösen, das 2012 abläuft.

Dass Deutschland das Reduktionsziel für 2010 von minus 21% CO_2 übertreffen wird, zeichnet sich bereits heute ab. Deutschland übernimmt innerhalb Europas eine Vorreiterrolle in Sachen Klimaschutz und ist bei vielen innovativen Technologien führend, unter anderem bei erneuerbaren Energien. Im internationalen Ranking der Klimaschutz-Organisationen Germanwatch und Climate Action Network belegte Deutschland Ende 2007 hinter Schweden den zweiten Platz unter den insgesamt 56 verglichenen Industrie- und Schwellenländern.

5.3 Herausforderungen und Chancen eines neuen Energiemixes

Die Vorgaben zu Klimaschutz und Energieeffizienz sind ehrgeizig. Zugleich steigt der Druck auf die Energieunternehmen durch den zunehmenden weltweiten Ressourcenwettbewerb. Die Unternehmen sollen sicher und bezahlbar Energie bereitstellen und müssen dafür den Zugang zu vorhandenen Ressourcen langfristig sichern sowie neue, möglichst regenerative Energiequellen erschließen. Gleichzeitig erfordert der Klimawandel innovative Techniken, die es erlauben, Energie effizient und Klima schonend zu produzieren und zu transportieren. Auch EWE stellt sich diesen Anforderungen und investiert in innovative Technologien ebenso wie in Forschung und Entwicklung.

Weltweit tragen fossile Energieträger (Öl, Gas und Kohle) mehr als 80% zur Versorgung der Menschen mit Energie bei, und die Nachfrage steigt weiter, vor allem in Schwellenländern wie China und Indien. Der Wettkampf um die weltweiten *Energieressourcen* sorgt für steigende Preise an den internationalen Beschaffungsmärkten. Weil der technische Fortschritt heute in der Strom- und Wärmeerzeugung die Teilsubstitution fossiler Energien durch nachwachsende Rohstoffe ermöglicht, wirkt sich die weltweit steigende Energienachfrage nicht mehr nur auf die Preise für Öl, Erdgas und Kohle aus, sondern auch auf die Märkte für nachwachsende Rohstoffe wie Mais, Raps, Getreide, Zucker oder andere Ölsaaten wie Palmöl.

In Deutschland wird gut ein Viertel des Stroms aus Kernenergie erzeugt, knapp die Hälfte aus Kohle. *Erneuerbare Energien* leisten hierzulande mit 14% schon heute einen wichtigen Beitrag zur Stromversorgung und können in Zukunft einen noch größeren Teil der fossilen Primärenergien ersetzen. Fossil befeuerte Kraftwerke werden jedoch bis 2020 weiterhin noch 70 bis 80% des Stroms liefern, prognostiziert das Bundesumweltministerium. Der BDEW schätzt, dass erneuerbare Energien im Jahr 2050 rund die Hälfte des Energiebedarfs decken können.

Da Deutschland kaum über eigene Energieressourcen verfügt, muss es mehr als 80% der benötigten Primärenergie über internationale Energiemärkte beziehen. EWE stellt seinen Erdgasbezug unter anderem durch eine Diversifizierung der Bezugsquellen langfristig sicher. 2007 stammten 46% des von EWE verteilten Erdgases aus dem Inland, 28% aus den Niederlanden und 26% aus Russland. Dafür hat der Regionalversorger langfristige Verträge mit in- und ausländischen Lieferanten geschlossen und ist als Händler an der Energiebörse in Leipzig tätig. Zu einem geringen Teil gewinnt EWE Erdgas auch aus eigenen Feldern in der Nordsee.

Seinen Strombezug sichert EWE nahezu vollständig über langfristige Lieferverträge und zu einem Teil über den Spotmarkt, da das Unternehmen bisher nur in geringem Umfang über eigene Erzeugungskapazitäten verfügt. EWE betreibt Windkraft-, Solar- und Biomasse- und Biogasanlagen mit zusammen über 100 Megawatt installierter Leistung. In den kommenden Jahren baut EWE seine Erzeugungskapazitäten vor allem für die Nutzung regenerativer Energiequellen weiter aus. Zu den größten Projekten gehört „alpha ventus", der erste *Offshore-Windpark* in der Deutschen Bucht, den EWE als größter der drei Gesellschafter der Projektgesellschaft DOTI gemeinsam mit E.ON Energie und Vattenfall realisiert. 45 Kilometer vor der Insel Borkum sollen ab Mitte 2009 die ersten der insgesamt zwölf geplanten Windenenergieanlagen der Fünf-Megawatt-Klasse Strom liefern. Der Offshore-Park wird mit einer Leistung von 60 MW über 200 Millionen Kilowattstunden jährlich erzeugen und damit rund 50.000 Haushalte mit Strom versorgen können. Zudem soll der Windpark wichtige Erkenntnisse für die Weiterentwicklung der Offshore-Technologie liefern. Ab 2011 will EWE gemeinsam mit der ENOVA Unternehmensgruppe nordwestlich von Borkum einen weiteren Windpark mit bis zu 44 Anlagen errichten.

Regenerative Energien zu fördern heißt auch, sie *markt- und wettbewerbsfähig* zu machen. Das Tochterunternehmen EWE NaturWatt, einer der ersten deutschen Grünstromanbieter, verkauft Wind-, Wasser- und Solarstrom bundesweit. Seit Herbst 2007 vermarktet EWE in Kooperation mit zwei regionalen Firmen Windstrom auch direkt an der Leipziger Energiebörse. Damit will EWE frühzeitig eine Alternative schaffen für Anlagen, die laut EEG 20 Jahre nach ihrer Inbetriebnahme keine erhöhte Vergütung mehr erhalten. Jede Kilowattstunde, die direkt an der Börse gehandelt wird, wird aus der EEG-Vergütung herausgenommen und erhält die Chance auf einen höheren Börsenerlös. Dazu wird der Strom aus Windparks mit einer installierten Leistung von anfangs ca. 2.000 MW gebündelt und über den Trading Floor der EWE AG stundenweise an der Börse angeboten.

Auch *Biogas* kann durch die Einspeisung ins Erdgasnetz vermarktet werden. EWE rüstete eine 2,5 Megawatt-Biogasanlage mit einer Aufbereitungs- und Einspeiseanlage aus. Sie speist seit November 2007 bis zu 3 Millionen Kubikmeter Biomethan jährlich in das örtliche Erdgasnetz ein. Dadurch steigt auch die Effizienz der Anlage deutlich: Das angeschlossene Blockheizkraftwerk produziert Strom nur in dem Umfang, in dem auch die dabei entstehende Wärme vollständig genutzt werden kann. Ist das nicht der Fall, wird das Biogas veredelt und strömt über das Verteilnetz zu anderen Verbrauchern. Künftig soll das veredelte Biogas unter anderem an von EWE betriebenen Erdgastankstellen beigemischt werden und so die CO_2-Bilanz der emissionsarmen Kraftstoffalternative Erdgas weiter verbessern.

5.4 Forschung, Entwicklung und innovative Technologien als „conditio sine qua non"

Der Nordwesten Niedersachsens bietet günstige Voraussetzungen für die Nutzung erneuerbarer Energien mit seinen windreichen Küstengebieten, mit seinem großen Angebot an nachwachsenden Rohstoffen bzw. an Biomasse und reichlich verfügbaren Dachflächen zur solaren Nutzung. Deshalb kommt die sich hier entwickelnde Struktur der Energieversorgung, in die rund 10.000 dezentrale Erzeugungsanlagen (hauptsächlich Windenergieanlagen) eingebunden sind, der zukünftigen Struktur bereits recht nahe.

Entsprechend hoch ist die Einspeisung aus erneuerbaren Energien in dieser Region: Die Anlagen speisten 2006 rund 4,7 Milliarden kWh Strom ins EWE-Netz. Diese Menge reicht aus, um rein rechnerisch den Strombedarf dieser Region bereits heute zu einem Drittel aus erneuerbaren Energiequellen zu decken. Entsprechend lag die ins EWE-Netz eingespeiste Strommenge aus regenerativen Quellen 2006 mit 18,4% deutlich über dem Bundesdurchschnitt von 12,0%. Praktisch bedeutet das für EWE, dass sich der Energiefluss in den Netzen an immer mehr Tagen im Jahr umkehrt und die dezentralen Anlagen mehr Strom einspeisen, als zum gegebenen Zeitpunkt in der Region verbraucht wird. Die Netzstabilität, die sichere Versorgung und eine möglichst effiziente Verteilung und Nutzung dieser dezentral produzierten Energie zu gewährleisten, ist für EWE NETZ eine enorme Herausforderung.

Um die großen Potenziale der erneuerbaren Energien zu nutzen, müssen diese optimal in die Systemstrukturen integriert werden. Das heißt: Netzstruktur und Lastmanagement müssen angepasst und Speichersysteme für witterungsabhängige Energiequellen wie Wind und Sonne eingebunden werden, um Angebot und Nachfrage in Einklang zu bringen. Eines der zentralen F&E-Projekte von EWE ist deshalb die Entwicklung eines *Dezentralen Energiemanagementsystems*, das dezentrale Anlagen der Energieerzeugung und -umwandlung in die bestehenden Versorgungsstrukturen integriert und den Strombezug aus unterschiedlichen Quellen optimiert und intelligent steuert.

Nicht nur im Bereich erneuerbare Energien, auch in den Bereichen Energieeinsparung und Effizienzsteigerung besteht noch erhebliches Potenzial für die anwendungsorientierte Forschung und für neue technologische Entwicklungen. Deshalb wird EWE in den kommenden Jahren verstärkt in die *Energieforschung* investieren. In enger Kooperation mit der Universität Oldenburg baut EWE ein *Forschungszentrum für Energietechnologie* auf, das praxisorientierte Grundlagenforschung zur Energieversorgung betreibt.

So spielt zum Beispiel auch die *Speicherbarkeit* eine wichtige Rolle bei der Einbindung von erneuerbaren Energien in die Energieversorgung. Eine Möglichkeit der Speicherung von Strom ist die Nutzung von Wasserstoff. EWE unterstützt das Gemeinschaftsforschungsprojekt HyWindBalance, an dem Unternehmen und Institutionen verschiedener Ausrichtung mitwirken. Ziel des Projekts ist es, aus überflüssigem Windstrom Wasserstoff herzustellen, diesen zu speichern und im Bedarfsfall mit Hilfe von Brennstoffzellen wieder in Strom umzuwandeln. Ein weiteres Projekt, an dem EWE sich beteiligt, beschäftigt sich mit der Frage, wie sich der Transport von flüssigem Wasserstoff und Strom miteinander kombinieren lässt.

Die *Brennstoffzellentechnologie* ist ein weiterer Forschungsschwerpunkt von EWE. Seit 1998 beteiligt sich das Unternehmen an Feldtests von Brennstoffzellensystemen, die eine Möglichkeit der effizienten Energieumwandlung darstellen. Im Rahmen des Brennstoffzellenprogramms wurden bereits 48 Geräte verschiedener Hersteller installiert. Darüber hinaus beteiligt sich EWE an nationalen und internationalen Förderprojekten, um die Markteinführung der Brennstoffzellentechnologie voranzutreiben. EWE beteiligt sich auch an dem bundesweit größten Praxistext von Brennstoffzellen-Demonstrationsanlagen für Eigenheime. Er wurde als erstes Leuchtturmprojekt des Nationalen Innovationsprogramms Wasserstoff- und Brennstoffzellentechnologie im September 2008 gestartet. Insgesamt werden im Rahmen dieses Projekts mit dem Namen Callux bis 2012 mehr als 800 Brennstoffzellen-Heizgeräte installiert. EWE plant, in den nächsten Jahren mehr als 300 Brennstoffzellen-Heizgeräte in seinen Vertriebsgebieten in Niedersachsen, Brandenburg und Mecklenburg-Vorpommern zu installieren, und stellt damit den größten Anteil am bundesweiten Praxistest. Partner sind neben EWE vier weitere Energieversorger, vier Gerätehersteller, ein Institut und die Bundesregierung im Rahmen des Nationalen Innovationsprogramms.

Die Energiewirtschaft investiert seit Jahren hohe Summen in effiziente und klimaschonende Technologien. Allerdings ist sie von der Politik in die Pflicht genommen worden, nicht nur die Emissionen bei der Produktion und Bereitstellung von Energie drastisch zu senken, sondern auch die Energieverbraucher beim *Energiesparen* zu unterstützen. In der Industrie und im Gebäudesektor gibt es erhebliche Einsparpotenziale. Die ansässigen Energieunternehmen tragen mit Beratung, geeigneten Produkten und Dienstleistungen dazu bei, diese Potenziale zu heben. EWE berät an rund 40 Service-Standorten in der Region Gewerbe- und Privatkunden persönlich zum sparsameren und effizienteren Energieeinsatz. Hierfür bietet und entwickelt das Unternehmen für seine Kunden innovative Produkte und Dienstleistungen. Einige Beispiele:

- Für das Heizen mit Erdgas hat EWE ein *Contractingprodukt* entwickelt, das als integriertes Servicepaket die Finanzierung, Planung, den Bau und Betrieb der Heizungsanlage umfasst.
- Als eines der ersten Energieunternehmen in Deutschland testet EWE mit der *EWE Box* ein neuartiges *Energiemess- und Informationssystem*. Damit haben Kunden ihren Strom- und Erdgasverbrauch rund um die Uhr im Blick. Das gemeinsam mit der Fraunhofer-Allianz Energie entwickelte Produkt wird derzeit von 400 Personen erprobt. Dabei wird der Strom- und Erdgasverbrauch durch digitale Zähler und Kommunikationstechnologie detailliert gemessen und über eine Internetverbindung (DSL) an den EWE-Server übermittelt.

- In einem gemeinsam mit dem Landkreis Emsland durchgeführten Pilotprojekt testet EWE *CO_2-Zertifikate für Haushalte*. Bis zu 150 Haushalte erhalten einen einmaligen Zuschuss für Energieberatung sowie 20 Euro je eingesparter Tonne CO_2 jährlich. Das Projekt startete 2007 und ist auf drei Jahre angelegt.
- Das Wohnen und Arbeiten von morgen können Besucher beim Rundgang durch das *ZentrumZukunft* erleben. Das futuristisch anmutende Schulungs- und Demonstrationsgebäude nutzt und zeigt zukunftsweisende Wärme-, Kälte- und Stromerzeuger, wie zum Beispiel eine Klimaanlage, die Kälte aus Solarenergie erzeugt, einen Stirlingmotor, ein mit Pflanzenöl betriebenes Blockheizkraftwerk und eine Brennstoffzelle für Einfamilienhäuser. Das ZentrumZukunft zeigt eindrucksvoll, wie sich ein bewusster Umgang mit Energie mit wachsendem Komfort verbinden lässt und fördert dadurch bei Multiplikatoren und potenziellen zukünftigen Nutzern die Aufgeschlossenheit für innovative Technologien.

6 Ausblick

Durch frühzeitige Investitionen in effiziente Netze und in erneuerbare Energien, Informations- und Kommunikationstechnologie sowie Forschung und Entwicklung gestaltet der regional und im europäischen Ausland tätige Multi-Service-Konzern EWE heute den Wandel in Richtung einer zukunftsfähigen Energieversorgung aktiv mit. Schlanke Strukturen, effiziente Netze, qualifizierte Mitarbeiter, Pioniergeist und eine langfristig angelegte Wachstumsstrategie tragen dazu bei, dass EWE sich erfolgreich behauptet.

Die ordnungspolitischen Einflüsse aus Brüssel und Berlin auf die Strom- und Gasmärkte werden auch zukünftig weiter zunehmen und die Handlungsspielräume der Energieunternehmen noch stärker einschränken als bisher. Darüber hinaus sorgen Regulierung und intensiver Wettbewerb für drastisch sinkende Margen, so dass es gerade für Stadtwerke und regionale Dienstleister in Zukunft immer schwieriger wird, die erforderlichen Investitionen für den Umbau der Energieversorgung aufzubringen und sich am Markt zu behaupten. Die rigiden Bedingungen verknappen auch die finanziellen Mittel, die zum Beispiel zur Weiterentwicklung viel versprechender Energietechnologien dringend benötigt werden. So droht auch dieses Know-How, das Deutschland zu einem der führenden Länder auf diesem Sektor hat werden lassen, zu einer knappen Ressource zu werden.

Investitionen in die Strom- und Gasnetze und hohe Versorgungsqualität setzen angemessene Erlöse und Renditen voraus. Mit den einschneidenden Eingriffen der Regulierungsbehörde in das operative Geschäft eines Netzbetreibers ist ein fundamentaler Paradigmenwechsel in der Energiewirtschaft verbunden: Oberstes Ziel kann nicht mehr eine hohe Netzqualität und eine möglichst hohe Versorgungssicherheit sein, sondern ein möglichst effizienter Netzbetrieb. Dieser Paradigmenwechsel wird auch die Zusammenarbeit mit Firmen verändern, die im Auftrag der Energieunternehmen Versorgungsanlagen warten und Netze ausbauen.

Damit wird sich die Regulierung qualitativ und wirtschaftlich weit über die Energieunternehmen hinaus auswirken.

In diesem schwierigen Umfeld ist es für die Unternehmen noch wichtiger als bisher, die Chance zu erkennen, die sich aus dieser Entwicklung ergeben: die Chance, neue Märkte und neue Kompetenzen zu erschließen. Dafür müssen sie sich konsequent an der Weiterentwicklung neuer, zukunftsfähiger Technologien bis zu deren Marktreife beteiligen, praxisnahe Produkte und Dienstleistungen entwickeln und mit einem umfassenden, anschaulichen Informationsangebot potenzielle zukünftige Nutzer für diese Technologien gewinnen.

Die Ölversorgung der EU im Angesicht internationaler Konflikte

Prof. Dr. Gerald Schneider[1] und Sascha Patrick Meßmer[2]

1 Problematik

Laut den statistischen Daten von BP beträgt der Prozentsatz der im Mittleren Osten nachgewiesenen Menge Öl an der weltweit nachgewiesenen Menge im Jahr 2007 61%. Damit ist dieser Anteil im Vergleich zum Jahr 1987 nahezu unverändert. Der europäische und eurasische Anteil stellt mit 11,6% den zweitgrößten Anteil der weltweiten Reserven. Hier ist der Anteil im Vergleich zu 1987 gestiegen. Dies ist aber vor allem auf die höhere russische Fördermenge zurückzuführen, da die Fördermengen Norwegens und des Vereinigten Königreiches seit 1997 um 500.000 Barrel beziehungsweise 1.000.000 Barrel zurückgegangen sind (BP 2008). Diese Abhängigkeit Europas von Energielieferungen aus dem Mittleren Osten sowie Russland wird auch belegt durch die Zahlen der Importlieferungen Europas: so importierte Europa 2007 332.100.000 Tonnen Öl aus der ehemaligen Sowjetunion, 146.600.000 Tonnen Öl aus dem Mittleren Osten sowie 95.200.000 Tonnen aus Nordafrika. Erst dann folgen mit Abstand Westafrika, Süd- und Zentralamerika sowie die USA. Nur ziemlich genau ein Drittel der Menge, die Europa 2007 von der ehemaligen Sowjetunion importierte, exportierte es im selben Jahr in das außereuropäische Ausland (BP 2008).

Die Abhängigkeit wird nun dadurch verschärft, dass viele der Ölquellen in Regionen mit höherer Konflikthäufigkeit beheimatet sind. Das Heidelberger Institut für Internationale Konfliktforschung führt als Staaten mit bewaffneten Konflikten im Jahr 2005 unter anderem die Ölförderstaaten Algerien, Iran, Irak, Mexiko, Nigeria und Russland an[3]. Vereinzelte Nachrichten zeigen, wie eng verknüpft Erdöl mit Konflikt ist. So vermeldete die dpa am 28.07.2008, dass

---

1 Professor der Politikwissenschaften und Herausgeber „European Union Politics"; Fachbereich Politik und Verwaltung; Universität Konstanz, Box 86, 78457 Konstanz, Tel: +49-7531-88-2608/3081, Fax: -2774, Gerald.Schneider@uni-konstanz.de.
2 Doktorand; Fachbereich Politik und Verwaltung; Universität Konstanz, Box 86, 78457 Konstanz, Germany, Tel: +49-7531-88-3081, Fax: -2774, Sascha.Messmer@gmx.de.
3 http://www.hiik.de/de/konfliktbarometer/index.html [27.05.2009]

Rebellen in Nigeria auf zwei Ölförderanlagen Anschläge verübt hätten. In Folge dessen stieg der Ölpreis um 1,68 US-Dollar an[4].

Dieser Zusammenhang zwischen steigenden Ölpreisen und konfliktiven Ereignissen sowie fallenden Ölpreisen und kooperativen Ereignissen steht in Einklang mit der Kehrseite einer zentralen Hoffnung des politikwissenschaftlichen Liberalismus. So vertritt der sog. Freihändlerische Liberalismus, die These dass zwischenstaatliche ökonomische Verflechtungen Krieg unwahrscheinlicher macht. Umgekehrt müsste dann auch gelten, dass bewaffnete Auseinandersetzungen oder terroristische Anschläge die Chance von ökonomischer Kooperation in der Form von Handel oder Investitionen aus dem Ausland mindert. Für die Erdölproduktion vertreten etwa Giraud (1995), Lieber (1992) sowie Pirog (1987 und 2005) diese düstere Erwartung.

Ob dieser vermutete Zusammenhang tatsächlich besteht, haben bereits Miller/Zhang (1996), Rigobon/Sack (2003) sowie Schneider/Troeger (2006b) erforscht. Die Studie von Miller/Zhang (1996) untersucht die Auswirkungen des Golfkrieges von 1990/1991 auf den Anreiz, in die Erschließung von Ölfeldern zu investieren. Rigobon/Sack (2003) analysieren den Einfluss des Golfkrieges von 2003, und Schneider/Troeger (2006b) schließlich ergründen die Auswirkungen von konfliktiven – und kooperativen Ereignissen im Gebiet des ehemaligen Jugoslawien, in Palästina sowie in der Golfregion auf verschiedene Finanzmarktreihen von 1990 bis 2000. Dabei zeigen die Resultate einen stärkeren Einfluss auf Öl für die Golfregion als für die anderen beiden „Regionen".

2 Forschungsdesign

2.1 Daten

In diesem Kapitel vertiefen wir diese Analysen und untersuchen mit Hilfe von finanzökonometrischen Mitteln in zwei Schritten, wie Kooperation und Konflikt auf den Ölpreis einwirken. Zunächst überprüfen wir den generellen Einfluss von politischen Ereignissen auf die Renditen dreier Ölsorten. Zweitens greifen wir einzelne Ereignisse heraus und untersuchen, wie diese sich im Ölpreis niederschlagen. Die umgekehrte These des freihändlerischen Liberalismus ergründen wir für drei Ölsorten (Arab Light, Brent und WTI). Um Zeitreihen für politische Ereignisse zu gewinnen, stützen wir uns auf eine Datensammlung von 10 Millionen internationaler dyadischer Ereignissen, wie sie King/Lowe (2003) zusammen getragen haben[5].

Wie es für die Analyse von Finanzmarkt- und Warenterminmarktdaten üblich ist, haben wir die Ölpreisdaten mittels Logarithmierung und Differenzierung in Renditen umgewandelt. Um die Werte leichter interpretieren zu können, haben wir sie zudem mit 1000 multipliziert. Für die Analyse Ölsorte Brent wurde in die

---

4 http://www.finanznachrichten.de/nachrichten-2008-07/artikel-11380418.asp [26.12.2008].
5 http://gking.harvard.edu/data.shtml [22.12.2008].

Regressionsanalyse ein autoregressives Element eingefügt, das um eine Zeiteinheit verzögert ist, eingefügt; dieses wird als AR(1) abgekürzt.

Die Ereignisse aus dem Datensatz von King/Lowe wurden mittels der Goldstein-Skala von -10.0 bis -0.1 für alle negativen politischen Ereignisse und von +0.1 bis +8.3 für alle kooperativen Ereignisse gewichtet. Dabei wurde eine Variable für alle konfliktiven Ereignisse, und eine für alle kooperativen Ereignisse mit den entsprechenden Goldstein-Werten geschaffen. Danach wurden die Daten tageweise aufaddiert. Bei der Bildung der Schwere-Variable folgen wir dem Beispiel von Schneider/Troeger (2006a), indem alle konfliktiven Ereignisse mit dem Goldstein-Wert „-10" als „1" kodiert wurden.

Vier weitere Variablen wurden generiert: ölfördernde Staaten, die an einem konfliktiven Ereignis beteiligt sind, ölfördernde Staaten, die an einem kooperativen Ereignis beteiligt sind, nicht ölfördernde Staaten, welche an einem konfliktiven Ereignis beteiligt sind sowie nicht ölfördernde Staaten, welche an einem kooperativen Ereignis beteiligt sind. Ölfördernde Staaten sind dabei diejenigen, welche mehr als 1.000.000 Barrel Öl pro Tag fördern. Diese Staaten wurden entsprechend der Erdölfördermenge durch 1.000.000 gewichtet. Nichtölproduzierende Staaten und ölproduzierende Staaten mit täglichen Fördermengen unter dem Schwellenwert bekamen den Wert „0". Für die beiden Variablen betreffender kooperativer Staaten nahmen die ölfördernden Staaten den Wert „0" an, die nichtölfördernden Staaten den Wert „1". Wiederum wurden die Daten jeweils für jeden Tag aufaddiert.

Wie es in Analysen des Ölpreises üblich ist, kontrollieren wir für den Einfluss von Futures-Renditen, den Euro-Dollar-Wechselkurs, OPEC-Entscheidungen zur Förderquote sowie für saisonale Einflüsse und Naturkatastrophen.

Einzelne Ereignisse aus verschiedenen Dyaden wurden zusätzlich ausgewählt, um das Investorenverhalten zu kontrollieren (siehe Abschnitt 2.3). Hierbei wurden Ereignisse mit den höchsten Goldsteinwerten innerhalb der Dyade ausgewählt.

2.2 Marktmechanismen

Für Öl existieren eine Reihe von Preisen nebeneinander, da die unterschiedlichen Rohölsorten unterschiedlich bewertet werden. Zudem ist zwischen dem Spotmarkt-Preis sowie den Futures- und den Forward-Preisen von Öl zu unterscheiden. Auf den Spotmärkten werden größere Mengen über verschiedene kommunikative Mittel gehandelt. Die hier betrachteten Ölpreise für die Sorten Arab Light, Brent und WTI sind alles Spotmarkt-Rohölpreise. Einzig Futures werden wirklich an Märkten, wie NYMEX und IPE gehandelt. Futures können, da sie eine Lieferung in der Zukunft zu einem in der Gegenwart ausgehandelten Preis betreffen, als Einschätzung der Investoren für die Knappheit von Öl in den nächsten Monaten gewertet werden (Hensing/Pfaffenberger/Ströbele 1998).

Die Knappheitsthese, welche besagt, dass Öl eine endliche Ressource ist und darum der Ölpreis langfristig ansteigt, ist nicht unumstritten. Die Unsicherheit über die Größe der verbliebenen Ressourcen kann aber kurzfristig zu einer höheren Volatilität der Ölrenditen führen (Hensing/Pfaffenberger/Ströbele 1998). Der Ölpreis selbst kann aufgrund der langwierigen Suche bis neue Felder gefunden sind, schwierigerer Umweltbedingungen an immer neuen Förderstätten sowie größerer Distanzen zwischen Fundorten und Raffinerien ansteigen (Pirog 1987). Angebot und Nachfrage werden aber auch durch OPEC-Entscheidungen zur Förderquote (De Santis 2000) und Entscheidungen anderer zentraler ölfördernder Staaten beeinflusst (Pirog 1987).

Laut Intertek lassen sich derzeit 158 verschiedene Ölsorten unterscheiden[6]. Rohöl der Marke Brent stammt aus Europa und ist als weltweiter Referenzpreis bekannt. Arab Light wird in Saudi Arabien gefördert und wird zur Berechnung des OPEC-Referenzpreises herangezogen. WTI ist schließlich eine nordamerikanische Rohölsorte und wird als regionaler Referenzwert betrachtet (Jenkins 1989).

2.3 Erwartungen

Zu erwarten wäre nun, dass jedwedes konfliktive Ereignis zu einem Anstieg der Renditen des Ölpreises – und jedwedes kooperative Ereignis zu einem Absinken der Renditen und der Volatilität führen wird. Auch ist zu erwarten, dass schwere Konfliktereignisse eine stärkere Wirkung auf die Renditen haben werden. Wir gehen von einem Unterschied zwischen der Wirkung von Konflikten in Ölfördergebieten und demjenigen in Nichtfördergebieten aus. Schließlich überprüfen wir, ob das Investoren sich in jedem Fall in Übereinstimmung mit verhalten das liberale Argument einschränkt: reagieren Investoren bei jedem konfliktiven (kooperativen) Ereignis derart, dass die Renditen steigen (sinken)? Die Reaktionen der Investoren hängen mit deren Erwartungen zusammen: Die Erwartung eines kostenintensiveren konfliktiven Ereignisses wird darum die Ölpreisrenditen steigen lassen, wird dagegen ein konfliktives Ereignis als weniger kostenintensiv, ja sogar gewinnbringend angesehen, so können die Renditen entgegen der Erwartung des liberalen Argumentes sinken.

3 Methoden und Modellspezifikation

3.1 Zeitreihenanalyse

Wir haben die Zeitreihenanalyse mit dem Programm EVIEWS 5.0 durchgeführt. Um eine Zeitreihenanalyse durchführen zu können, müssen allerdings ein paar Vorbedingungen erfüllt sein. Mit dem Augmented-Dickey Fuller-Test prüfen wir auf Stationarität der Zeitreihe[7]. Wir stellen vor dem ersten Differenzieren für die Preise von allen drei Rohölsorten fest, das Einheitswurzeln (unit roots) vorliegen; die Zeitreihen sind also nicht stationär. Auch Schaubild 1 weist auf das Vorliegen eines Trends hin, der hier für die Ölsorte Brent illustriert wird.

---

6 http://www.intertek-cb.com/exploration/crudeoillist.shtml [02.02.2009]
7 Stationarität liegt vor, wenn sich „[…] die gemeinsame Verteilung der Zeitreihenvariable und seiner verzögerten [lagged] Werte über die Zeit hinweg nicht ändert." (Stock/Watson 2007: 446). So ist eine Zeitreihe nicht stationär, wenn ein Trend vorliegt (Stock/Watson 2007).

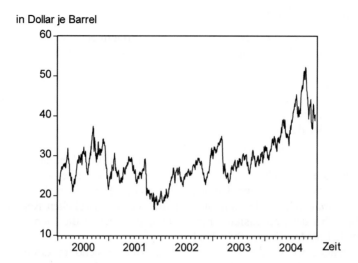

Abb. 1: Spot-Kursverlauf Brent

Eine oder mehrere Differenzierung können eine Zeitreihe stationär werden lassen (Yaffee/McGee 2000). In unserem Fall reicht einmaliges Differenzieren aus. Damit erreichen wir auch, dass die Ölpreisereihen als Renditen in den Ölpreis erscheinen.

Des Weiteren muss nach Autokorrelation oder serieller Korrelation mit dem Breusch-Godfrey Serial Correlation LM-Test oder der Ljung-Box Q-Statistik getestet werden. Wie oben bereits erwähnt, haben wir für die Renditen von Brent ein AR (1)-Element eingefügt.

Finanzmarktreihen mit täglichen Daten weisen meist eine zeitabhängige Varianz auf und verstoßen damit gegen die so genannten Gauss Markov-Bedingungen (Cuthbertson/Nitzsche 2004). Es liegt Heteroskedastizität vor. Der sog. ARCH-LM-Test weist tatsächlich das Vorliegen von Heteroskedastiziät aus und verlangt somit nach der Benutzung eines ARCH/GARCH-Modells, um die Varianz geeignet zu modellieren. ARCH/GARCH-Modelle sind der Standard für die Analyse von Finanz- und Warenterminmarktdaten, die stark desaggregiert sind. Wir wählen schließlich EGARCH-Modelle aus, da diese negativen Schocks eine stärkere Gewichtung zuweisen als positiven. Bei einfachen GARCH-Modellen wird dagegen ein symmetrischer Effekt angenommen. Wir verwenden für Arab Light und Brent jeweils ein E-GARCH(2,1,1)-Modell und für WTI ein E-GARCH(1,1,1)-Modell.

3.2 Ereignisanalyse

In einem zweiten Schritt haben wir einzelne Ereignisse aus der Dyaden Irak-USA/UK ausgewählt. Betrachtet haben wir jeweils den Einfluss des Ereignisses auf die Renditen von Arab Light, den OPEC-Referenzpreis sowie WTI für den Tag vor dem Ereignis, dem Tag des Ereignisses selbst und dem Tag nach dem Ereignis. Dies hat den Grund, dass wir frühe Reaktionen der Investoren auf sich ankündigende Ereignisse ebenso messen wollen, wie verspätete Reaktionen. Diese drei Tage bilden das so genannte Ereignisfenster.

Für das weitere Vorgehen werden nun die normale – sowie die abnormale Rendite benötigt, um Aussagen darüber zu treffen, welche Veränderung im Zuge des Ereignisses tatsächlich eintreten. „Als normale Rendite wird die Rendite bezeichnet, die erwartet worden wäre, wenn das Ereignis nicht stattgefunden hätte." Subtrahiert man die normale Rendite von der wirklichen Rendite für die Sicherheit über das Ereignisfenster erhält man als Ergebnis die abnormale Rendite (Campbell/Lo/MacKinlay 1997: 151).

Zu guter Letzt werden so genannte Schätzfenster benötigt, um die normalen Renditen zu bestimmen. Solche Schätzfenster lassen einen kurzen Zeitraum vor dem Ereignis unberücksichtigt und decken einen größeren Zeitraum vor dem Ereignis ab. Wir folgen Fahrholz/Schneider (2006) und nutzen für jede Dyade alle Schätzfenster zusammen für die Bestimmung der normalen Renditen und verhindern somit kleine Schätzfenster.

Für die Analyse wird das so genannte „Markt-Modell" für die Analyse herangezogen. Dieses Modell „[...] nimmt eine stabile Beziehung zwischen der Markt Rendite und der Rendite [des bestimmten Ölpreises] an" (Campbell/Lo/MacKinlay 1997: 151).

Wir überprüfen unsere Ergebnisse mit Hilfe des t-tests aber auch, da wir uns bewusst sind, dass der t-test für unsere Zwecke unzureichend ist, mit Hilfe zweier weiterer nicht-parametrischer Tests: der Vorzeichentest und der Wilcoxon-Rangsummentest. Mit dem Vorzeichentest prüfen wir, ob sich die Kumulierten Abnormalen Renditen (CARs) signifikant von Null unterscheiden. Der Wilcoxon-Rangsummentest überprüft, ob die abnormalen Renditen in dem jeweiligen Ereignisfenster von denen außerhalb unabhängig – und gleichverteilt sind (Fahrmeir/Künstler/Pigeot/Tutz, 2001).

4 Ergebnisse

Wie wir Eingangs bereits erläutert hatten, glauben wir, in den bloßen Zahlen der Verteilung der weltweiten Erdölreserven und der Konflikthäufigkeiten in den Erdölfördernden Staaten eine Gefahr für Europa zu erkennen. Abbildung 2 im Vergleich mit Abbildung 1 stützt diese These. Während die Konflikthäufigkeit gegenüber der Zahl der Kooperationen zunimmt, steigt auch der Preis an.

Goldstein-Werte: Kooperation-Konfliktive Ereignisse

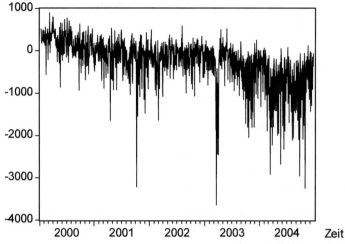

Abb. 2: Summe der Goldstein-Werte

Natürlich lassen diese globalen Daten und ein bloßer Vergleich zweier Schaubilder noch keine wirklichen Rückschlüsse auf die tatsächlichen Wirkungen zu. Sie bieten uns aber einen weiteren Grund, unsere These zu überprüfen. Die für die multivariate Analyse zentralen Konzepte sind in Tabelle 1 beschrieben.

Tabelle 1: Deskriptive Statistik

	Mittelwert	**Min**	**Max**	**Stdabw.**	**Schiefe**	**Kurtosis**
Renditen Arab Light	0.00005	−0.164	0.126	0.020	−1.248	25.948
Renditen Brent	0.0004	−0.199	0.129	0.025	−0.561	7.722
Renditen WTI	0.0004	−0.171	0.124	0.026	−0.608	7.002
Konflikt-Ereignisse	1.450.621	4.200	5339.000	608.221	1.781	7.812
Kooperative Ereignisse	1230.910	23.500	4456.400	473.546	0.946	5.949
N = 1292.						

Tabelle 2: GARCH-Ergebnisse für die Renditen der drei Ölsorten

Variablen	Arab Light	Brent	WTI
Mittelwertgleichung			
Schwere Konflikt-Ereignisse	-0.0011 (0.0560)	0.1107** (0.0531)	
Schwere Konflikt-Ereignisse (t–1)			0.1460** (0.0686)
Kooperative Ereignisse	-0.0046 (0.0046)	-0.0031 (0.0042)	
Kooperative Ereignisse (t–1)			-0.0011 (0.0057)
Konflikt-Ereignisse	-0.0006 (0.0030)	-0.0077*** (0.0028)	
Konflikt-Ereignisse (t–1)			-0.0088** (0.0038)
Konflikt-Ereignisse mit Beteiligung Ölstaaten	0.0036 (0.0033)	-0.0012 (0.0034)	
Konflikt-Ereignisse mit Beteiligung Ölstaaten (t–1)			-0.0011 (0.0040)
Konflikt-Ereignisse ohne Ölstaaten	0.0019 (0.0167)	0.0073 (0.0117)	
Konflikt-Ereignisse ohne Ölstaaten (t–1)			0.0216 (0.0172)
Kooperative Ereignisse mit Beteiligung Ölstaaten	-0.0020 (0.0027)	-0.0003 (0.0018)	
Kooperative Ereignisse mit Beteiligung Ölstaaten (t–1)			0.0011 (0.0027)
Kooperative Ereignisse ohne Ölstaaten	-0.0002 (0.0166)	-0.0030 (0.0113)	
Kooperative Ereignisse ohne Ölstaaten (t–1)			-0.0182 (0.0165)
Naturkatastrophen	-0.2935 (0.2662)	0.1257 (0.1259)	0.1547 (0.1829)
OPEC-Entscheidungen (t–1)	4.1878 (7.6897)		
OPEC-Entscheidungen (t–2)		5.4922 (3.4724)	13.2077*** (4.0913)
Saison (t–1)	-0.3225 (1.0835)	0.8299 (8.6945)	2.1456 (1.4014)
Dollar (t–1)	0.0556 (0.0777)	0.1328 (0.0808)	0.0271 (0.1041)
Futures 4 Monate (t–1)	0.1591 (0.0206)	0.5904*** (0.0246)	-0.0458 (0.0395)

C	4.0575	3.3544**	3.0397
	(2.6873)	(1.5014)	(2.3357)
AR(1)		-0.3096***	
		(0.0327)	
Varianzgleichung			
Alpha	0.0646***	0.2066***	0.2097***
	(0.0177)	(0.0402)	(0.0368)
Beta	0.1997**	0.8160***	0.7681***
	(0.0044)	(0.1304)	(0.0461)
Beta2	-0.9236***	-0.0036	
	(0.0057)	(0.1204)	
Gamma	-0.1039***	-0.1812***	-0.0742***
	(0.00149)	(0.0301)	(0.0234)
Schwere Konflikt-Ereignisse	0.0238***	-0.0002	-0.0034**
	(0.0020)	(0.0019)	(0.007)
Kooperative Ereignisse	0.0015***	0.00008	0.000006
	(0.0001)	(0.00006)	(0.00006)
Konflikt-Ereignisse	-0.0024***	0.0001	0.0003***
	(0.0001)	(0.0001)	(0.00009)
Konstante	10.1097***	0.7644***	1.0582***
	(0.0858)	(0.1554)	(0.2368)
LogL	-2480.264	-5809.390	-5983.242
LB(5)	5.7994	1.4916	1.5287
LB^2(5)	2.0480	2.3020	1.8149
ARCH-LM(1)	0.0418	0.0914	0.4190
JB	4202.353***	180.8698***	252.5272***
AIC	8.3935	9.0479	9.3074
SIC	8.5482	9.1360	9.3874

Gezeigt werden Koeffizienten mit semi-robusten Standardfehlern in Klammern. ***, **, und * kennzeichnen Signifikanz auf dem 10-, 5- und 1-%-Niveau.

4.1 Ergebnisse der Zeitreihenanalyse

Der von uns verwendete statistische Ansatz erlaubt die simultane Schätzung des Einflusses, den erklärende Variablen auf den konditionalen Mittelwert des Ölpreises und die konditionale Varianz dieser Reihe ausüben. Ein Minuszeichen in der Mittelwertgleichung bedeutet ein Absinken der Renditen als Reaktion auf die jeweils angezeigte unabhängige Variable. Ein Pluszeichen steht für einen Anstieg. In der Varianzgleichung steht ein Minus (Plus) für einen Rückgang (Anstieg) der Volatilität. So führen, wie in Tabelle 2 ersichtlich, konfliktive Ereignisse wider Erwarten zu einem Absinken der Renditen. Nur besonders schwere Konflikt-Ereignisse zeigen einen Anstieg von zwei der drei aufgeführten Renditen. Ein Unterschied zwischen konfliktiven und kooperativen Ereignissen mit Beteiligung erdölfördernden und nicht-erdölfördernden Staaten ist nicht auszumachen. Die Varianzgleichung zeigt dafür für die Renditen von Arab Light einen Anstieg der Volatilität bei einem schweren Ereignis. Für die anderen beiden Sorten dagegen ein Absinken. Ein Grund hierfür könnte sein, dass Arab Light von plötzlichen schweren Konflikt-Ereignissen vor Ort stärker betroffen ist, als die anderen Ölsorten. Andere Konfliktereignisse weisen dagegen auf die Varianz der Renditen von Arab Light keinen zu erwartenden Einfluss auf. Vielleicht liegt dies daran, dass im Mittleren und Nahen Osten konfliktive Ereignisse alltäglicher sind als anderswo und darum die Reaktionen hierauf auch anders ausfallen. Die Ergebnisse deuten in Übereinstimmung mit Schneider/Troeger (2006a) auch darauf hin, dass die Händler kooperativen Ereignissen oft misstrauen, weil sie deren wirtschaftlichen Implikationen nicht abschätzen können.

4.2 Ergebnisse der Ereignisanalyse

Zusätzlich zur Zeitreihenanalyse führen wir noch eine Ereignisanalyse durch, auch, um unsere bisherigen Vermutungen zu stützen. Die hier aufgeführten Renditen des OPEC-Referenzpreises sinken nach den konfliktiven Ereignissen und bestätigen somit zwar nicht unsere Erwartungen, aber doch die Ergebnisse der Zeitreihenanalyse. Auch dies lässt den Verdacht zu, dass die leichter vorhersehbaren moderaten konfliktiven Ereignisse vermutlich von Investoren antizipiert werden konnten. Anschließend sollen einige interessante Ergebnisse der Analyse genauer beschrieben werden.

Der Beginn des Irak-Krieges 2003 lässt die Renditen der Sorte WTI ansteigen, dagegen die Renditen des OPEC-Referenz-Preises sinken. Vermutet werden kann, dass die Investoren damit entweder eine Einschränkung der Bedeutung der Sorte WTI sehen, oder, dass sie einen Krieg im Irak als langwierig und kostenintensiv für die Energieversorgung ansehen. Die Meldung von US-Truppen kurz vor Bagdad dagegen dürfte Hoffnungen auf ein schnelles Ende des Konfliktes genährt haben. Dementsprechend scheint Variante 2 wahrscheinlicher.

Tabelle 3: GARCH-Ergebnisse für Dow-Jones-Renditen

	Arab Light/	Opec-Referenz-Preis (ab 01.01.2003)	WTI
Ereignisse in der Golfregion			
Einladung des US-Kongresses zu Inspektionen vor Ort durch das Irakische Parlament (05.08.02)	Keine Daten		−0.023
Einladung von US-Vertretern zur Inspektion zweier verdächtiger Anlagen durch die Irakische Regierung (10.10.02)	Keine Daten		+0.019
US-Zivilverwaltung und irakische Vertreter führen Gespräche über die politische Zukunft des Iraks (28.04.03)		−0.053	+0.023
Bildung eines irakischen politischen Rates der die Verfassung ausarbeiten soll (01.06.03)		+0.024	−0.016
Wilcoxon Rangsummentest		0.6563	0.9892
CAR>0		0.6563	0.6128
CAR<0		1.0000	0.6128
CAR≠0		−0.053	1.0000
Luftangriffe auf irakische Stellungen (16.02.01)	-0.004		−0.015
Ablauf des US-Ultimatums und Beginn des Irak-Krieges (20.03.03)		−0.121	+0.013
US-Truppen unmittelbar vor Bagdad. Bush: Sturz des irakischen Machthabers näher gerückt (03.04.2003)		−0.041	−0.008
Angriff auf Rebellen-Hochburg Falludscha (08.11.04)		−0.041	+0.002
Wilcoxon Rangsummentest	0.3811	0.0011	0.4242
CAR>0	1.0000	1.0000	0.6128
CAR<0	0.1250	0.0020	0.6128
CAR≠0	0.2500	0.0039	1.0000

Quellen: AG Friedensforschung, Universität Kassel; Guardian Keesing's Time. + zeigt einen Anstieg des Ölpreises an; − ein Fallen, 0 keine Veränderung.

5 Ausblick

Unsere Ergebnisse weisen auf Effekte der konfliktiven und kooperativen Ereignisse hin, auch wenn die Richtung nicht immer klar bestimmbar ist. Letztlich scheint es davon abzuhängen, wie die Investoren die Lage einschätzen. Einen Entwarnung für die Energieversorgung in Europa bedeutet dies jedenfalls nicht: egal, ob die Investoren ein konfliktives Ereignis nun als positiv oder negativ für den Ölmarkt ansehen, Europa muss, wenn die Energieversorgung – zumindest, was Öl angeht – sicher und erschwinglich sein soll, geeignete Maßnahmen treffen.

Noch ein Wort, bevor wir uns der Frage zuwenden, wie solche Maßnahmen aussehen könnten: Die in den Ergebnissen aufgeführten niedrigen Zahlen müssen noch genauer erläutert werden. Nimmt man von einem willkürlichen Datum den Ölpreis und betrachtet die Veränderung in den Renditen für ein schweres Konflikt-Ereignis, so kann die Auswirkung eines einzelnen solchen Ereignis mit dem Wert 0,008 Dollar beziffert werden. Wieder täuscht diese Zahl, denn mehrere solche Ereignisse an einem Tag lassen die Renditen entsprechend anwachsen. Wird der Wert dann mit der gehandelten Menge multipliziert, so ergeben sich Summen, welche für den Käufer eine nicht unerhebliche Bedeutung haben. Der Ölpreis ist also durch Konflikte maßgeblich beeinflusst, besonders dann, wenn sich einzelne schwerwiegende Ereignisse an einem Tag häufen.

Auf welcher Ebene könnten nun solche Maßnahmen ergriffen werden. Zunächst einmal kann versucht werden, Konflikte über frühzeitige Vermittlung oder Verhandlungen, aber auch durch wirtschaftliche Hilfe in Krisenregionen zu verhindern. Dies könnte und sollte eine Aufgabe der Europäischen Union sein. Eine weitere Variante ist sicherlich, verstärkt auf Alternativen zu Öl zu setzen sowie Einsparungen beim Energieverbrauch vorzunehmen. Eine gemeinsame EU-Politik betreffend der Energiepolitik gerade im Verhältnis zu Russland scheint nach informellen Gipfel in Lahti 2006 allerdings eher unwahrscheinlich. Das letzte Treffen der OPEC-Staaten zeigt dagegen Erstaunliches. Angesichts stark sinkender Rohölpreise aufgrund der Finanzkrise Ende 2008 zeigt auch das Absenken der Förderquote keine Effekte auf: eine umgekehrte Abhängigkeit der OPEC von den Abnehmerländern scheint offenbar zu werden. In anderen Worten: die OPEC und der Westen sitzen im selben Boot!

Literatur

BP (2008): BP Statistical Review of World Energy June 2008.

Campbell, John Y/Lo, Andrew W./MacKinlay, Craig (1997): The Econometrics of Financial Markets. Chichester: Princeton University Press.

Cuthbertson, Keith/Nitzsche, Dirk (2004): Quantitative Financial Economics: stocks, bonds and foreign exchange. Hoboken: John Wiley & Sons.

De Santis, Roberto A. (2000): Crude Oil Price Fluctuations and Saudi Arabian Behaviour, in: Kiel Working Papers, No. 1014.

Fahrholz, Christian H./Schneider, Gerald (2006): Your Words are in my Purse! The Impact of EU Summits on Euro-Dollar Exchange Rate. Working Paper.

Fahrmeir, Ludwig/Künstler, Rita/Pigeot, Iris/Tutz, Gerhard (2001): Statistik – Der Weg zur Datenanalyse. Berlin: Springer.

Giraud, Pierre-Noël (1995): The equilibrium price range of oil: Economics, politics and uncertainty in the formation of oil prices, in: Energy Policy 23, pp. 35–49.

Hensing, Ingo/Pfaffenberger, Wolfgang/Ströbele, Wolfgang (1998): Energiewirtschaft: Einführung in Theorie und Politik. München; Oldenbourg.

Jenkins, Gilbert (1989): Oil Economists Handbook. London: Elsevier Applied Science.

King, Gary/Lowe, Will (2003): An Automated Information Extraction Tool for International Conflict Data with Performance as Good as Human Coders: A Rare Events Evaluation Design, in: International Organization 57, pp. 617–642.

Lieber, Robert J. (1992): Oil and Power After the Gulf War, in: International Security 17, pp. 155–176.

Miller, Marcus/Zhang Lei (1996): Oil Prices Hikes and Development Triggers in Peace and War, in: The Economic Journal 106, pp. 445–457.

Pirog, Robert L. (1987): Petroleum: The Key Energy Source, in: Pirog, Robert L./Stamos junior, Stephen C. (eds.): Energy Economics: Theory and Policy. Englewood Cliffs: Prentice-Hall.

Pirog, Robert L. (2005): World Oil Demand and its Effects on Oil Prices, in: Congressional Research Paper Service.

Rigobon, Roberto/Sack, Brian (2003): The Effects of War Risk on U.S. Financial Markets, in: NBER Working Paper 9609.

Schneider, Gerald/Troeger, Vera E. (2006a): War and the World Economy: Stock Market Reactions to International Conflicts, in: Journal of Conflict Resolution 50, pp. 623–645.

Schneider, Gerald/Troeger, Vera E. (2006b): The Winners and Losers of War: Stock Market Effects of Armed Conflict, 1990–2000. Working Paper.

Stock, James H., Watson, Mark W. (2007): Introduction to Econometrics. Boston: Pearson Education.

Yaffee, Robert/McGee, Monnie (2000): Introduction to Time Series Analysis and Forecasting with Applications of SAS and SPSS. San Diego: Academic Press

Künftige Herausforderungen für die europäische Energiewirtschaft

Prof. Dr. Heinz Stigler[1] und Uni.-Ass. Dr. Udo Bachhiesl[1]

Abstract

Die Europäische Union zählt zu den bedeutendsten Wirtschaftsregionen der Welt. Jüngste Entwicklungen (z. B. Wirtschaftsaufschwung in den Schwellenländern, Klimawandel, Energieträgersituation) zeigten, dass die Erhaltung dieser Situation eine Adaption der bestehenden Strategien erforderlich machte. Zu diesem Zwecke wurden von der Europäischen Union die so genannten Lissabon-Ziele für Wachstum und Beschäftigung erarbeitet. Zentrales Element für eine künftige positive Wirtschaftsentwicklung als Garant für die Erhaltung unseres Wohlstandes ist eine ausreichende, sichere, kostengünstige sowie umwelt- und sozialverträgliche Energieversorgung für Europa. Daher wurde im Januar 2008 eine umfassende EU-Energiestrategie präsentiert, welche neben der Reduktion der Eindämmung des Klimawandels vor allem Fragen der Versorgungssicherheit zum Thema hat. Je nach den betroffenen Bereichen wurden entsprechende Strategien und konkrete Maßnahmen vorgeschlagen bzw. beschlossen, welche im Rahmen diese Beitrages zusammenfassend dargestellt und kritisch hinterfragt werden.

Die Reduktion der Energienachfrage durch Energieeffizienzmaßnahmen und Energieeinsparungen stellt eine solide Strategie dar, da gleichzeitig eine Vermeidung von klimarelevanten Gasen, eine Verringerung der Energieimportabhängigkeit sowie eine Verringerung der Energiekosten des Endkunden erreicht werden kann.

Aufbringungsseitig ist eine Betrachtung je Energieträger erforderlich. Erdöl wird auch in Zukunft der bedeutendste Energieträger bleiben, gefolgt von Kohle. Dabei sind erste Verknappungserscheinungen am ehesten beim Erdöl zu erwarten; laut aktuellen Prognosen werden Erdgas, Kohle und Uran noch für Jahrzehnte zur Verfügung stehen. Im Falle der Kohle wurden bisher die Ressourcenmengen stark unterschätzt und dies erklärt zugleich die wachsende Bedeutung von Kohle als Energieträger.

Hinsichtlich der Entwicklung der europäischen Elektrizitätswirtschaft hat die Realisierung des europäischen Binnenmarktes oberste Priorität, um weiterhin

---

1 Institut für Elektrizitätswirtschaft und Energieinnovation, Technische Universität Graz, Inffeldgasse 18, 8010 Graz, Tel. +43 316 873 7900, Fax +43 316 873 7910.

Versorgungssicherheit zu gewährleisten und die Binnenmarktvorteile im Sinne der Hebung der Wettbewerbsfähigkeit Europas zu lukrieren.

Der fortschreitende Klimawandel erfordert eine entschlossene Vorgangsweise, wobei zu berücksichtigen ist, dass einerseits nur eine globale Lösung möglich ist und andererseits wettbewerbsverzerrende Lösungen nicht akzeptabel sein können.

1 Einleitung und globale Ausgangslage

Die Europäische Union ist eine der bedeutendsten Wirtschaftsregionen der Welt (siehe Abbildung 1). In den letzten Jahrzehnten hat sich die globale Situation aufgrund der Globalisierung zunehmend zu verschieben begonnen, wobei vor allem die so genannten Schwellenländer – allen voran China – eine rasante Entwicklung erfahren und somit am weltweiten Geschehen stärker präsent sind.

	EU-25 2006	USA 2006	JAPAN 2006	CHINA 2005	RUSSIA 2006
Population million	492.21	298.75	127.77	1 307.56	142.80
Population growth % change since previous year	0.4	1.0	0.0	0.6	-0.5
Urban population % of total	80	81	80	43	73
Area million km²	4.323	9.629	0.380	9.597	17.075
Population density Persons/km²	114	31	336	136	8
GDP (nominal) € billion	11 597	10 509	3 485	1 796	788
Real GDP growth (in national currency); %	3.0	2.9	2.2	11.1 (1)	6.7
Relative GDP per capita in PPP (EU-27 = 100)	100	157	114	15	45 (2)
Exports (3) € billion	3 622	912	515	772	240
Imports (3) € billion	3 720	1 528	461	630	110

Notes: (1) 2006;
(2) 2005;
(3) EU: only EU-25, not including intra-EU trade.

Abb. 1: Allgemeine Daten im weltweiten Vergleich[2]

Um in diesem sich ändernden Umfeld als Europäische Union weiterhin bestehen zu können wurde am so genannten Lissabonner Gipfel im März 2000 von den Staats- und Regierungschefs der Europäischen Union eine neue, auf einem

---

2 Vgl. European Commission, Directorate-General for Energy and Transport: EU energy and transport in figures - Statistical pocketbook 2007/2008, 978-92-79-07082-2, S. 20.

Konsens zwischen den Mitgliedstaaten basierende Strategie („Lissabon-Strategie") vorgestellt, die darauf abzielt, auch in Zukunft Wohlstand und soziale Gerechtigkeit im Einklang mit den Erfordernissen der ökologischen Nachhaltigkeit zu gewährleisten[3]. Wirtschaftswachstum, Beschäftigung sowie Wettbewerbsfähigkeit stehen dabei neben der Hebung der Forschungsquoten als prioritäre Ziele fest.

Eine entscheidende Grundvoraussetzung für die Erreichung dieser Ziele ist eine gesicherte, ausreichende, möglichst kostengünstige sowie umwelt- und sozialverträgliche Energieversorgung. Unter den Begriffen gesicherte und ausreichende Versorgung sind einerseits Mengenaspekte aber andererseits auch infrastrukturelle Aspekte (z.B. Schutz von Infrastrukturen, adäquater Ausbau, Wartung und Instandhaltung, Ausfälle) zu verstehen.

Eine möglichst kostengünstige Energieversorgung ist von zentraler Bedeutung für eine im globalisierten Wettbewerb tätige Wirtschaft. Besonders relevant sind dabei die energieintensiven Industrien, bei welchen die Energiekosten einen entsprechend höheren Anteil an den Gesamtkosten des Produktes ausmachen. Aber auch im Bereich der privaten Haushalte ist eine möglichst kostengünstige Versorgung von zentralem Interesse, da eine gesicherte Energieversorgung zu den Grundbedürfnissen zu zählen ist und daher auch hinsichtlich sozialer Aspekte leistbar sein muss. Trotzdem besteht ein wesentlicher Aspekt darin, die Preissignale auch als solche erkennbar zu halten, damit die entsprechenden erforderlichen Impulse (z.B. Investitionen oder Energieeffizienzmaßnahmen) auch gesetzt werden. Die Umwelt- und Sozialverträglichkeit hat sich zu einem zentralen Wert innerhalb der Europäischen Union entwickelt, beginnend in Europa in den 80er Jahren. Die unmittelbaren Auswirkungen betreffen im Energiebereich u.a. die Errichtung neuer Kraftwerks- und Leitungsanlagen. In jüngster Zeit stehen neben den lokalen Fragestellungen (z.B. lokale Beeinträchtigungen) zunehmend Fragen in Zusammenhang mit dem fortschreitenden Klimawandel im Vordergrund.

Die Europäische Union hat sich historisch betrachtet aus dem Energiebereich heraus entwickelt, beginnend mit der Europäischen Gemeinschaft für Kohle und Stahl (EGKS) und der Europäischen Atomgemeinschaft (EURATOM). Gerade der Energiebereich ist auch in den letzten Jahren zentraler Gegenstand neuer strategischer Ausrichtungen. Im Gefolge des G8-Gipfels in Heiligendamm wurde im Frühjahr 2008 die neue EU-Energiestrategie[4] konkretisiert. Ziel ist es bis zum Jahr 2020

- den Ausstoß klimarelevanter Gase um 20% zu reduzieren,
- den Anteil erneuerbarer Energieträger auf 20% zu heben,
- die Energieeffizienz um 20% zu verbessern sowie
- alternative Treibstoffe im Ausmaß von 10% zu nutzen.

---

3 Vgl. http://ec.europa.eu/growthandjobs/index_de.htm
4 Vgl. Mitteilung der Kommission an das Europäische Parlament, den Rat, den europäischen Wirtschafts- und Sozialausschuss und den Ausschuss der Regionen: „20 und 20 bis 2020 Chancen Europas im Klimawandel", Brüssel, den 23.01.2008, KOM(2008) 30 endgültig.

Nachfolgend wird auf relevante energiewirtschaftliche Bereiche im Detail eingegangen und neben einer Kurzdarstellung der Ausgangslage auch auf strategierelevante Aspekte fokussiert.

2 Energienachfrage

2.1 Allgemeine Ausgangssituation

Jüngsten Prognosen der IEA folgend wird der Weltenergiebedarf von heute bis zum Jahr 2030 um ca. 45% steigen, was einer durchschnittlichen Steigerungsrate von etwa 1,6% pro Jahr entspricht (siehe Abbildung 2).

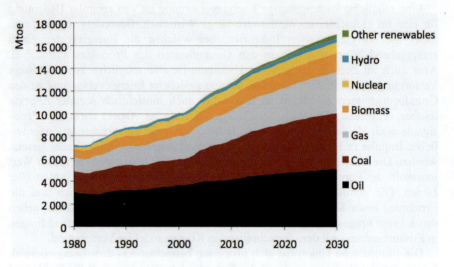

Abb. 2: Weltweite Entwicklung des Energiebedarfes im „business as usual"-Szenario der IEA[5]

Ein genereller Blick auf die weltweite Verteilung der Nachfrage zeigt, dass Australien-Asien sowie Nordamerika und Europa die stärksten Nachfrager nach Energie sind (siehe Abbildung 3).

---

5 Vgl. International Energy Agency (IEA): „World Energy Outlook 2008", ISBN 978-92-64-04560-6, 2008, www.iea.org.

Künftige Herausforderungen für die Europäische Energiewirtschaft 187

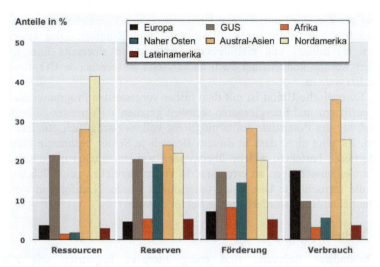

Abb. 3: Regionale Unterschiede von Ressourcen, Reserven, Förderung und Verbrauch nicht-erneuerbarer Energierohstoffe 2007[6]

Für die Europäische Union zeigt Abbildung 4, dass sich die Energieintensität im Zeitverlauf sehr stark reduziert hat, wobei allerdings der Energiebedarf je Kopf gestiegen ist.

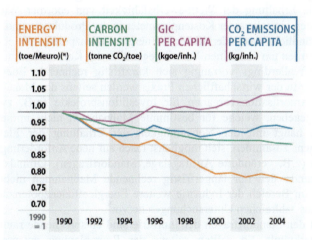

Abb. 4: Entwicklung energierelevanter Indikatoren EU-27[7]

---

6   Vgl. Bundesanstalt für Geowissenschaften und Rohstoffe: „Reserven, Ressourcen und Verfügbarkeit von Rohstoffen 2007", www.bgr.bund.de.
7   Vgl. European Commission, Directorate-General for Energy and Transport: „EU energy and transport in figures – Statistical pocketbook 2007/2008", 978-92-79-07082-2, S. 27. Anmerkung: (*) GDP zu Marktpreisen 2000; GDP = gross domestic product; GIC = gross inland consumption; carbon intensity = CO_2-Emissionen/Inlandsverbrauch; energy intensity = GIC / GDP.

Vorrangiges Ziel der Europäischen Union ist es, den Energiebedarf zu reduzieren bei gleichzeitiger Wahrung von Wohlstand und Komfort. Dies erweist sich insofern als robuste und zielführende Strategie, da einerseits Energieimporte reduziert werden können und auch andererseits entsprechende CO_2-Emissionen vermieden werden.

Die Europäische Union ist mit dem bisher vorgestellten Programm im Bereich Energieeffizienz und Energiesparen weltweit gesehen als Vorreiter zu bezeichnen. Die Hebung der Potenziale sollte möglichst volkswirtschaftlich effizient erreicht werden. Es zeigt sich, dass in diesem Bereich je Sektor bestimmte Hemmnisse und Barrieren bestehen, welche überwunden werden müssen um entsprechende Maßnahmenumsetzungen zu erreichen. In vielen Bereichen zeigt sich auch, dass bisher die menschliche Dimension unterschätzt wurde. Nachfolgend werden die vornehmlichen Herausforderungen je Sektor diskutiert.

2.2 Industrie

Von besonderer Relevanz sind energieintensive Industrien wie z.B. die Chemische-, Ziegel- oder Zementindustrie. Der industrielle Sektor hat in der Vergangenheit bereits zahlreiche Umweltschutzmaßnahmen getroffen, entsprechende Investitionen getätigt und steht somit vor einer guten Ausgangslage. Große Industrieunternehmen können es sich leisten „Energiebeauftragte" im Unternehmen zu beschäftigen und somit kompetente Mitarbeiter hinsichtlich Energiefragen zu haben. Besonders im Falle der energieintensiven Industrien ist dies für die Erhaltung der Wettbewerbsfähigkeit von enormer Wichtigkeit, da Energiekosten ein relevanter Kostenparameter in der Produktion sind. Es ist daher auch verständlich, dass identifizierte Energieeffizienzpotenziale ehest möglich gehoben werden um sich einen Vorteil gegenüber der Konkurrenz zu verschaffen. Dies betrifft allerdings vorrangig sich kurzfristig rechnende Energieeffizienzmaßnahmen. In der wirtschaftlichen Praxis werden seitens des Managements sehr stringente Amortisationsvorgaben für Investitionsprojekte (z.B. zwei bis drei Jahre) vorgegeben, welche für bestimmte Maßnahmen nicht immer erreichbar sind. Dies hängt mit der Notwendigkeit der Erhaltung der Flexibilität des Unternehmens zusammen, sich möglichst rasch auf neue Anforderungen anpassen zu können (z.B. veränderte Auftragslage, Standortfragen). Oftmals werden aus diesem Grunde sich nur längerfristig rechnende Maßnahmen nicht umgesetzt. Dass auch im Bereich der Industrie weitere Energieeffizienzpotenziale zu heben sind geht aus zahlreichen Untersuchungen hervor[8].

Eng mit den Standortfragen der Industrie sind entsprechende raumplanerische Aspekte verknüpft. So sollten seitens der Raumplanung entsprechende Anforderungen der Industrie an potenzielle Standorte entsprechend Berücksichtigung finden (z.B. das Vorhandensein von Infrastrukturen wie Erdgas- oder Stromnetze, Verkehrsanbindungen, Möglichkeiten der Abwärmenutzung).

---

8 Vgl. Bergauer-Culver: „30 % Einsparpotential bei elektrischen Motorsystemen in der Industrie!", Bundesministerium für Wirtschaft und Arbeit / Sektion Energie und Bergbau, 10. Symposium Energieinnovation, 13.–15.02.2008, Graz/Österreich.

2.3 Gewerbe

Im Vergleich zur Industrie stehen Unternehmen des Gewerbes oftmals nicht im globalisierten Wettbewerb und konkurrenzieren daher zumeist mit Unternehmen auf europäischer oder nationaler Ebene. Im Gewerbebereich ist ein großer Anteil den so genannten KMUs (Kleine und Mittlere Unternehmen) zuzurechnen. Energiekosten spielen bei diesen Unternehmen oftmals im Rahmen der Gesamtkosten der Produktion nur eine geringe Rolle und daher ist es für die Unternehmen nicht rentabel eigene Energieexperten zu beschäftigen um vorhandene Energieeffizienzpotenziale zu identifizieren. Energiefragen zählen zudem nicht zu den Kernaufgaben der Unternehmen. Daher fehlt es in diesem Bereich an Informationen über konkrete Maßnahmen und die damit verbunden Wirkungen.

Abhilfe können in diesem Bereich externe brachenweite Beratungsaktionen, Benchmarking-Analysen, die Verbreitung von Best-Practice-Beispielen sowie die Anwendung von Branchenenergiekonzepten schaffen. Durch derartige Maßnahmen können auch im Gewerbe-Bereich Energieeffizienzpotenziale gehoben werden.

2.4 Haushalte

Im Bereich der Haushalte ist vorrangig der Wärmebereich als primärer Adressat von Energieeffizienzmaßnahmen zu nennen. Vor allem im Bereich der Sanierung von Altbauten bzw. des Gebäudebestandes besteht erhebliches Potenzial für Energieeffizienzsteigerungen. Vordringliche Maßnahmen betreffen dabei die Dämmung der Gebäudehülle sowie Fenstertauschaktionen. Beim Neubau von Gebäuden werden die Vorschriften hinsichtlich der zu erreichenden Energiekennzahl laufend in Richtung höherer Energieeffizienz angepasst. Die Breitenwirkung derartiger Maßnahmen wird dabei innerhalb der Europäischen Union durch die Einführung des so genannten Gebäudeenergieausweises sichergestellt. Insgesamt kann festgehalten werden, dass auch in diesem Bereich die Europäische Union mit der Gebäuderichtlinie[9] eine weltweite Vorreiterrolle eingenommen hat.

Hinsichtlich der Energieeffizienz im Elektrizitätsbereich bestehen für Haushalte zahlreiche Verbesserungsoptionen. Neben der Anschaffung energieeffizienter Geräte – unterstützt durch ein entsprechendes Labelling – spielen vor allem der Einsatz von Energiesparlampen (ein entsprechendes Verbot klassischer Glühbirnen ist in Vorbereitung), die Reduktion der Stand-By Verluste sowie verhaltensrelevante Maßnahmen eine besondere Rolle.

2.5 Verkehr

Die höchsten Energieverbrauchszuwachsraten verzeichnet der Verkehrsbereich. Insgesamt sind in den letzten Jahren die Zulassungsraten gestiegen, aber auch die entsprechenden Fahrleistungen. Hinsichtlich der Beeinflussungsmöglichkeiten des Energiebedarfs im Verkehrsbereich spielt vor allem das Verhalten der Kon-

---

9 Vgl. Directive 2002/91/EC of the European Parliament and of the Council of 16 December 2002 on the energy performance of buildings.

sumenten eine große Rolle. Dies betrifft einerseits den Anschaffungsprozess (z.B. energiesparende Kleinwagen vs. SUV) aber andererseits auch das Nutzungsverhalten (z.B. energiesparende Fahrweise, Umstieg auf öffentliche Verkehrsmittel, Nutzung des Fahrrades). Hinsichtlich übergeordneter Planungsansätze sind vor allem Aspekte der Raumordnung zu nennen (z.B. Schaffung kurzer Wege, Zugang zu Öffentlichen Verkehrsmittel).

Besonders der Verkehrsbereich ist mit einer Abhängigkeit von über 90% bei fossilen Energieträgern aus strategischer Sicht höchst relevant. Im Krisenfall (z.B. längerfristige Versorgungsunterbrechungen) ist es besonders bedeutsam kritische Mobilitätserfordernisse (z.B. Polizei, Rettung, Feuerwehr, Lebensmitteltransporte …) aufrecht zu erhalten. Aus diesem Grund wird auch für den Verkehrsbereich eine Diversifizierung der Energieträger angestrebt und daher möchte die EU bis zum Jahr 2020 einen Anteil von 10% mittels alternativer Antriebe (z.B. Biotreibstoffe, Elektromobilität) erreichen. Hinsichtlich der Elektromobilität sind dabei allerdings die entsprechenden infrastrukturellen Erfordernisse im Strombereich (z.B. Schaffung der Aufladeinfrastruktur sowie übertragungs-, verteilungs- und aufbringungsrelevante Aspekte) zu berücksichtigen.

3 Aspekte der Bedarfsdeckung

3.1 Allgemeine Ausgangslage

Der weltweite Energiebedarf wird bis 2030 lt. Prognose der IEA um 45% steigen. Es stellt sich daher die Frage, mit welchen Energieträgern dieser Bedarf gedeckt werden wird, ob die entsprechenden Energieträger in ausreichender Menge verfügbar sein werden und welche Entwicklung die Preise nehmen. Wesentlicher Einflussfaktor auf die Preisgestaltung ist neben der Nachfrage auch die entsprechende Fördersituation und allgemeine Situation der Ressourcen/Reserven je Energieträger.

Grundsätzlich zeigt die globale Verteilung der nicht erneuerbaren Energierohstoffe Erdöl, Erdgas, Kohle und Uran, dass die Europäische Union diesbezüglich eine ungünstige Ausgangslage hat, da sich die Energierohstoffe vornehmlich in anderen Weltregionen konzentrieren (siehe Abbildung 5).

Künftige Herausforderungen für die Europäische Energiewirtschaft

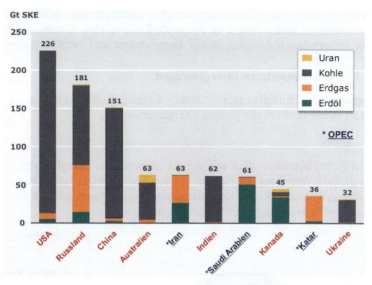

Abb. 5: Die zehn Länder mit den größten Reserven nicht erneuerbarer Energierohstoffe 2007[10]

Die globale Situation hinsichtlich Ressourcen/Reserven ist in Abbildung 6 dargestellt. Es zeigt sich, dass Kohle als Energieträger die mit Abstand längste Reichweite aufweist. Neben den (bekannten) Reserven spielen vor allem auch die zusätzlich vorhandenen Ressourcen eine wichtige Rolle für die künftige weltweite Energieversorgung, welche im nicht-konventionellen Bereich teils erhebliche Beiträge leisten können.

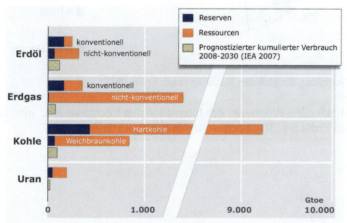

Abb. 6: Situation der Ressourcen bzw. Reserven nicht erneuerbarer Energieträger[11]

---

10 Vgl. Bundesanstalt für Geowissenschaften und Rohstoffe: „Reserven, Ressourcen und Verfügbarkeit von Rohstoffen 2007", www.bgr.bund.de.
11 Ebd.

Neben der Situation der nicht-erneuerbaren Energieträger werden längerfristig vor allem erneuerbare Energieträger eine zentrale Rolle spielen müssen. Nachfolgend wird die entsprechende Ausgangslage je Energieträger im Überblick dargestellt.

3.2 Nicht-erneuerbare Energieträger

Nicht-erneuerbare Energieträger – Erdöl, Erdgas, Kohle und Uran – decken derzeit zu einem Großteil die globale Energieversorgung.

3.2.1 Erdöl

Erdöl ist global betrachtet nach wie vor der bedeutendste Energieträger. Ein Blick auf die globale Verteilung der Nachfrage nach Energieträger zeigt, dass vor allem der nordamerikanische Raum, der asiatisch-pazifische Raum und die Europäische Union als größte Nachfrager am Weltmarkt auftreten.

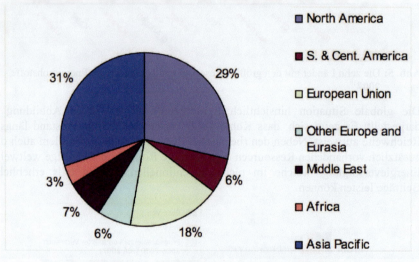

Abb. 7: Verteilung der globalen Nachfrage nach Erdöl 2007[12]

Laut den aktuellen Prognosen der Internationalen Energieagentur wird die Nachfrage nach Erdöl bis 2030 noch weiterhin stark zunehmen.

---

12 Keynote speech of Andris Piebalgs, Energy Commissioner, European Commission: „Europe – A global player in energy?", Europäisches Forum Alpbach, 23.–24.11.2008, Wien.

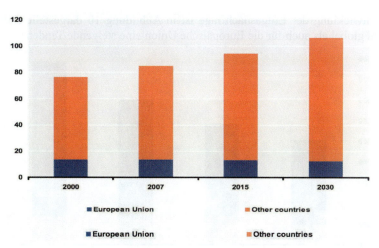

Abb. 8: Entwicklung der Erdölnachfrage in Millionen barrel/Tag[13]

3.2.2 Erdgas

Global betrachtet ist Erdgas noch in ausreichenden Mengen vorhanden, um den Bedarf noch für Jahrzehnte zu decken (siehe Abbildung 9). Auch unter der Annahme steigender Erdgasnachfrage sollte eine Deckung durch Erhöhung der Liefermengen via Pipeline oder LNG-Transporte kein Problem darstellen.

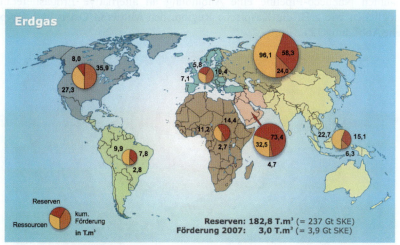

Abb. 9: Regionale Verteilung der Ressourcen, Reserven und Förderung von Erdgas 2007[14]

---

13 Vgl. Keynote speech of Andris Piebalgs, Energy Commissioner, European Commission: „Europe – A global player in energy?", Europäisches Forum Alpbach, 23.–24.11.2008, Wien.

14 Vgl. Bundesanstalt für Geowissenschaften und Rohstoffe: „Reserven, Ressourcen und Verfügbarkeit von Rohstoffen 2007", www.bgr.bund.de.

Die Entwicklung der Erdgasnachfrage ist in Abbildung 10 dargestellt und zeigt sowohl global als auch für die Europäische Union eine steigende Tendenz.

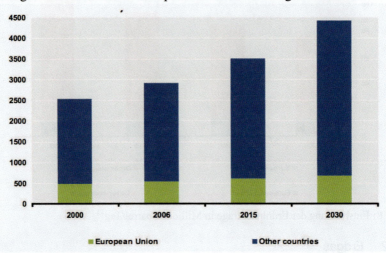

Abb. 10: Nachfrage nach Erdgas

Russland ist mit ca. 26% der bedeutendste Erdgaslieferant der Europäischen Union. Im Sinne einer Diversifizierungsstrategie würde die Realisierung der so genannten Nabucco-Pipeline eine Anbindung an alternative Erdgaslieferanten ermöglichen wie z.B. die Kaspische Region, den Mittleren Osten und Ägypten (siehe Abbildung 12).

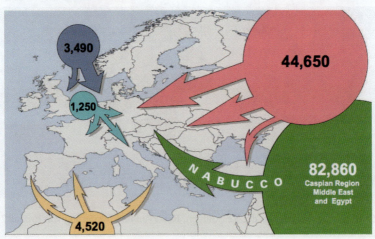

Abb. 11: Situation der Gasversorgung in Europa (bcm)[15]

---

15 Vgl. Wolfgang Ruttensdorfer: „Challenges for the energy industry in Europe's growth belt", OMV, 2008.

3.2.3 Kohle

Kohle weist unter den nicht-erneuerbaren Energieträgern mit Abstand die größten noch vorhandenen Ressourcen auf und reicht somit aus, um noch über Jahrzehnte hinweg den Bedarf zu decken. Nach Prognosen der IEA wird Kohle auch künftig nach dem Erdöl zweit wichtigster Energieträger im globalen Maßstab bleiben. Im Vergleich zu den bisherigen Ressourcen-Studien der letzten Jahre wurden die weltweit noch vorhanden Ressourcen an Kohle entscheidend höher bewertet.

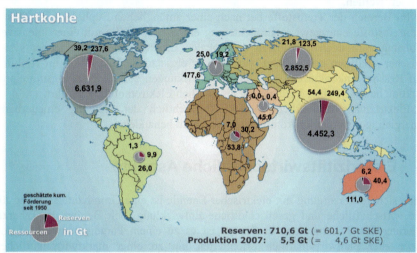

Abb. 12: Regionale Verteilung der Ressourcen, Reserven und Förderung von Kohle 2007

Die Verteilung der Kohlevorkommen zeigt, dass vor allem der nordamerikanische und asiatische Raum enorme Potentiale aufweist. Obwohl im Vergleich zu diesen Regionen die europäischen Vorkommen wesentlich geringer sind, stellt die Kohle einen für Europa bedeutsamen Energieträger dar, da dieser im Vergleich zu Erdöl und Erdgas noch in relevanten Mengen in Europa vorhanden ist.

3.2.4 Uran

Die Nutzung der Kernenergie ist im Sinne der installierten und in Betrieb befindlichen Anlagen eine Realität. Die Entscheidung ob Länder aus der Kernenergienutzung aussteigen (z.B. Deutschland) oder den Neubau von Kernkraftwerken anstreben (z.B. Finnland) steht den einzelnen Mitgliedstaaten frei. Hinsichtlich der Ressourcen-Situation des Urans ist in den kommenden Jahrzehnten mit keiner Verknappung zu rechnen.

3.3 Erneuerbare Energieträger

Der forcierte Einsatz erneuerbarer Energieträger ist Grundvoraussetzung für eine künftige nachhaltige Entwicklung. Hinsichtlich der Einsatzbereiche ist zwischen Wärmebedarf, Elektrizitätsbedarf und Treibstoffen zu differenzieren.

Aufgrund der besseren Energiespeichermöglichkeiten im Vergleich zum Strombereich erhält der Wärmebereich besondere Bedeutung. Vorrangiges Augenmerk wird dabei auf den Gebäudebereich gelegt, wobei aktuell vor allem solarthermische und biomassebasierte Wärmebereitstellung im Vordergrund stehen. Daneben spielt aber vor allem die hocheffiziente Fern- und Nahwärmeversorgung in Ballungsgebieten sowie die Wärme- und Kälteversorgung mittels Wärmepumpen im ländlichen Raum eine ebenso bedeutsame Rolle und sollte weiter forciert werden.

Im Bereich der Treibstoffe hat nach einer anfänglichen Euphorie zum Thema Biotreibstoffe eine gewisse Ernüchterung eingesetzt, da die mit einer intensiven Nutzung verbundenen globalen und lokalen Effekte aufgrund fehlender systemischer Analysen unterschätzt wurden. Die einsetzende Diskussion im Hinblick auf Ressourcenkonkurrenz bzw. die Rückwirkungen auf die Nahrungsmittelproduktion haben zu einer Verlagerung hinsichtlich Elektromobilität geführt.

Elektrizitätswirtschaftliche Aspekte hinsichtlich der Nutzung erneuerbarer Energieträger werden im kommenden Abschnitt behandelt.

4 Elektrizitätswirtschaftliche Aspekte

Eine sichere Versorgung mit elektrischer Energie ist eine Grundvoraussetzung für die wirtschaftliche und gesellschaftliche Entwicklung. Seit Beginn der Liberalisierung des Strommarktes in Europa ist es zu einem Paradigmenwechsel von einer eher planwirtschaftlich orientierten hin zu einer marktwirtschaftlichen Organisation gekommen. Obwohl der Strommarkt an sich auf das Gebiet der Europäischen Union beschränkt ist, steht die Elektrizitätswirtschaft trotzdem im Sinne der Nachfrage nach Energieträgern und auch im Sinne der Stromlieferung an international agierende Endkunden indirekt im globalen Wettbewerb.

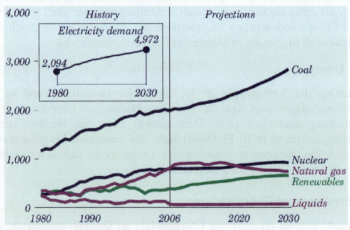

Abb. 13: Entwicklung der globalen Stromerzeugung nach Energieträger[16]

---

16 Energy Information Administration: „Annual Energy Outlook 2008", www.eia.doe.gov.

Auch im Elektrizitätsbereich steht das Thema Energieeffizienz an oberster Stelle, einerseits erzeugungsseitig im Sinne von Wirkungsgradsteigerungen des Kraftwerksparks aber auch nachfrageseitig im Sinne der Effizienzsteigerung bei den Endkunden. Abbildung 14 zeigt die seitens der IEA prognostizierte Entwicklung des Strombedarfs in der EU und der restlichen Welt. Es zeigt sich, dass der Strombedarfszuwachs innerhalb der EU im Vergleich zur restlichen Welt moderat ausfallen wird, was u. a. in der Erhöhung der Energieeffizienz begründet sein wird.

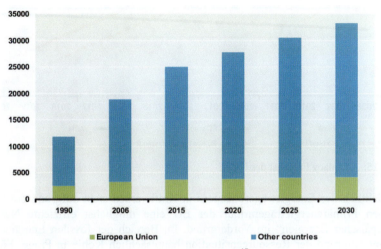

Abb. 14: Prognose der Strombedarfsentwicklung (TWh)[17]

Die Realisierung bzw. optimale Ausgestaltung des Elektrizitätsbinnenmarktes hat hohe Priorität, da die damit verbundenen Binnenmarktvorteile (z.B. die reduzierte Kraftwerksreservekapazitätsvorhaltungen, optimaler Kraftwerkseinsatz) wesentlich zu den übergeordneten Zielen der EU beitragen. Ein bedeutendes Erfordernis dabei stellt ein entsprechender Leitungsbau dar. Der Idealzustand einer „Kupferplatte" für Europa kann nicht erreicht werden und es werden daher immer Engpässe im europäischen Übertragungsnetz auftreten. Es ist daher erforderlich unter den gegebenen Randbedingungen die „richtigen" Leitungen zu errichten um einen möglichst optimalen und effizienten Betrieb des Elektrizitätssystems unter den gegebenen Randbedingungen zu ermöglichen. Die Randbedingungen umfassen u. a. Fragen der Versorgungssicherheit im Netzbereich, aber auch das künftige Erfordernis mit dem erwünschten Stromhandel und der verstärkten Integration erneuerbarer Energieträger zurecht zu kommen.

Hinsichtlich der Errichtung neuer Kraftwerkskapazitäten ist der Ersatz von aus Altersgründen nicht mehr einsetzbaren Kraftwerken, sowie die Abdeckung zusätzlichen Bedarfs zu berücksichtigen. Der aktuelle Adequacy Forecast Report der UCTE (Abbildung 15) geht davon aus, dass je nach Szenario zumindest bis zum Jahr 2015 ausreichende Kraftwerkskapazitäten zur Verfügung stehen.

---

17 International Energy Agency (IEA): „World Energy Outlook 2008", ISBN 978-92-64-04560-6, 2008.

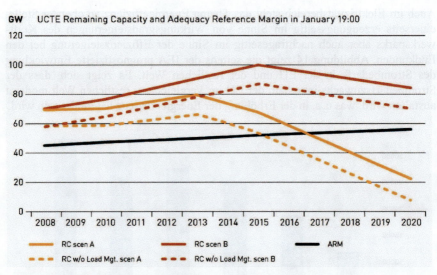

Abb. 15: Adequacy Forecast der UCTE[18]

Hinsichtlich des Energieträgereinsatzes in Kraftwerken steht aufgrund der strukturellen Primärenergieträgerarmut der EU eine möglichst effiziente Nutzung „europäischer Energien" im Vordergrund. Im Bereich der fossilen Energieträger kommt aufgrund der Ressourcensituation hauptsächlich Kohle in Frage. Für die restlichen nicht-erneuerbaren Energieträger werden Diversifizierungsstrategien verfolgt (z. B. Energieträger, Lieferwege, Lieferländer).

Neben den nicht-erneuerbaren Energieträgern werden künftig vor allem erneuerbare Energien stark forciert (siehe Abbildung 16).

---

18 Vgl. Union for the co-ordination of transmission of electricity (UCTE): „System Adequacy Forecast 2008 – 2020", Januar 2008, www.ucte.org.

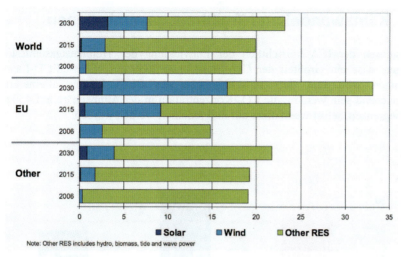

Abb. 16: Stand und Entwicklung der Nutzung Erneuerbarer Energien[19]

Die einzelnen Energieträger und die entsprechenden technischen Nutzungsmöglichkeiten unterscheiden sich hinsichtlich verschiedener Parameter wie z.B. Dargebot, Wirkungsgrad, Standortfragen, welche in Bezug auf die Systemintegration entsprechend zu berücksichtigen sind.

Zusätzlich zu den technischen Fragestellungen stehen hinsichtlich der Nutzung erneuerbarer Energieträger vor allem ökonomische Aspekte im Vordergrund. Bestimmte Technologien sind aufgrund der aktuellen Preissituation bereits als wirtschaftlich und marktfähig einzustufen (z.B. Wasserkraft), andere benötigen entsprechende Unterstützungsmechanismen um in den Markt kommen zu können (z.B. Photovoltaik). Im Sinne der nicht nur technisch sondern auch ökonomisch möglichst sinnvollen Ausgestaltung der Elektrizitätswirtschaft besteht daher ein dringendes Erfordernis, die Förderung erneuerbarer Energieträger möglichst effizient zu gestalten.

Generell ist festzuhalten, dass die Errichtung von Anlageninfrastruktur (z.B. Leitungen, Kraftwerke) im Sinne der erforderlichen Genehmigungsverfahren zunehmend von längerer Dauer und erhöhtem Widerstand seitens der betroffenen Bevölkerung sowie von Umweltschutzorganisationen gekennzeichnet sind. Den Kern der Diskussionen bildet dabei die Abwägung zwischen ökologischen und ökonomischen Wirkungen der jeweiligen Projekte, welche nur über die Abwägung der vom Projekt berührten öffentlichen Interessen durchführbar ist. In diesem Bereich sind künftig Wirkungsanalysen im Vorfeld der Genehmigung erforderlich, welche die berührten öffentlichen Interessen in den relevanten Dimensionen aufzeigen[20].

---

19 International Energy Agency (IEA): „World Energy Outlook 2008", ISBN 978-92-64-04560-6, 2008.
20 Vgl. Stigler, Bachhiesl: „Operationalisierung des Spannungsfeldes Ökonomie – Ökologie bei Energieprojekten", 9. Symposium Energieinnovation, 15.–17.02.2006.

5 Klimawandel und Treibhausgasemissionen

Prognosen der IEA hinsichtlich der Entwicklung der Treibhausgasemissionen zeigen, dass ein Großteil der CO_2-Emissionen 2030 aus Nicht-OECD-Ländern kommen wird und dass Anstrengungen der OECD-Länder alleine nicht ausreichend sein werden, die CO_2-Konzentration in der Atmosphäre auf 450 ppm zu begrenzen, selbst wenn diese auf null reduziert werden würden.

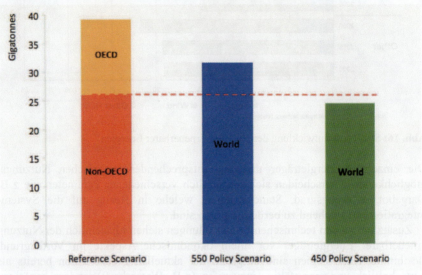

Abb. 17: Entwicklung der globalen CO_2-Emissionen je Szenario[21]

Diese Tatsache allein erfordert eine globale Lösung dieses weltweiten Problems. Es wird daher von zentraler Bedeutung sein, die großen bisher im Kyoto-Prozess noch nicht integrierten Emittentenländer (z.B. USA, China, Indien) zu einer Mitwirkung zu bewegen.

Technologische Optionen bieten sich vor allem hinsichtlich der Carbon-Capture- and Storage-Technologien (CCS). Diese befinden sich derzeit noch im Entwicklungsstadium und daher sind verlässliche Kenndaten zu diesen Technologien noch mit großen Unsicherheiten behaftet. Grundsätzlich ist anzumerken, dass je eingesetzter Technologie mit entsprechenden Wirkungsgradeinbußen zu rechnen ist. Ein weiterer Punkt betrifft die Investitionskosten für derartige Systeme, welche entscheidender Eingangsparameter für die Berechnung der Vermeidungskosten des CO_2 sind.

Im Rahmen des europäischen Emissionshandels-Regimes erfolgte bisher die Zuteilung der CO_2-Zertifikate kostenlos, was sich ab der nächsten Handelsperiode ändern wird, denn ab 2012 sollen die Zertifikate zu einem bestimmten Ausmaß je

---

21 International Energy Agency (IEA): „World Energy Outlook 2008", ISBN 978-92-64-04560-6, 2008.

Branche von den Unternehmen ersteigert werden. Bleibt dieser Mechanismus auf das Gebiet der Europäischen Union beschränkt, so würde dies zu einer Verzerrung der internationalen Wettbewerbssituation der europäischen energieintensiven Industrie führen, was entsprechend zu berücksichtigen ist.

Die europäische Elektrizitätswirtschaft steht zwar nicht unmittelbar im internationalen Wettbewerb, hat allerdings im Sinne von Rohstoffzukäufen und als Stromlieferant für die Endkunden entsprechenden Einfluss. Sind die CO_2-Emissionsrechte von der Elektrizitätswirtschaft zu kaufen so hat dies Einfluss auf den Strompreis, welcher wiederum eine zentrale Größe für energieintensive Industrien ist. Darüber hinaus führt dieser Mechanismus dazu, dass sich die Merit-Order der Kraftwerke verschiebt, d.h. es wird aller Voraussicht nach vermehrt in Gaskraftwerke als in Kohle-Kraftwerke investiert. Dies widerspricht dem Ziel der Europäischen Union die Energieversorgung zu diversifizieren, sondern führt zu einer Erhöhung der Abhängigkeit von Erdgasimporten.

6 Schlussfolgerungen und Ausblick

Die Europäische Union ist als bedeutender globaler Wirtschaftsraum sehr sensibel was die Energieversorgung betrifft. Zu große Abhängigkeiten von Energielieferungen vom Ausland sind daher als kritisch einzustufen, zumal die Lieferländer großteils innerhalb der so genannten strategischen Ellipse situiert sind, welche teils geopolitisch instabile Verhältnisse haben. Nach aktuellen Prognosen der Internationalen Energieagentur wird sich diese Situation noch verschärfen, da aufgrund der zunehmenden Nachfrage nach Energieträgern der Schwellenländer der globale Wettbewerb um Energierohstoffe zunehmen wird. Überlagert wird diese Situation durch das Erfordernis, die globalen CO_2-Emissionen im Sinne des Klimaschutzes massiv zu reduzieren. Aufgrund dieser Ausgangslage sind entsprechende strategische Weichenstellungen seitens der Europäischen Union erforderlich, um das aktuelle Wohlstandsniveau auch künftig halten zu können.

Im Sinne einer robusten Strategie haben bedarfsseitige Einsparungs- bzw. Energieeffizienzmaßnahmen oberste Priorität. Jede eingesparte Energie muss nicht „erzeugt" und bereitgestellt werden. Die Reihung der Energieeffizienzmaßnahmen sollte nach volkswirtschaftlichen Kriterien erfolgen, wobei hier die größten Potenziale im Wärmebereich im Sinne von Gebäudesanierungen zu heben sind. Im Bereich der Industrie wurden aus Wettbewerbsgründen bereits viele Energieeffizienzmaßnahmen umgesetzt, es besteht aber weiteres Potenzial welches z.T. aufgrund nicht-technischer Barrieren nicht gehoben wird. Im Bereich des Verkehrs, sollte aufgrund strategischer Überlegungen eine Diversifizierung von der erdölbasierten Mobilität erfolgen, wobei sich hier neben nachhaltigen Biotreibstoffen vor allem die Elektromobilität anbietet. Dabei sind allerdings entsprechende Infrastrukturerfordernisse zu berücksichtigen.

Aufbringungsseitig sollte eine möglichst intensive Nutzung europäischer Energien erfolgen, was neben erneuerbaren Energieträgern v.a. auch Kohle im Bereich der fossilen Energieträger betrifft. Hinsichtlich der Versorgung mit fossilen Energieträgern steht eine Diversifizierung der Lieferländer sowie der

Transportrouten im Vordergrund. Eine zentrale Frage betrifft die Realisierung der so genannten Nabucco- Erdgasleitung, welche alternative Erdgasbezugsmöglichkeiten zu Russland ermöglicht (z.B. Iranischer Raum). Die verstärkte Nutzung erneuerbarer Energien erhält hohe Priorität, wobei die Nutzung möglichst effizient und Nachhaltig erfolgen muss, da das Dargebot und entsprechende nutzbare Standorte beschränkt sind. Im Falle Österreichs sollte eine verstärkte Nutzung der Wasserkraft angestrebt werden.

Die Realisierung eines volkswirtschaftlich möglichst effizient gestalteten Energiebinnenmarktes trägt wesentlich zur Erreichung der Lissabon-Ziele bei. Neben Maßnahmen zur Reduktion bzw. Eindämmung des Strombedarfszuwachses (Stromsparen bzw. Energieeffizienz) stehen vor allem Fragen der Infrastrukturentwicklung (Bau von Kraftwerken und Leitungen) sowie die Integration erneuerbarer Energieträger im Vordergrund.

Hinsichtlich der Bekämpfung des Klimawandels ist festzuhalten, dass ein weltweit geeintes Vorgehen erforderlich ist, da einerseits der OECD-Raum alleine die Treibhausgasemissionen mengenmäßig nicht in den Griff bekommen kann und andererseits die Gefahr von Wettbewerbsverzerrungen für energieintensive Industrien besteht. Weiters ist auf europäischer Ebene hinsichtlich der Ausgestaltung des künftigen CO_2-Regimes zu berücksichtigen, dass es im Bereich der Kraftwerke zu einer Verschiebung der Merit-Order im KW-Einsatz kommen kann, da sich die die Stromerzeugung aus Kohlekraftwerken aufgrund der CO_2-Zertifikatspreise verteuert und somit vorrangig Gas-Kraftwerke errichtet würden. Dies widerspricht den Zielen der EU mehr europäische Energien (v.a. Kohle im fossilen Bereich) aus Versorgungssicherheitsgründen zu nutzen.

Die Europäische Union ist ein bedeutender globaler Spieler im Energiebereich, allerdings primär im Sinne der Nachfrage nach Energieträgern. Hervorzuheben ist die weltweite Vorreiter-Rolle im Sinne der Erstellung relevanter Maßnahmenkataloge und -pläne, welche allerdings aus einer Notwendigkeit heraus (Klimawandel und Energieimportabhängigkeit) erforderlich wurde. Die konkrete Ausgestaltung ist im Zuge der sich verschärfenden Rahmenbedingungen zu adaptieren, wobei hier auf robuste Strategien gesetzt werden sollte. Im Zuge der Strategiefindung sollten vor der Umsetzung bestimmter Strategien die zu erwartenden damit verbundenen Konsequenzen anhand konkreter Vorschaurechnungen abgeschätzt werden. Eine Bewertung der Strategien hat anhand der Beiträge zur Erreichung der übergeordneten Ziele (z.B. Lissabon) zu erfolgen. Dazu ist eine interdisziplinäre gesamtsystemische Betrachtung erforderlich, welche zumindest technische, betriebswirtschaftliche, volkswirtschaftliche und ökologische Dimensionen umfasst.

Autorenverzeichnis

Dr. Jörg Adolf

Jörg Adolf, geboren 1966, schloss 1992 sein Studium der Volkswirtschaftslehre an der Universität Paderborn ab. Es folgten einige Jahre als wissenschaftlicher Mitarbeiter und Assistent am Lehrstuhl für Wirtschaftpolitik der Universität Hamburg, an welcher er 1997 promovierte. Er begann darauf als wissenschaftlicher Assistent Dr. Klaus Dohnanyis bei Expect in Hamburg zu arbeiten, wechselte dann im Jahr 2000 zur RWE-DEAAG als Senior Economist. Seit 2000 ist er bei Shell Deutschland beschäftigt, wo er zunächst als Gouvernment Relations Adviser arbeitete und seit vier Jahren nun Chefökonom sowie Regulatory Affairs Manager ist.

Univ.-Ass. Dr. Udo Bachhiesl

Udo Bachhiesl studierte an der Technischen Universität Graz Wirtschaftsingenieurwesen-Maschinenbau in der Fachrichtung Energie- und Umwelttechnik und verfasste seine Diplomarbeit zum Thema „Technoökonomische Analyse der Biomasse Zufeuerung in Großkraftwerken". Im Jahr 2000 wurde Herr Bachhiesl Assistent am neu gegründeten Institut für Elektrizitätswirtschaft und Energieinnovation der TU Graz. Nach Abschluss seiner Dissertation im Bereich Energieinnovation arbeitete Herr Bachhiesl beim Landesenergiebeauftragten im Amt der Steiermärkischen Landesregierung. Herr Bachhiesl kehrte anschließend an das Institut zurück und befindet sich seither im Habilitationsstadium.

Dr. Werner Brinker

Werner Brinker, Jahrgang 1952, studierte nach seinem Abitur an der Technischen Universität Braunschweig Bauingeniuerwesen und promovierte dort 1990. Seit 1998 ist er Vorsitzender des Vorstandes der EWE AG, Oldenburg und außerdem seit 2002 Präsident des Verbandes der Elektrizitätswirtschaft (VDEW), Berlin. Werner Brinker ist außerdem Mitglied des Vorstandes des Bundesverbandes der deutschen Gas- und Wasserwirtschaft (BGW), Berlin, sowie des Verbandes der Verbundunternehmen und Regionalen Energieversorger in Deutschland (VRE), Berlin. Brinker war von 1999 bis Mai 2002 Vorsitzender der DEW-Landesgruppe Niedersachsen/Bremen und gehört dem VDEW-Vorstandsrat seit 1999 an. 2006 wurde er mit dem Preis „Energiemanager des Jahres" ausgezeichnet.

RRef. Friederike Anna Dratwa Mag. jur.

Frau Friederike Anna Dratwa, Jahrgang 1984, studierte Rechtswissenschaften mit dem Schwerpunkt rechtliche Grundlagen internationaler Wirtschaftstätigkeit an der Universität Konstanz. Zurzeit ist sie LL.M.-Studentin im Bereich Öl- und Gas-Recht an der University of Aberdeen und schreibt ihre Abschlussarbeit über die Liberalisierung im Gasmarkt. Während des Studiums in Konstanz verbrachte sie ein Jahr in Straßburg, Frankreich, wo sie das „Certificat de Notions fondamentales de droit européen, international et comparé" erlangte. Neben dem Studium in Frankreich hat sie u. a. im Europaparlament im Büro von Frau Dr. jur. Anja Weisgerber, MdEP gearbeitet. Zudem war sie an der Ständigen Vertretung der Bundesrepublik bei den Vereinten Nationen in Genf, im Bundestag bei Thomas Bareiß MdB und im Auswärtigen Amt tätig. Frau Dratwa war Hilfskraft am Lehrstuhl für Bürgerliches Recht, Internationales Privat- und Verfahrensrecht, Rechtsvergleichung bei Herrn Prof. Dr. Rainer Hausmann.

RRef. Tatjana G'Giorgis

Frau Tatjana G'Giorgis, Jahrgang 1984, wurde in Berlin geboren. Im Oktober 2003 begann sie das Studium der Rechtswissenschaften an der Freien Universität Berlin und wechselte im Frühjahr 2005 an die Humboldt-Universität zu Berlin. Während des Studiums absolvierte sie verschiedene Praktika, unter anderem an einem Wirtschaftsgericht auf Kuba, dem „Sala de lo Económico del Tribunal Provincial de Ciudad de la Habana". Im September 2008 legte sie die erste Examensprüfung ab. Seitdem arbeitet sie in der Kanzlei LutherNierer Partnerschaft als freie Mitarbeiterin in der Abteilung Erneuerbare Energien, insbesondere im Bereich Biogas. Derzeit promoviert sie zum Thema „Berufsrecht der Anwälte". Dabei wird sie betreut durch Prof. Dr. Reinhard Singer an der Humboldt-Universität zu Berlin.

Dr. Thorsten Gottwald

Herr Thorsten Gottwald ist seit 2002 als Rechtsanwalt zugelassen und seit Anfang 2006 Partner der Kanzlei LutherNierer Partnerschaft. Seit 2002 befasst er sich mit der kompletten juristischen Beratung von Unternehmen und Privatpersonen im Bereich Erneuerbare Energien. Seine Mandanten planen und betreiben sowohl Anlagen zur Strom- und Wärmeerzeugung aus Erneuerbaren Energien mit wenigen Kilowatt elektrischer Leistung als auch Blockheizkraftwerke mit einer Leistung von mehreren Megawatt bis hin zu Windparks mit einer Leistung im zweistelligen Megawatt-Bereich. Hinzu kommen Betreiber von kleinen und großen Pflanzenölpressen und -raffinerien, Bioethanolanlagen, Biodieselanlagen sowie Pflanzenöl- und Aggregatelieferanten. Für die folgenden Verbände begleitet Rechtsanwalt Dr. Thorsten Gottwald Gesetzgebungsverfahren mit dem Ziel des Ausbaus der Erneuerbaren Energien: Bundesverband Biogene und Regenerative Kraft- und Treibstoffe, Bundesverband Pflanzenöl, Bundesverband Dezentrale Ölmühlen, Bundesverband Windenergie, Eurosolar, Fachverband Biogas, Öko-Institut, Solarverein Berlin.

Prof. Dr. Peter Hennicke

Peter Hennicke, Jahrgang 1942, war nach seinem Studium der Chemie und Volkswirtschaftslehre an der Universität Heidelberg und an der Universität Osnabrück als wissenschaftlicher Mitarbeiter tätig. Nach seiner Habilitation mit dem Schwerpunkt Wirtschaftspolitik/Energiewirtschaft folgten Tätigkeiten als Professor an der Universität Osnabrück, der Fachhochschule Darmstadt so wie der Bergischen Universität Wuppertal. Im Zeitraum von 1987–2002 wirkte er in den Enquete-Kommissionen des Deutschen Bundestages zu Themen wie „Vorsorge zum Schutz der Erdatmosphäre", „Schutz der Erdatmosphäre" und „Nachhaltige Energieversorgung unter den Bedingungen der Globalisierung und der Liberalisierung" mit. 1992 wurde Professor Hennicke Direktor der Abteilung Energie am Wuppertal Institut für Klima, Umwelt und Energie, das er von Juni 2003 bis zum Eintritt seines Ruhestandes im Januar 2008 als Präsident leitete.

RA Stefan Lars-Thoren Heun-Rehn Mag. jur. LL.M.

Herr Heun-Rehn, Jahrgang 1976, ist Senior Consultant und Syndikus der Protiviti GmbH. Er studierte in Deutschland, England und Australien Rechtswissenschaften und hält einen LL.M. der University of Warwick, UK. Als Assistent am Lehrstuhl Prof. E. Stein, Universität Konstanz, beschäftigte er sich umfangreich mit Fragen des deutschen und europäischen Umweltrechts. Sein zweites juristisches Staatsexamen legte er in Essen, OLG Bezirk Hamm, ab. Derzeit promoviert er bei Prof. Dr. Jochum an der Universität Konstanz zum Thema: „Die Definition des Terrorismus im Völkerrecht". Als Rechtsanwalt ist er unter anderem auf Bank- und Kapitalmarktrecht spezialisiert. Herr Heun-Rehn ist zudem intensiv im Bereich Risk und Business Consulting sowie Internal Audit, respektive unternehmens- und bankseitige Fragen der Regulierung tätig.

Dr. habil. Jörg Jasper

Jörg Jasper, Jahrgang 1969, studierte Wirtschafts- und Rechtswissenschaften an der Universität Hannover, mit Forschungsaufenthalten in Russland (als Stipendiat der Fritz-Thyssen-Stiftung) und China. Es folgte die Promotion 1998 als Stipendiat der Friedrich-Naumann-Stiftung und eine Stelle als Wissenschaftlicher Assistent am Institut für Mikroökonomik der Wirtschaftswissenschaftlichen Fakultät der Universität Hannover. Er habilitierte in Volkswirtschaftslehre 2004 mit dem Thema: „Kooperatives Unternehmensverhalten, Wettbewerb und Innovation". Seine Forschungsschwerpunkte sind: Industrie- und Innovationsökonomik, Regulierungsökonomik und Umweltökonomik. Seit April 2006 ist er als Senior Economist im Vorstandsbereich des Vorstandsvorsitzenden der EnBW AG in der Repräsentanz Berlin tätig. Themenschwerpunkte sind dabei: Netzregulierung, Strompreisbildung und Wettbewerb auf Energiemärkten, Emissionszertifikathandel. Publikationen hat er zu den Themen Regulierungs-, Umwelt-, Wettbewerbs- und Innovationsökonomik sowie zur Gesundheitsökonomik verfasst. Weiterhin lehrt er an den Universitäten Hannover und Marburg.

Ulrich von Koppenfels

Ulrich von Koppenfels, geboren 1966, studierte Rechtswissenschaften an den Universitäten Bonn, Genf und Freiburg und schloss sein Studium 1991 mit dem ersten Staatsexamen ab. Anschließend machte er in Brügge sein Diploma of Advanced European Legal Studies, um schließlich, während seiner Zeit als Rechtsreferendar in Berlin, sein zweites juristisches Staatsexamen zu absolvieren. Von 1995 bis 2000 war er beim Bundeskartellamt als Referendar tätig. Danach arbeitete von Koppenfels als case handler bei der Europäischen Kommission, Generaldirektion Wettbewerb, Merger Task Force/Merger Network. Seit 2006 ist er dort nun im Bereich Antirust: Energie/Umwelt tätig.

Dr. Colette Lewiner

Colette Lewiner ist seit Mai 2000 „Executive Vice President and Global Leader of the Sector Energy, Utilities and Chemicals" bei Cap Gemini und Ernst & Young, wo sie 1998 als „General Manager of Utilities Global Market Unit" anfing. Nach Ablegung ihrer Promotion in Bereich Physik im März 1973 arbeitete sie einige Jahre als Dozentin an der Universität Paris (Paris VII). 1979 wurde sie zunächst Generalsekretärin und bald darauf Vizepräsidentin der Abteilung Forschung und Entwicklung bei Electricité de France (EDF). Von 1992 bis 1998 war sie CEO im Bereich SGN Eurisys der Cogema Group (heute: Areva), dem Marktführer im Bereich Kernbrennstoffabläufe.

Sascha Patrick Meßmer

Sascha Meßmer, geboren 1980, ist seit 2007 Doktorand am Lehrstuhl für Internationale Politik an der Universität Konstanz sowie EU-Sachbearbeiter der Wirtschaftsförderungsgesellschaft Villingen-Schwenningen mbH & Co. KG. In seiner Doktorarbeit untersucht Meßmer die Wirkung von politischen Ereignissen auf den Ölpreis. Sein Studium der Verwaltungswissenschaften an der Universität Konstanz hat Meßmer 2006 mit dem Diplom abgeschlossen. Schwerpunkte seines Studiums waren dabei die Europäische Union, die Konfliktforschung sowie die Ökonometrie.

Bene Müller

Bene Müller war im Jahr 2000 einer von 20 Gründungsgesellschaftern des regionalen Bürgerunternehmens solarcomplex und ist heute einer der beiden Vorstände. Aktuell wird solarcomplex von rund 500 Aktionären getragen, zu denen Privatpersonen ebenso gehören wie kleine und mittelständische Unternehmen und Kommunalpolitiker. Unternehmensziel von solarcomplex ist die weitgehende Versorgung der Bodenseeregion aus heimischen erneuerbaren Energien bis 2030. In Solarparks, Bioenergiedörfer, Biogasanlagen, moderne Holzenergieanlagen und ein Wasserkraftwerk wurden bisher rund 37 Millionen Euro investiert.

Dr. Joachim Pfeiffer MdB

Joachim Pfeiffer, Jahrgang 1967, studierte nach dem Abitur in Schwäbisch Gmünd und der Ausbildung zum Reserveoffizier an der Universität Stuttgart technisch orientierte Betriebwirtschaftslehre. Nach dem Abschluss 1992 war er fünf Jahre bei der Energieversorgung Schwaben AG beschäftigt und promovierte anschließend. Danach war er einige Jahre als Leiter der Wirtschafts- und Arbeitsförderung der Landeshauptstadt Stuttgart tätig und engagierte sich nebenbei in der CDU. So ist er seit 1996 Vorsitzender der CDU-Fraktion im Verband Region Stuttgart und seit 2003 Beisitzer im Landesvorstand der CDU Baden-Württemberg. Seit 2002 ist Joachim Pfeiffer Mitglied des Deutschen Bundestages und unter anderem Koordinator in Energiefragen. Außerdem hat Herr Pfeiffer seit 2006 einen Lehrauftrag für Energiepolitik am Institut für Energiewirtschaft und Rationelle Energieanwendung der Universität Stuttgart.

Andreas Renner

Andreas Renner, Jahrgang 1959, arbeitete nach seinem Studium der Verwaltungswissenschaften an der Universität Konstanz zunächst in der Konstanzer Stadtverwaltung, im Baden-Württembergischen Landesministerium der Innenverwaltung, dem Landratsamt Ludwigsburg sowie im Regierungspräsidium in Stuttgart. Von Juni 1991 bis Oktober 1992 war er im Wirtschaftministerium Baden-Württemberg tätig und wurde nach der Teilnahme an der Führungsakademie des Landes Baden-Württemberg im Dezember 1993 zum Oberbürgermeister der Stadt Singen (Hohentwiel) gewählt. Nach verschiedenen innerparteilichen Engagements in der CDU wurde Herr Renner schließlich Präsidiumsmitglied der CDU Baden-Württemberg und im April 2005 zum Minister für Arbeit und Soziales ernannt. Seit August 2006 ist er bei EnBW beschäftigt und fungiert dort als Leiter Europäischen und Internationalen Politik – Repräsentanz in Brüssel.

Prof. Dr. Gerald Schneider

Gerald Schneider, geboren 1962, ist seit 1997 Ordinarius für Internationale Politik an der Universität Konstanz und geschäftsführender Herausgeber der Zeitschrift European Union Politics. Zuvor war Schneider Professor für Politikwissenschaft an der Universität Stuttgart, Programmleiter an der Universität Bern und Lehrbeauftragter im Institut de hautes études internationales in Genf; seine Studien in Politikwissenschaft, Volkswirtschaftslehre und Geschichte hat er 1991 nach Aufenthalten an der University of Essex und der Århus Universitet mit einer Promotion an der Universität Zürich abgeschlossen. Zwischen 2002 und 2004 wirkte Schneider als gewählter Vizepräsident der International Studies Association. Forschungsaufenthalte führten Schneider unter anderem an die Harvard University, die University of Michigan (Ann Arbor), das Peace Research Institute Oslo und die Università di Siena.

Prof. Dr. Heinz Stigler

Professor Stigler studierte Elektrotechnik an der TU Wien sowie Betriebswirtschaftslehre an der WU Wien. Nach seiner Tätigkeit als Universitäts-Assistent am Institut für Energiewirtschaft der TU Wien wechselte Professor Stigler in die Verbundgesellschaft (Österreichische Elektrizitätswirtschafts-AG) und wurde Vorstandsdirektor für den technisch/kaufmännischen Bereich der Steiermärkische Elektrizitäts-AG in Graz. Professor Stigler wurde im Jahr 2000 als Universitätsprofessor für das Fach Elektrizitätswirtschaft und Energieinnovation an der Technischen Universität Graz berufen. Professor Stigler ist seit 2007 Dekan der Fakultät für Elektrotechnik und Informationstechnik.

Heinrich Tiemann

Heinrich Tiemann, Jahrgang 1951, ist seit Dezember 2007 Staatssekretär des Auswärtigen Amtes, davor war er Staatssekretär im Bundesministerium für Arbeit und Soziales (bis 2005 Gesundheit und Soziale Sicherung). Darüber hinaus ist er Lehrbeauftragter am Institut für Politikwissenschaft der Universität Tübingen und der FU Berlin. Nach seiner Beamtenausbildung studierte er Wirtschafts-, Politik- und Rechtswissenschaften an der Universität Konstanz. Er übte zahlreiche politische Ämter aus und war unter anderem langjähriger Leiter der Politischen Abteilung beim SPD-Vorstand sowie Abteilungsleiter im Bundeskanzleramt. Seit November 2007 ist er Staatssekretär des Auswärtigen Amts.

Stichwortverzeichnis

Abhängigkeit, 5, 61, 103 ff., 132 ff., 149, 169, 190, 201
Anreizregulierung, 13, 153 ff.
ARCH/GARCH-Modelle, 173
Atomenergie, 103 f., 123, 125
Atomkraft, 108, 123
Atomstrom, 102, 123

Bioenergiedorf, 48 f.
Biogas, 23 ff., 163 f.
Biokraftstoff, 9, 26, 60
Biomasse, 26 f., 151, 163
Biomethan, 23 ff., 163 f.
Börse, 32 ff., 60 ff., 84
Bundesnetzagentur, 38 ff., 92, 153 ff.

Carbon Capture and Storage, 42, 138, 200
Carbon leakage, 107, 113
CCS, 42, 138, 200
CO_2 increase, 41
CO_2-Emissionen, 68 ff., 95 f., 132, 200 f.

Diversifizierung, 96, 138, 190, 194, 201

Effizienz, 8 ff., 57, 71 f., 95, 99, 108 ff., 151, 153, 157 f., 164, 188 ff., 197, 201 f.
Effizienzkraftwerk, 14 f.
Emissionshandel, 71, 95 ff., 113 ff., 200

Emissionsrechte, 18, 97, 115
Energieabhängigkeit, 5, 61, 103 ff., 132 ff., 149, 169, 190, 201
Energieaußenpolitik, 2, 103 ff., 132, 144 ff.
Energiebinnenmarkt, 77 ff., 153 f., 202
Energiedienstleistungen, 10 ff., 18, 50
Energieeffizienz, 10 ff., 71, 104 f., 147, 162, 185 ff., 197 ff.
Energieimportabhängigkeit, 5, 61, 103 ff., 132 ff., 149, 169, 190, 201
Energieleistungen, 12 f., 18
Energiemix, 107 f., 122, 138
Energienachfrage/energy demand, 42 ff., 65 ff., 95, 134 ff., 149
Energienetz, 116, 146, 160
Energiepartnerschaft, 147 ff.
Energiepolitik, 2 f., 27, 92, 101 ff., 148 ff., 153, 180
Energiesicherheit, 101 ff.
Energiesparen, 11, 15, 165, 188 ff.
Energiewirtschaft, 15, 47, 66, 109, 124, 147, 152 ff., 185
Entflechtung, 77 ff., 153 f.
Erdgas, 15, 23 ff., 58 ff., 131 ff., 155 ff., 163, 184, 193 ff.
Erdgasnetz, 24 ff., 35 ff., 160, 163,
Erdgasspeicher, 152, 156 f., 159
kostenoptimale, 13

Erneuerbare Energien, 48, 122, 138, 144, 151, 155, 162 ff., 166, 198 f.
EEG, 9, 24, 28, 31 ff., 50, 138, 153, 163
Erneuerbare-Energien-Gesetz, 9, 24, 28, 31 ff., 50, 138, 153, 163
EU Energiestrategie, 183, 185
Europäische Kommission, 2, 27, 82, 101

Fotovoltaik, 152, 199

Gasnetzzugangsverordnung, 27
Gasreserve, 118, 132, 136, 156
Grenzkuppelstellen, 80 ff., 98
Grenzkosten, 11, 64, 93 f.

Handel, 111 ff., 123, 136, 170, 200
CO_2-Handel/Emissionshandel, 105, 113 ff., 123, 132 ff., 136, 161, 163

Infrastruktur, 50, 96, 121 ff., 135 ff., 147 f., 156 ff., 159, 185, 190, 202
Nutzungsinfrastruktur, 24
Transport-Infrastruktur, 58
Intelligente Netze, 2, 161
Internalisierung, 97
ISO, 85 ff., 87, 154
Independent System Operator, 85 ff., 87, 154
ITO, 87 ff., 154
Independent Transmission Operator, 87 ff., 154

Kartellrecht, 93
Kaufkraftbindung, 48, 51
Kernenergie/Kernkraft 43 f., 45 f., 94 ff., 98, 102, 131, 138, 155, 162, 195
Klimaschutz, 9, 15, 26 f., 68 ff., 71, 115, 151 f., 161 f.
Klimawandel, 8, 49, 70, 132, 162, 184, 202

Kohle, 58, 66 f. 72, 95 ff., 131 ff., 137 ff., 145, 162, 183, 191, 195 ff., 202
Konflikthäufigkeiten, 174 f.
Kraft-Wärme-Kopplung, 14, 26, 28, 50
KWKG, 153
Kyoto, 69, 113 f., 123 ff., 162, 200

Liberalisierungspaket, 77 ff., 82 f., 86, 89, 93
Liquified Natural Gas, 96, 120, 136, 193
Lissabon-Strategie, 116, 140, 185, 202
LNG, 96, 120, 136, 193

Marktergebnis, 57, 64 f.
Marktmacht, 12, 56
Marktstruktur, 57 f., 64
Marktverhalten, 57 ff., 64 f.
Marktversagen, 12, 110, 136
Marktzugang, 111, 139
Meseberg, 26
Mittlerer Osten, 117

Nabucco, 120, 148, 194, 202
Netzbetreiber, 13, 27, 29 f., 33, 35 ff., 78, 82 ff., 153 ff., 158 f.
Netzkapazität, 80, 111, 155
Netzzugang, 27 ff., 33, 39, 79, 83 f., 153
North Stream, 119 f., 148

Oligopol, 23, 40, 102, 110 f.
Ölmarkt, 56, 57 ff., 64 ff., 135, 180
Ölpreis, 56, 122, 133, 170 ff., 176 ff.
Ölversorgung, 60, 123, 135, 171 ff.
OPEC, 58 ff., 64, 105, 132, 146, 171 f., 177 ff., 180
Ownership Unbundling, 77, 84, 86 f., 92 f., 98, 154

Regionale Wertschöpfung, 48 ff.
Regionalversorger, 152 ff.
Ressourcenschutz, 9 ff., 14, 19

Rohölpreis, 60, 133, 135, 180
Russland, 92, 96, 103, 105, 117 ff.,
  136, 139, 147, 155

Solarenergie, 8, 107, 166
South Stream, 120, 148

Technologie, 8, 28 f., 41 ff., 66 ff.,
  71, 95, 105 ff., 109, 115, 125,
  136 f., 139, 147, 151, 162, 165,
Transport, 24, 29, 32, 38, 58, 82,
  132, 135, 154, 165, 193
Transportnetz, 33, 92 f.
Treibhausgasemissionen, 17, 95,
  200, 202

Umweltschutz, 103, 107
Uran, 183, 192, 195

Verbraucher, 16 ff., 32, 78, 81 f., 102,
  111, 113, 146, 151
Versorgungssicherheit, 7, 23, 27, 32,
  88, 91, 98, 116, 122 f., 132,
  137 ff., 145 ff., 152 ff., 183 ff.

Warenterminbörse, 60 ff., 135, 163
Wasserkraft, 50, 107, 202
Wettbewerbsrecht, 93, 105
Wettbewerbsstrukturen, 159
Windenergie, 107, 152, 164

Zeitreihenanalyse, 172, 178